本报告内容基于南南合作金融中心与联合国南南合作办公室共同组织编写的

South-South and Triangular Cooperation in a Digital World: Fresh Impetus and New Approaches

在此特别感谢联合国南南合作办公室的大力支持

本报告由南南教育基金会资助

FINANCE CENTER FOR
SOUTH-SOUTH COOPERATION
南南合作金融中心
FCSSC

2019~2020 年南南合作报告
2019-2020 South-South Cooperation Report

数字世界中的
南南合作和三方合作

新动力、新方法

SOUTH-SOUTH AND TRIANGULAR COOPERATION IN

DIGITAL

WORLD

FRESH IMPETUS
AND NEW APPROACHES

南南合作金融中心　主编

社会科学文献出版社
SOCIAL SCIENCES ACADEMIC PRESS (CHINA)

目　录

致　谢

2019 年 3 月 19 日，作为第二届联合国南南合作高级别会议暨布宜诺斯艾利斯行动计划四十周年（BAPA + 40）边会中的一项，数字世界中的南南合作会议在阿根廷隆重举行。会上，我们发布了一份由南南合作金融中心（FCSSC）和联合国南南合作办公室（UNOSSC）联合编写的 2018 年南南合作报告《数字世界中的南南合作》。其间，很多与会者都对南南数字合作这一主题表现出浓厚兴趣，这极大地鼓舞了我们的团队。为此，南南合作金融中心和联合国南南合作办公室继续聚焦并深入挖掘了这一主题，以"数字世界中的南南合作和三方合作：新动力、新方法"为主题，编写了我们的 2019 ~ 2020 年南南合作报告。

令人振奋的是，南方国家在南南合作和三方合作的国际发展领域不断探索，利用数字技术为全球经济创造了新活力，这些都极大地丰富了世界各国在国际合作以及国家发展方面的知识和经验。数字技术正在对南南合作产生日益广泛且深远的影响。在农业和粮食安全、气候变化、预防和减少自然灾害、金融、教育、医疗和融资伙伴关系等关键领域，数字技术对南方国家的经济和社会发展所发挥出的积极影响日益显著。此外，在南方国家，创新发展模式不断涌现。这些进步也催生了一些新概念，并将推动南南合作和三方合作进一步向前发展。

电子商务，特别是跨境电商，为包括妇女在内的中小企业主创造了

1

灵活的就业机会，与此同时，它还将发展中国家的市场整合到全球供应链和价值链中。人工智能在农业上的应用越来越广泛，例如人们会使用无人机对农场进行精准的水肥管理，让规模较小的农场主也能从科技进步中受益。实现教育（远程学习）数字化、远程医疗数字化、金融服务数字化（人工智能风险控制）等，可以更加便捷地均衡公共服务，让这些服务可以覆盖偏远的贫困地区。数字丝绸之路、数字非洲、东南亚国家数字联盟和其他新兴的推动技术进步的发展框架也在助力满足发展中国家和地区的需求。

目前，以中国、印度、肯尼亚为代表的一些南方国家，在数字技术领域开展的南南合作成效显著。这些南方国家大力促成数字领域的南南合作，不仅拓宽了成员国之间的合作领域，也对现有的国际发展合作机制做出了重要补充。此外，非洲开发银行、亚洲基础设施投资银行、金砖国家新开发银行、丝路基金等机构推出的创新金融模式，也为实现联合国 2030 年可持续发展目标提供了新的融资渠道和融资机会。

2019～2020 年南南合作报告的研究经费由南南教育基金会提供。复旦大学六次产业研究院院长张来武教授对本报告的组织、撰写以及编辑工作给予了极大的支持，我们在此向他表示感谢，并希望未来能够开展更加深入的合作。

本报告的三位联合主编分别是复旦大学六次产业研究院常务副院长王小林教授、联合国南南合作办公室研究与规划高级顾问 Hany Besada 博士、南南合作金融中心副总干事刘倩倩博士。联合主编与南南合作金融中心以及联合国南南合作办公室合作，共同确定了报告选题，并组织了各领域的国内外专家进行撰写。面对这样前瞻的选题和富有挑战的内容，报告撰写专家组克服许多困难，特别是克服新冠肺炎疫情的影响才完成本报告的撰写。尽管报告还有不少不完善的方面，但丰富的南南数字技术合作案例还是体现了本报告对南南合作的价值增值。

本报告的作者按撰写章节排序包括 Hany Besada 博士、王小林教授、刘倩倩博士、张晓颖博士（复旦大学六次产业研究院青年副研究员）、吴亦非女士（哈佛商学院博士研究生）、Nir Kshetri 教授（北卡罗来纳大学格林斯堡分校教授）、Fatima Denton 所长（联合国大学非洲自然资源研究所）、Mousumi Bhattacharjee 博士（印度国家应用经济研究委员会）、Manuel F. Montes 高级顾问（国际发展社）、白澄宇处长（中国国际经济技术交流中心）、李京教授（北京师范大学）、Olalekan Uthman 教授（华威大学）、Kelley Lee 教授（西蒙弗雷泽大学）、Andre de Mello e Souza 博士（巴西应用经济研究所）。

为了更好地组织这份报告的撰写工作，我们在复旦大学组织召开研讨会，本报告的部分编写专家以及南南合作金融中心原项目经理罗梦飞（Maria F. Latorre）女士等参与讨论。尽管受新冠肺炎疫情影响，原计划在中国香港举办的中期研讨会未能如期举办，但报告执行方仍组织了多次网上研讨，保证了本报告的质量。

本报告的文字编辑量巨大，感谢本报告英文编辑 Julia Swewart，同时也感谢复旦大学六次产业研究院、西北大学健康六产研究院的师生对中文版校对工作所付出的努力。他们是复旦大学六次产业研究院青年副研究员张晓颖博士、博士后陈爱丽、博士研究生谢妮芸，西北大学健康六产研究院博士研究生常小莉、史婵、杨志红。

最后要感谢联合国南南合作办公室孙丁丁女士、王永杰女士，南南合作金融中心以及南南教育基金会姚榛女士、张济融女士、潘湛峰先生、吕荣灿先生。没有他们的行政支持，本书根本无法在这样紧凑的时间内完成。

南南合作金融中心总干事　吴　忠
联合国南南合作办公室副主任　王晓军

摘　要

　　毫无疑问，数字技术正在全面改变全球经济和社会格局。它带来的不仅仅是结构性变革，还为包容性发展开启了一扇大门。尽管人们普遍认为，北方国家拥有更加先进的数字基础设施，但在数字技术应用方面，很多南方国家也取得了巨大发展。它们运用数字化技术，升级了部分经济产业活动。但是，也有一些南方国家，因为缺乏必要的基础设施和发展战略，无法实现数字技术主流化，进而无法服务于国家发展，难以融入全球价值链。本报告指出了开展南南数字合作和三方数字合作的多种可能性，即加快南方国家的数字技术以及数字服务转型，实现出口组合多样化，建设数字工业化基础设施，制定相关数据政策，提高国家实力，实现可持续经济转型。

　　首先，本报告阐述了南南数字合作（South-South Digital Cooperation，SSDC）的概况和概念框架，介绍了影响南方国家经济活动数字化的因素。通过案例研究发现，尽管南方经济体面临诸多挑战，但南方国家在数字化领域所做的努力对处于竞争劣势的小企业以及大公司均产生了强烈冲击。

　　其次，本报告重点论述了数字技术对提高发展中国家农业生产率和保障粮食安全等方面的作用，同时分析了数字化引发的金融服务转型以及金融科技（FinTech）给发展中国家带来的挑战。本报告建议南方国家政府以及实践者将发展金融科技战略性地纳入国家政策，以加强南南数字合作和三方数字合作，而南南数字合作和三方数字合作一般会受主权国家以及大型国际私营企业个人行动的影响。

再次，本报告评估了南南合作和三方合作在减轻数字化所产生的负面影响、提高应对气候变化能力等方面所发挥的潜在作用。南南合作在推动数字化以及气候变化战略方面存在一定局限性，本报告强调的正是三方合作在弥补这一缺陷方面所发挥的作用。在医疗数字化领域，本报告评估了南方国家在推进实现健康、医疗等相关可持续发展目标以及兑现全民医保承诺（全民医保是多数南方国家医疗改革的主要目标）等方面所面临的关键机遇。本报告还强调了南南合作在卫生保健数字化方面的重要性，以此提升南方国家的医疗公平和普惠水平，因为数字解决方案具有本土化特征，有一定的文化契合性，可以进一步促进实现可持续医疗目标。

此外，本报告还列举了一系列南南合作成功案例，包括最不发达的国家以及中高收入国家。南南合作的成功经验已经不再局限于巴西、俄罗斯、印度、中国和南非（金砖国家）等国家。

最后，本报告探讨了推动南南数字合作取得进展的主要因素，并借此得出了结论，同时提出了若干建议。例如，南方国家需要建立多方参与的伙伴关系，强调了联合国等组织所能发挥的作用，南方国家之间、南北国家之间必须共享经验和知识，扩大最佳实践的应用范围。报告还呼吁，各国必须达成有效的区域性协议，以推进数字合作，突出强调了南南合作和三方合作中的创新问题。需要注意的是，为扩大南方国家的创新规模，南方国家必须实施有效的包容性政策、监督和评价策略。

第 1 章
引 言

Hany Besada

在当今的社会和经济领域中,对大多数人而言,称得上奢侈品的东西有很多,但享受技术便利肯定不算其中一项。南方国家当前着力打造的经济转型势不可当,其中不可或缺的一项就是数字进步。尽管发展中经济体正面临巨大的挑战,但它们的弹性增长必须以优先战略为基础。现在的南南合作中出现了数字信息鸿沟,南方国家应当重视这一问题。如果不同心协力,数字信息鸿沟将进一步固化发展中经济体的弱势地位,影响子孙后代发展。尽管技术有利于提高全球的联通性,但它需要恰当的、实质性的模式来有效发挥自身力量,而对于多数国家而言,目前尚未成功地将这些模式融入自身经济体。

技术能够跨越各个行业平台,释放发展潜力,这对深入推进贸易和区域一体化至关重要。技术可以促进社会中的贫困者、妇女、青年等各个弱势群体互相融合。因此,增加南方国家在数字发展问题上的对话频率和对话深度,不仅有助于形成重要合作框架,还可以为南方国家的发展提供必要的机会。因此,本报告全面阐述了南南合作和三方合作在促进南方经济体融入全球数字经济方面所能发挥的作用。

　　数字技术正在大规模地颠覆全球经济，它为推动结构转型、促进包容性发展创造了千载难逢的机遇。尽管北方国家得益于发达的基础设施，持续从全球数字经济中获得最大利益，但许多南方国家也抓住了数字技术带来的机遇，在扩大本国的经济产业活动、参与全球价值链、引领数字化和创新等方面，取得了长足进展。部分非洲国家（如肯尼亚、尼日利亚）以及印度、菲律宾等，长期以来，一直在使用移动转账服务，这些国家也是世界上最早使用手机转账的国家之一。然而，在南方国家中，多数国家仍缺乏适当的基础设施和能力，无法将数字技术和数字服务主流化，让它们为全球价值链做贡献。虽然在南方经济体内部的某些行业存在数字化转型的成功案例，但在其他行业可能并不具备这些因素。

　　全球经济的组成和结构正在发生新变化，不同国家的初始条件和准备情况各不相同。在此背景下，只有做好应对准备的国家才能获得最大的利益。南南合作和三方合作为南方国家创造了更大的可能性，它们可以利用数字技术和数字服务实现出口组合多样化，为实现工业化建设基础设施，制定并管理数据政策，提高自身实力以实现可持续的经济转型目标。在帮助这些国家应对全球经济数字化所带来的挑战方面，南南合作和三方合作拥有巨大潜力。

　　数字技术可以对教育、医疗、金融、农业和气候变化等多个领域产生影响。南方国家在推动数字经济发展方面取得了相对性的成功，这一成果凸显了南南合作和三方合作对助力发展中国家抓住数字技术变革机遇的必要性和可能性。

　　本章谈到了数字技术促进全球经济发展的各种方式，以及南南合作和三方合作在确保南方国家积极参与数字化转型进程方面所发挥的作用。因此，南方国家需要做更加充分的准备，以有效的方式从全球价值链中受益，从而实现2030年可持续发展目标。以下内容将论述数字经济及其给全球经济带来的变化。

1.1　全球数字经济发展概况

我们将当前的技术创新浪潮称为第四次工业革命，即工业化时代的第四阶段，工业革命的第一阶段始于 18 世纪。[①] Schwab（2016）将其描述为一系列遍布生活各方面的具有突破性的、显著的协同效应。他还表示（2017）："第四次工业革命与以往的工业革命存在根本性区别，第四次工业革命拥有一系列新技术，它融合了物理、数字技术及生物科学，影响范围涵盖各个学科、经济体和行业。"新工业时代的技术进步具有以下特点，即人工智能、机器人、动画、材料科学、物联网、区块链和纳米技术在传统的和新兴的产业中得以应用。第四次工业革命伴随巨大的数字化转型，正在颠覆整个世界的生活方式（Schwab，2016）。第四次工业革命有可能显著改变全球经济，影响未来的工业设计和战略运作方式（Schwab，2017），并引起巨大的社会动荡。

第四次工业革命的特点包括一些有趣的趋势和过程。第一个特点是，以往的工业革命以生产大量有需求的产品为主，而第四次工业革命则转变成以高效、灵活、具有成本效益的方式实现产品定制化。例如，3D 打印（增材制造）的快速发展、数字化生产工艺和更加智能化的定制服务，对这种趋势的发展都起到了助推作用。与这一阶段相关的第二个特点是大规模的个性化服务，即通过更加强大的社交技术和数据处理能力，将客户的个人偏好整合到购物、生产和物流过程中。第三个特点是，越来越多地采用基于程序化数据的机器学习（人工智能）来取代人类思维并做出决策，例如传感器技术。在算力、平台整合、连接性和自动化等领域的信息处理能力的提升，促进了第四

[①]　工业革命的第一阶段出现在 1760~1840 年，其特点是蒸汽机广泛应用于机械化生产。第二阶段出现了电力以及劳动分工概念，目的是确保商品的大规模生产。第三阶段始于 20 世纪 80 年代初，其特点是信息技术、商品与服务自动化的产生与兴起（Tattrie，2019）。

次工业革命新趋势的形成。传统的发电、制造业和农业等技术领域，通常都相互独立，而现在的连接、集成供应链管理、能源和与终端用户（客户）直接交互等技术领域，则需要相互依赖（Xiong，2012）。

我们将数字经济定义为"完全或主要来自数字技术的经济产出的一部分，它的商业模式通常是基于数字商品或数字服务"，据估计，数字经济约占全球生产总值的 5%，占全球就业量的 3%（Bukht and Heeks，2017）。更重要的是，互联网已经使金砖国家的 GDP 增长了 10%，使其他南方国家的 GDP 增长了 5%（Bughin and Manyika，2012）。此外，南方国家的互联网经济正以每年 15% ~25% 的速度增长（UNCTAD，2019a）。整体来看，电子商务在南方国家的增速比世界上的其他国家要快。特别是对南方经济体而言，数字技术可以通过降低交易成本、提高劳动力和资本生产率、自由进入全球市场等，推动经济实现加速增长。

很多学者，例如 Tattrie（2019）和 Graham（2019）等认为，数字技术会通过提高各节点间的连接水平和互联网普及率实现对经济和社会的影响。学者们指出，个体之间的网络连接会更紧密，但同时，社交距离会更远。Tattrie（2019）表示，"全球的互联网用户数约为 43.9 亿，超过了世界人口的一半。相比之下，1990 年约为 250 万，1995 年约为 4400 万。南方国家的互联网用户增速最快"。例如，印度在 2018 年增加了约 1 亿互联网用户（Tattrie，2019）。更重要的是，互联网为新兴经济体的 GDP 做出了贡献。2009 年，互联网对巴西 GDP 的贡献率为 1.5%，对中国的为 2.6%，对印度的为 3.2%（Matthieu Pélissié du Rausas et al.，2011）。一份世界银行的前期报告《2016 年世界发展报告：数字红利》指出，从 1980 年到 2011 年，中低收入国家的互联网使用率提高了 10 个百分点，相对应的人均 GDP 增长了 0.93%（Minges，2015）。这表明，能够充分利用数字技术的经济制度，在促进国家的经济发展方面，潜力巨大。

简言之，数字经济被描述为借助互联网的力量，具有促进商业交易的最大潜力（Osiakwan，2017）。数字经济正在快速发展，并助力巴西、中国、印度、墨西哥、韩国、南非等国实现经济增长。

Miura（2018）指出，中国工业和信息化部的相关智库数据显示，中国 2017 年的数字经济占 GDP 总量的 32.9%。麦肯锡全球研究所（2019）的一份报告显示，2017～2018 年，印度数字经济占名义 GDP 的 8%，约为 2000 亿美元。肯尼亚、尼日利亚、菲律宾和南非等国率先将数字转账服务纳入主流经济。它们所建立的数字转账平台包括 M-Pesa、Wari、Simba Pay、RemitONE 和 MFS。麦肯锡（Bughin et al.，2018）的一份报告显示，到目前为止，墨西哥在数字化领域所做的努力都值得称赞。例如，在手机和访问端口提供公共服务、通过内部流程自动化提高政府办事效率等方面，该国均取得了重大进展。其中，政府采取了一项重要措施，在总统办公室内设置了国家数字战略协调员一职，并制定了国家数字战略。麦肯锡对 151 个国家的数字成熟度进行了分析，其中墨西哥排名第 55。但我们在麦肯锡的报告中还发现，国家的数字战略可以推高生产率，加快经济增长，到 2025 年会将该国的 GDP 提高 7%～15%（约 1150 亿～2400 亿美元）。报告还指出，GDP 增长主要来源于现有行业的生产率和就业率提高、新创建的数字企业或者数字驱动型企业、信息和通信技术行业的扩张以及劳动力成功过渡到了新的数字产业。

交通和购物等常见的经济活动，已经发生了巨大变化。受此影响，新产品和新服务实现了增长，但代价是我们熟知的旧产品和旧服务的衰落。新产品包括电子书、软件、视频、音频和音乐、照片、图形艺术和数字艺术等。数字服务包括在线培训、在线法律咨询、在线健康咨询、网络出行预订等。在数字技术革命的推动下，整个社会动态、社会结构乃至生理学都在发生变化（Richtel，2010）。数字革命还帮助整个社会建立了新的群体、个性化服务和内容。而这些都与信息和通信技术有关，比如脸书（Facebook）上的专题讨论小组和交友软件。目前，互联网还提供了一个可以保护现有文化的平台，例如利用数字技术保存语言、采访和艺术史料，以此保护语言的多样性，让我们的子孙后代也能欣赏到这些文化瑰宝（Strochlic，2018）。根据 Henry-Nickie、Frimpong 和 Sun（2019）的说法，"数字技术已经成为经济增长、国家安全和国际竞争力提升的关键因素"。研究人员估计，全球数字经济总价值为 11.5 万亿美元，相当于（或高于）全球 GDP 的 15.5%，过去 15 年，其增长速度是全球 GDP 的 2.5 倍（Huawei and Oxford Economics，2017）。

对于那些与数字技术关联性不太明显的行业，运用数字技术也能发挥一定的作用。在数字技术的助推下，南方国家在任何发展阶段都能快速提供基础广泛、高质量的医疗保健、教育和其他公共服务（OECD，2018）。在肯尼亚和坦桑尼亚，农户已经拥有了有效利用农业领域的信息通信技术进入商业市场和价值链的经验。在低收入国家，越来越多的非正规行业的小微企业开始运用数字技术。在非洲的农业、创意和广告行业，有几家初创公司正在利用数字技术来提高自身的产品和服务质量。Taura 等（2019）的研究发现，加纳的 Farmable、Farmerline 和 Esoko 等农业科技公司正在通过价格数据、众筹和交流活动为农户提供支持。它们还疏通了农户和商贩之间的沟通渠道，并帮助他们了解自身与竞争对手之间的差距。农户在当地能够获得的信息有限，当他们想要获得加纳的标准要求维护程序等更加复杂的信息时，这些平台的优势便得到放大。它们可以帮助农户提高农业生产率和收入水平（Aker and Mbiti，2010），协助农户通过数字技术进入复杂的分销链，比如直接出售给出口商，从而获得更加丰厚的回报。

相比总体经济的增长，数字经济的增速相当快，但数字经济增长只是国家经济增长的一部分。目前，南方国家的经济增长率相对较高，这也意味着，与世界上的其他地区相比，南方国家正在快速地将数字技术应用于生活的各个领域。人类奋斗的每一个领域，包括生产力提高、经济增长和人类发展，都将取决于它们与全球数字经济的融合度。尽管存在以上优点，并且互联网作为一种更加复杂的信息传播手段，在促进达到出口标准方面有助于获取复杂知识，但需要访问互联网的人上网渠道受限。此外，农户可以利用数字工具直接联系出口商、中介机构和贸易商，虽然数字技术为他们提供了机会，但同时也增加了未使用数字技术的农户无法进入农业市场的风险。从长期来看，这可能导致这些人群和经济体被进一步分化和边缘化，甚至可能导致他们失去进入商业市场的机会，并最终丧失生计（Carmody，2012）。

此外，虽然数字技术可以创造新的市场参与主体、实现去中介化、重塑价值链以及分销渠道（Donner and Escobari，2010），但越来越多的证据表明，它们在重塑或颠覆现有分销渠道方面的影响仍然十分有限。到目前为止，价值链上并未出现新的市场参与主体，与商贩联系的依然是具有中介性质的农户（Donner and Escobari，2010）。此外，学者还发现，即便坦桑尼亚的农户可以利用数字技术直接联系到出口商，但这些出口商仍会倾向于通过中介机构完成交易，这是因为中介可以供应大量的散装产品，而普通农户没有这个实力（Donner and Escobari，2010）。数字技术促进发展关注的是改善个人的生活，而非重构整个流程。如果偏离这个目标，数字技术不可能实现改善生活、促进平等、减贫等目标（Murphy and Carmody，2015）。中国、巴西、印度和墨西哥等南方国家拥有更加完善的基础设施，可以充分利用数字技术和技术创新，同时相应地享受到更多的数字技术发展红利。

1.2 不断变化的数字版图和数字革命对全球经济的影响

数字技术给包括南方国家在内的全球经济带来了变革型转变

（Tattrie，2019）。然而，我们关注的却是这一变革将进一步拉大南方国家和北方国家之间的差距。在实现人机结合、技能和知识等不断增强方面，北方国家已经取得了重大突破，但同时，南方国家依然有 40 亿人口无法上网（GSMA，2020）。

在过去的四年里，南方国家的互联网用户人数显著增长，仅非洲地区的互联网用户数就增加到了超过 5 亿人（Internet World Stats，2021）。这意味着，加入全球经济的变革浪潮，有利可图。非洲的工业化进程一直受制于铁路系统、电力系统和公路运输网络等关键基础设施不完善、质量低劣等因素（Page，2016）。这也引发了人们对第四次工业革命将如何解决围绕权力不对称、安全保障不到位、剥夺权力、剥削和不平等的一系列问题的担忧，而不能再像以前那样，只关注南方国家是否追赶得上工业革命的浪潮（Wetterstrand，2019）。在本报告中，我们还将针对一些有关数字技术和全球经济转型的不同声音，做深入剖析。

技术变革让人类生活的方方面面都实现了数字化。技术变革对经济活动产生的影响比对人类生活的任何其他领域都更加深刻。特别是，随着数字经济的出现，这种现象会更加明显。通过数字技术来组织和开展经济活动已经成为新常态。巴西、中国、印度、墨西哥等引领南方经济体发展的国家已经证明，数字经济可以促进经济实现多元化发展，推动经济增长。多数非洲国家紧随其后，科特迪瓦、加纳、肯尼亚、尼日利亚和南非等国通过数字技术实现了新的经济变革。Osiakwan（2017）认为，以货币计算，2014 年移动生态系统为撒哈拉以南非洲地区的 GDP 贡献了 1020 亿美元，预计到 2020 年，这一数字将上升到 1600 亿美元。

数字经济的实际案例已经表明，它可以改变经济不平等现象，提高数字产业工人的当地平均工资水平，从而实现全球收入均衡目标（Beerepoot and Lambregts，2015）。数字经济还为数字初创企业创造了新的本地市场（Quinones et al.，2015），并通过数字平台打击了低效、腐败的市场和劳动力机构（Lehdonvirta et al.，2015）。以非洲为例，数字基础设施越来越完善，大量的年轻大学毕业生利用宽带开发网站，或者利用类似于 Jumia 等商业平台等，为经济增长创造了价值，涌现的大量青年人口更多的是转化成资产，而非负债。

除了创造就业机会外（通常指为自己及雇员创造就业机会），青年人口还会通过纳税等形式为经济增长做出贡献。Osiakwan（2017）深入研究了非洲千禧一代越来越多地利用数字技术来促进经济发展活动这一现象。对已经享受到数字技术发展红利的国家而言，它们所要做的就是与落后国家、本国内部的落后地区分享学习经验和资源。在分享这些经验与资源时，应注意方式方法，确保可以进一步强化数字技术对南方国家的贡献。

如前所述，尽管南方国家在适应数字技术方面，令人印象深刻，但并非所有国家都能享受到数字技术发展所带来的巨大红利。这些国家需要加大对数字技术的重视，提供政策支持，完善有限的基础设施，利用自身的人力资本优势，推行合理的政策，充分抓住数字经济所提供的机遇，刺激经济增长。在这种存在巨大差距的背景下，南南合作和三方合作就显得极为重要。

数字经济的快速发展给南方国家带来了巨大的挑战、成本和风险，特别是，许多南方国家在全面数字化运作方面，整体实力欠缺。在南方国家中，有很大一部分人口缺乏连接能力，或者连接能力不充分。而且，可能不具备充分享受数字经济红利所需的文化教育水平、低成本享受新兴数字技术的机会不平等、利用数字技术的能力欠缺等，导致数字红利的流通结构不均衡。这意味着，中小微企业，以及受教育程度低或者没有受过教育的人，特别是生活在农村地区、缺乏连接能力的人，最有可能被数字经济的浪潮抛下（Osiakwan，2017）。

Philip 和 Williams（2019）研究发现，地域性的数字鸿沟会固化并进一步加剧多数偏远农村地区的数字不平等问题。他们还指出，在规划数字基础设施项目时，忽视偏远农村地区，会对经济和可持续发展产生深远和广泛的影响。这些结果来自于对多个南方国家的观察总结，这些南方国家主要将发展重点集中在城市。尽管数字技术可以通过创造农产品在线销售和营销机会等方式，促进农村地区实现经济增长，但缺乏宽带等关键基础设施限制了这种可能性。除了没有宽带外，在多数南方国家，可能未通电或者供电不稳等因素，使得数字技术的应用受阻。这一挑战实际上为相对发达的南方国家的大公司创造了投资电力行业的机会。

在努力消除城市和农村地区之间的数字鸿沟的过程中，还发现了通过中小微企业，特别是农业领域的中小微企业，可以释放青年人口的创造力。但这取决于宽带的覆盖面和宽带质量。以尼日利亚为例，世界银行（2019）指出，"尼日利亚的固定宽带普及率非常低，2018年底，家庭宽带普及率为0.04%，低于非洲地区平均水平（0.6%），也远低于世界平均水平（13.6%）。这是因为尼日利亚的骨干网络投资主要集中在主城区和城际线上"。

数字革命正在并将继续对政府和企业产生巨大影响。数字化以及现代技术应用的普及会催生出创新，特别是在新产品、新服务的产生以及对现有产品和服务的调整方面。世界经济论坛的资料显示，在第四次工业革命期间，将涌现大量的新技术和新商业模式，还将对生产工艺甚至整个社会产生巨大影响（WEF，2018a）。数字技术将以更加精细化的方式为国内外市场的企业提供更多新的获客渠道。例如，通过电子商务平台，供应商可以在更大范围内接触到本地客户和国际客户，同时，还可以降低交付成本，特别是对于数字内容（UNCTAD，2019a）。在以前的工业革命中，服务必须面对面交付，而数字技术改变了面对面交付服务的概念。

中小微企业可以借助数字技术应对企业扩张受阻的问题，在创新实践中实现共享协作，利用众筹等新的筹资方式。不断发展壮大的共享经济是一种基于点对点活动的经济手段，目的是提供服务或者提供获取商品和服务的渠道。共享经济会通过在线平台进行推广，借助在线平台，企业可以让未充分利用的产品触达更加广泛的目标受众。电子产品，如音乐、电影和在线教育等，会产生一定的附加值，这是因为这些产品本身不需要消耗过多的地球资源。南方国家正成为不断发展壮大的数字经济的主要参与者。在互联网普及率和使用率、技术创新中心的数量、将电子商务用于经济活动和经济增长等方面，非洲的表现均令人印象深刻。

根据世界银行（2018）的数据，2014～2018年，非洲的创业生态系统通过孵化器、加速器和科技中心等实现了快速发展。Hruby（2018）发现，在全球6.9亿的移动支付注册账户中，有50%在非洲。移动支付提高了金融普惠水平，增加了金融普及渠道，创造了就业岗位。

非洲在移动支付领域大获成功表明，利用新的金融科技实现跨越式发展的机遇确实存在，而且其他经济产业也可能存在这类机遇。Manyika等（2013）和Osiakwan（2017）利用麦肯锡的数据预测，到2025年，互联网将为非洲的GDP贡献3000亿美元。其他南方国家，如拉丁美洲的巴西和墨西哥等，也在制定相关战略，以期利用数字技术来推动经济朝着更高水平发展。德勤2019年发布的一份题为《关于巴西数字化转型和信息通信技术机遇的洞见、报告和建议》的报告指出，政府已经开展了多项研究，并编写了多份报告，突出强调了为改善巴西的信息通信技术市场，推动数字战略，需要解决哪些难题，跨越哪些鸿沟。

如上所述，成功采用并推广数字技术的南方国家有可能释放出整个经济体系的活力。这些国家不仅将数字技术用作商业手段，还通过数字技术简化了服务提供流程，推动了社会福利项目提供、税收、数据管理、政策制定和政策执行。在印度，政府正在通过数字技术推行执法透明和问责制，为了给印度的13亿公民每人提供一个唯一数字身份签名，印度政府在数字技术领域投入了大笔资金（McKinsey Global Institute，2019）。通过这个项目，印度政府获得了大量有用数据，利用这些数据，政府不仅可以推行富有成效的社会福利计划，还可以收集更多数据，深入了解国家贫困问题的根源所在。

尽管数字经济为南方国家带来了巨大机遇，但大多数研究侧重于分析数字技术对高收入经济体的影响。数字革命对南方国家中的中低收入国家意味着什么，特别是在政府、企业和劳动力层面上，数字革命究竟意味着什么，我们对此依然比较陌生。更重要的是，大多数国家，特别是南方国家以及撒哈拉以南的非洲地区，仍在苦苦探索数字经济的真正含义。在它们的探索中，有几项关键问题：如何满足必要的基础设施需求；如何利用数字经济本身的巨大机遇；如何将数字经济纳入国家重点经济规划。多数南方国家并未充分抓住成功推行数字经济所带来的巨大机遇，也因此无法充分释放自身的增长潜力（Arbache，2018）。

信息技术的普及速度取决于一个国家的法律、制度和政治环境，认识到这一点至关重要。鉴于此，数字经济也给政策制定者提出了一个难题，即如何制定有效的政策才能充分发挥数字经济的各项优势。

对南方国家而言，要想在全球数字经济中占有一席之地，就需要提供有利的体制和政治环境。想要鼓励创新、推动技术进步，关键是设计有利的治理架构，设立管理机构，例如保证公民自由、建设良好的基础设施、保证管理机构的透明度、保证信息的自由传播和意见的自由表达。在创造因势利导的环境方面，阿尔及利亚、乌克兰、孟加拉国和南非等国都是很好的正面案例，这些国家正在成为数字革命的新兴力量。它们的成功经验也表明，无论是发达经济体还是新兴经济体，只要能适应全球数字技术，都能成为全球领导者。

但实际情况非常复杂，在南方国家的社会中，有权势的群体往往掌握着这个国家的信息权，由于数字技术会为知识和信息的传播提供便利，他们可能设法限制数字技术的应用。但技术变革会快速发展，如果忽视数字经济，南方国家将很快为此付出惨痛代价。那些未能积极抓住数字变革所带来的发展机遇的南方国家，可能会在增长潜力、区域竞争力、融入全球高价值生产链等领域，承担严重后果。

对南方国家的政府而言，在非国有参与主体，特别是私营行业的助推下，瞬息万变的数字格局会给国家带来巨大的实现跨越式发展的机遇。根据不同国家的实际情况进行具体的技术分析，我们发现了一种更加微妙的情况。对于南方国家而言，要想充分利用第四次工业革命所带来的机遇，就需要采取一系列措施，来解决技术的可负担性、可获得性以及应用性等问题。最关键的是，南方国家的政府需要在国家、地区和国际层面，发挥出伙伴关系的潜在作用。在区域和国际层面，南南合作和三方合作机制都将有助于南方国家应对上述多项挑战。

1.3 数字时代的南南合作和三方合作新趋势

南南合作和三方合作为南方国家和地区应对全球经济数字化浪潮带来的挑战提供了潜在解决方案。南南合作和三方合作可以帮助各国建立利用数字技术和数字服务所需的能力、连接并提供经验，借此实现出口组合多样化，建起数字工业化基础设施，加强服务贸易，制定并管理数据政策，进而实现经济可持续转型。想要实现这些目标，就需要南方国家具备必要的技术实力和财政实力，还需要北方国家实施更多的干预措施和发展援助，借此推动南方国家的数字技术向前发展。

随着全球经济的数字化进程不断加深，南方国家已经开始利用南南合作来推动各个行业的发展，其涵盖基础设施建设、对外直接投资开发项目、矿业、金融、气候变化等各个领域。从中国到墨西哥，从肯尼亚到尼日利亚，南方国家正在建立合作关系，以期充分发挥数字技术的作用，推动社会经济向前发展。在本报告中，有几章列举了几个实际案例，可以体现出这一趋势。尽管有些属于双边合作，但中国的"一带一路"倡议等类似合作，则是一种通过多国合作协定实现的合作形式（Chatzky and McBride，2020）。其中，最典型的例子就是 2017 年 12 月 3 日，在第四届世界互联网大会期间发起的"一带一路"数字经济国际合作倡议。该倡议旨在连接中国、埃及、老挝、塞尔维亚、泰国、土耳其、沙特阿拉伯和阿拉伯联合酋长国 8 个国家，扩大彼此的数字经济合作，建设起一条互联互通的数字丝绸之路（也称信息丝绸之路）。

近年来，南方国家之间的协议、倡议和合作协定数量激增，这一现象反映了南方国家的政府和私营部门希望抓住数字机遇，特别是加强互联互通的愿望在日益增强。例如，2015 年中国的百度收购了巴西的在线折扣公司 Peixe Urbano（Parra-Bernal，2014）。2016～2018 年，中国对埃塞俄比亚的直接投资金额达到了 40 亿美元，双边贸易额增长到了 54 亿美元（Xinhua News，2020）。埃塞俄比亚约 60% 的对外直接投资来自中国投资者（UNCTAD，2020a），涉及包括数字技术在内的各个领域。数字丝绸之路将为共建"一带一路"国家带来宽带网络、电子商务中心和智慧城市等先进的信息技术基础设施。在中国的科技巨头，尤其是华为和中兴的推动下，数字丝绸之路项目将为共建"一带一路"国家提供高质量的光纤电缆，且价格要远低于欧美竞争对手的报价。

多边机构也参与推动非洲经济数字化的三方合作。例如，联合国教科文组织（UNESCO）就曾致力于推动数字技术领域的南南合作和三方合作，以及它在整个南方的传播。在培训科学、技术和创新人才方面，联合国教科文组织还曾为南方的研究中心提供过大力支持，其中包括马来西亚南南合作国际科技和创新中心（International Centre for South-South Cooperation in Science）①、北京国际科学和技术战略研究与培训中心（The International Research and Training Centre for Science and

---

① 南南合作国际科技和创新中心（马来西亚）在全球南方国家设有五个区域办事处，包括巴西、埃及、南非、中国和印度。

Technology Strategy in Beijing）、世界科学院（The World Academy of Sciences）、阿卜杜勒萨拉姆国际理论物理中心（Abdus Salam International Centre for Theoretical Physics）和发展中国家妇女科学组织（Organization for Women in Science for the Developing World）（UNESCO，2018）。

南方国家在数字变革过程中面临诸多挑战，其中一项就是，需要建设完善的基础设施，让城市和农村地区的所有人都能享受到数字经济带来的便利。南方国家在基础设施方面与其他国家存在差距，这会影响它们充分利用数字经济所带来的发展机遇的能力，因此，必须解决这一问题。有些国家已经开始尝试与援助方合作来应对这一挑战。

中国向非洲大陆进行的数字技术转移在电信行业具有重大意义，但中非合作并不局限于一个特定领域，它涉及非洲大陆的方方面面。传音（Tecno）是一家智能手机制造商，隶属于总部位于香港的母公司传音控股，它曾推出过一款专门针对非洲市场的智能手机。截至 2012 年，中国公司在埃塞俄比亚科技领域的投资额高达 30 亿美元（Crabtree，2017）。过去 5 年，中国与非洲在数字技术领域的合作步伐显著加快。据 Roy（2019）称，华为和中兴正在大范围地开拓非洲数字市场。Roy（2019）还进一步指出，中国一直在推广使用北斗卫星导航系统，人们通常将其称为"数字黏合剂"，它可以连接起所有中国技术。对于共建"一带一路"经济体的智能手机用户而言，北斗卫星导航系统很可能会成为一项重要工具。

非洲各国政府大量投资中国研发的数字技术，例如相机和人工智能。赞比亚斥资 10 亿美元采购了中国制造的监控、电信和广播设备（Prasso，2019）。津巴布韦与中国的一家名为云从科技（CloudWalk）的公司签署了一份合同，目的是在津巴布韦全国部署人脸识别设备，津巴布韦还与另一家中国公司海康威视签署了一份合同，目的是在津巴布韦的城市街道、机场和其他交通设施处安装摄像头（Roy，2019）。此外，中国公司在非洲大陆的影响力也开始变得多样化。如今，中国公司在非洲大陆的业务已经开始涵盖广播电视网络、数据中心和智能手机销售等多个领域。在这方面，中国的广播公司四达时代（StarTimes）已经成为成本高昂的南非数字卫星电视（DSTV）和其他卫星线路的低成本的替代品。对于非洲地区的多数农村和城市贫困人口来说，看电视原是一种偶尔才能享受到的奢侈娱乐活动，而四达时代将看电视变成了当地老百姓的一种日常生活方式（Crabtree，2017）。

　　类似的，Modi 等（2019）深入剖析了非洲和印度之间通过农业伙伴关系建立起的南南合作。该伙伴关系不仅面向出口和投资，还面向利用数字技术和数字创新实现的培训、能力建设和创新项目。南南合作还有一个实际案例，即非洲联盟和印度之间的泛非电子网络联合项目（The Pan-African e-Network Joint Project）。作为印度援非方案的一部分，该项目通过电子信息技术将印度的中心节点与非洲的 54 个国家连接在了一起，并向非洲对口援助国提供了远程医疗和远程教育。该试点项目于 2007 年在埃塞俄比亚启动，它打通了印度和埃塞俄比亚优质的教育和医疗中心之间的连接渠道（Pambazuka News，2009）。

　　鉴于南方国家的整体实力各不相同，南南合作和三方合作可以通过培育企业家精神等方式推动创新。有些国家之所以能够在全球市场占有一席之地，原因通常在于它们的政府大力投资并支持创业创新。如前所述，在当今的数字时代，南方国家中的中国和印度等主要经济体已经掌握了成功的创新方法。[①] 从 2009 年前后开始，中国政府开始大举投资中小企业，重点侧重于数字创新和创业领域。Reshetnikova（2018）研究发现，这是源于政府提出的大众创业万众创新计划，每年的融资金额达

[①] 数字丝绸之路作为"一带一路"倡议的一部分，通过数字自由贸易区大力发展电子商务，通过减少跨境贸易壁垒、建立区域物流中心，增加国际电子商务业务，同时在增加硬件基础设施投资方面也发挥了巨大作用（Cheney，2019）。稍后，我们会在报告中详细讨论这一点。从国际层面来看，数字丝绸之路，如数字自由贸易区，将促进中国与其他南方国家之间的数字技术转移。埃及、老挝、塞尔维亚、泰国、土耳其、沙特阿拉伯和阿拉伯联合酋长国等已经同意，愿意通过扩大宽带接入、促进数字转型和推动电子商务合作等形式，实现互联互通（Viney et al.，2017）。

到了 65 亿美元。截至 2016 年，中国政府为刺激大众创业、万众创新投入了超过 560 亿美元（Reshetnikova，2018）。中国在通过数字创新和数字创业促进经济增长、创造就业和共享繁荣方面取得的成功经验，可以通过南南合作和三方合作在南方的其他地区分享。

21 世纪初，巴西通过南南合作和三方合作与非洲国家展开合作，并取得了重大进展（Hubner，2012）。例如，2010 年启动的巴西、德国和秘鲁三方合作项目，在秘鲁成立了环境技术中心，该技术中心为环境数字技术公司提供以市场为导向的培训和职业发展服务以及其他各种服务（GIZ，2014）。通过这种综合形式，外部合作伙伴能够优化自身的数字基础设施、金融和人力资源。澳大利亚、英国、法国、德国、意大利、日本、挪威、西班牙和美国等援助国目前正在与巴西和莫桑比克开展三方合作。自 2010 年以来，巴西、德国和莫桑比克一直在与马普托的国家计量、标准化和工业质量研究所（National Institute of Metrology，Standardization and Industrial Quality），德国国际合作机构（Germany's Agency for International Cooperation），德国国家计量研究所（Germany's National Metrology Institute）合作开展一项机构开发项目。该项目涵盖了 5G 网络的复杂高频被测变量、高频状态下的非线性和统计被测变量、数字通信系统和复杂天线系统的派生被测变量的可追溯性研究等，并使用数字技术分析大量数据。

尽管创业公司在非洲面临诸多挑战，但创新中心在加纳、肯尼亚、尼日利亚、卢旺达和南非等非洲地区如雨后春笋般不断崛起。南非的创新公司包括 InvoTECH、ALPHACODE、JoziHub 和 Impact Hub。同样，肯尼亚拥有 iHub、Silicon Savannah、Swahilibud、Lake Hub、DlabHub 和 Sote Hub（Dahir，2018）。在卢旺达，基加利创新城将为创新实验室提供安置点，并为科技公司提供培训服务和创新资金（Giokos and Parke，2018）。据报道，巴西科技公司 Positivo Informática 与阿根廷的 BGH 联合成立的合资企业 Positivo BGH 已经达成了一笔交易，即每年向卢旺达政府出售15万台电脑，其中大部分将用于教育行业。南方国家的企业在技术知识转移方面处于领先地位，其中，最具代表性的案例就是喀麦隆商业区块链理事会，该组织致力于为各个行业的个人、企业家、机构以及政府普及区块链技术知识，并提供区块链技术认证培训服务。

上述这些形式的南南合作正在为南方国家的社会和经济发展做出重要贡献。然而，这些举措还可以通过深化南南合作和三方合作得到进一步强化。也有一些非洲初创企业，通过并购推动了南南合作不断向前发展。例如，2019年尼日利亚的CcHub收购了肯尼亚的iHub，借此成立了一家大型的非洲孵化器。2019年初，CcHub还与卢旺达政府合作，在基加利筹建了一家设计实验室，该实验室专注于医疗、教育和治理等领域创新解决方案的研究工作（CcHub，2019）。事实证明，尽管这两家创新中心以前是健康产业的竞争对手，但通过合作，它们不仅能够改进自身业务，还能够连接东非和西非并扩大原有市场（CcHub，2019）。

据Brennan（2019）称，阿里巴巴一直与联合国贸易和发展会议（以下简称"贸发会议"）等组织就能力建设倡议开展合作，其目的在于向政府、教育工作者和企业家深入普及数字经济的最佳实践和最佳政策。自2018年开始，卢旺达的教育工作者就开始参加阿里巴巴商学院组织的全球电子商务人才培训师培训项目，该项目旨在加深教师群体对电子商务行业的了解。同时，卢旺达的创业公司创始人，还曾通过阿里巴巴商学院的网络企业家培训项目，前往杭州参加培训。卢旺达政府官员还曾参观了阿里巴巴总部，学习如何在数字时代实现和维持经济增长（Brennan，2019）。互联网创业者奖学金计划是贸发会议与阿里巴巴联合发起的另一个伙伴计划，该计划旨在弥合南南国家的年轻企业家所面临的数字鸿沟。该奖学金将面向在电子商务、物流、金融科技、大数据和旅游等领域运营开放平台的数字技术行业的企业家，从发展中国家挑选1000名企业家（其中200名来自非洲），为其提供数字经济相关的培训课程（Brennan，2019）。

1.4 2018年报告回顾

2019 年 3 月，在阿根廷举行的 BAPA + 40 大会上，南南合作金融中心和联合国南南合作办公室联合发布了 2018 年报告《数字世界中的南南合作》。该报告介绍了当前被许多学者称为第四次工业革命的技术创新浪潮。报告显示，这场工业革命，特别是数字经济的兴起为全球经济变革提供了新机遇。

2018 年报告的一项重要成果是，它深入分析了"平台经济"。该报告认为，在影响全球的数字变革的背景下，会涌现大量新的经济模式，其中之一就是平台经济，这是一种严重依赖数字技术和智能技术的商业模式。平台收购会进一步拉大南北方的差距，原因在于，许多南方经济体缺乏成熟完善的数字基础设施，无法充分利用数字经济的发展机遇。报告还强调，尽管存在这种经济发展鸿沟，但有些非洲国家，特别是撒哈拉以南的非洲国家，已经通过开创性地发展移动电子商务和提供金融服务等措施找到了一条利用平台经济的道路，例如 Jumia、Konga 和 M-Pesa 等平台。因此，许多平台型公司才得以通过提供便捷的交易渠道，在全球范围内的新兴地区形成网络效应。

该报告还进一步强调，许多低收入经济体并未加入数字经济的发展浪潮。考虑到南方各国在利用新兴的数字经济方面整体实力不均衡，本报告还呼吁加强南南合作，确保新兴国家可以向欠发达国家提供援助。为帮助欠发达国家从传统经济转型到平台型经济，借此从全球经济增长浪潮中受益，这一点十分必要。

2018 年的报告反映出，数字技术通过创建智慧城市、智慧人和智慧企业等方式给人类生活带来一些变化和转变。报告指出，出行和购物等老百姓的日常活动正在发生翻天覆地的变化，新产品和新服务不断涌现，但代价是成熟产品和服务逐渐退出市场。报告发现，数字变革导致社会动态、社会结构甚至生理学都发生了转变（Richtel，2010）。数字变革还助推了新的社会群体、个性化服务和内容的产生，所有这些都与信息和通信技术有关。该报告还进一步明确，数字技术在社会服务、社会治理、社会契约等领域的应用，通过融合和连接数字技术和智能技术，创造出了一个数字社会。在新一代数字技术工业化、传统产业数字化、信息基础设施现代化、经济活动智能化的推动下，人类将逐步迈向智能社会。

报告认为，数字技术为国内外市场的企业提供了新的获客渠道。例如，供应商可以通过跨境电子商务平台，在更大范围内接触到本地客户和国际客户，同时，还可以降低交付成本，特别是对于数字交付内容（UNCTAD，2019b）。数字技术浪潮改变了面对面的服务交付方式。在第四次工业革命中诞生的数字技术，可以帮助中小微企业解决扩张受阻问题，在创新实践中实现共享协作，利用众筹等新的筹资方式，通过数字金融系统满足资金转拨需求。

1.5 本年度报告概览

2019～2020年报告《数字世界中的南南合作和三方合作：新动力、新方法》进一步阐述了在第四次工业革命的背景下，加强南南合作和三方合作的机制和方法。相比之前的报告，该报告更加侧重数字变革如何解决包括南方经济体在内的全球经济等问题。2019～2020年报告还强调，建立更加紧密的南南合作和三方合作关系，保障南方国家紧跟数字化转型时代的发展浪潮至关重要。该报告突出强调了南方经济体之间的相互联系，以及南南合作和三方合作如何推动实现帕累托最优。

此外，该报告重提了保护主义抬头、国家内部以及国与国之间持续广泛的不平等、通过推动南南合作克服这些发展障碍的必要性等问题。与此相关的，想要在南方国家实现联合国2030年可持续发展目标，关键在于南方国家充分利用数字变革所带来的全球经济发展机遇，增加合作深度。

接下来，本报告将从不同角度出发，讨论上述主要问题。其中包括南南数字合作的发展和实施概念框架，南方国家的数字经济转型，利用数字技术提高农业生产力与保障粮食安全，南南合作与三方合作中的数字金融服务转型与新方法案例研究，数字医疗与南南合作和三方合作，数字化与气候变化战略，南南数字合作和三方数字合作的合作机制。

第2章介绍了南南数字合作的概念框架，并重点介绍了南南合作的新动力和新方法。报告回顾了伴随三方合作形成的新的伙伴关系、南方国家的创新实践、亚洲基础设施投资银行等新的发展融资平台。通过探讨数字丝绸之路倡议、全球新冠肺炎疫情实战共享平台、全球抗疫平台等案例，阐述了南南合作和三方合作在促进人文发展方面的作用。本章还建议全球、区域、次级区域和国家层面的利益攸关方采取行动，努力实现振兴南方国家的总体目标。

第3章介绍了会影响南方经济活动数字化的因素。本章通过第四次工业革命中成功实现的数字化项目和数字化实践，如人工智能、大数据、智慧城市等，展示了南方国家通过在各个经济领域创造出本地化的数字技术，进而深度实现政治、经济和社会变革的能力。我们发现，南方经济体对北方经济体创造出的数字技术的依赖程度较低，在报告中，我们以"一带一路"倡议和对外直接投资趋势为例，揭示了南南合作和三方合作对数字化的影响，特别是对数字互联互通和数字技术转移的影响。尽管南方的经济面临诸多挑战，但成功案例表明，南方国家在数字化方面的努力对处于弱势的小微企业以及大公司均产生了巨大冲击。

第4章重点讨论了2015年联合国大会通过的《2030年可持续发展议程》所强调的数字技术在提高发展中国家农业生产力和保障粮食安全方面的作用。本章提供了大量关于农业生产力、粮食安全和数字技术之间关联的文献，并列举了几个案例，例如使用基于短信的服务来共享价格、报价、货运信息，减少收获后的粮食损失；机器人从事剪枝、牛群转场、调配饲料、挤奶等工作；以及如何利用增强现实和增强虚拟技术来识别食物链中的致病菌。本章还分享了联合国为创建全球农业数字平台所采取的举措及其面临的挑战和未来的影响，并从监管和治理的角度，拓宽了我们对如何通过不同机制应对这些挑战的理解。

第 5 章介绍了几个有关数字金融转型、金融科技给发展中国家带来的挑战等案例研究。具体来说，第一个案例深入探讨了一个由社交网站转型而成的智能支付平台；第二个案例揭示了中国人民银行成都分行为在偏远的少数民族聚居区推行普惠性基础支付服务所做的努力；第三个案例深入剖析了一家从事农村金融服务的社会型企业；最后一个案例阐述了一种基于电子商务并面向小微企业的在线小额信贷服务。本章认为，南方经济体的数字金融确实实现了大幅增长，但金融科技在发展战略中究竟发挥了何种作用，仍有待探讨，且未进行理论化。此外，由于数字经济成型于主权国家以及大型的国际私营企业的个人行动，因此，本报告倡导南方国家的政府以及从业者能够同步将金融科技战略性地整合到相应政策内。

第 6 章谈到了数字医疗问题，分析了数字化为推进实现与医疗行业有关的可持续发展目标（SDG3）以及兑现全民医保承诺所提供的关键机遇，全民医保是多数南方国家医疗改革的主要目标。本章通过众多实际案例综合对比了数字医疗所带来的机遇和挑战，以及南南合作和三方合作的潜在可能性，最后得出结论。如果数字医疗是为了有效推进实现可持续医疗目标，那么南方国家就必须制定国家数字医疗战略，将其纳入当前的医疗政策；必须为南方国家制订特殊的培训方案和能力建设方案；必须增加对数字医疗的融资。本报告还强调了在数字医疗领域开展南南合作，让所有人公平享受医疗福利的重要性，因为解决方案具有本土化特征，具有一定的文化契合性，它可以进一步促进实现可持续医疗目标。

第 7 章详细阐述了南南合作在帮助缓解数字化的负面影响、推动应对气候变化等方面的潜力。具体来说，它剖析了区块链等数字技术，并简单介绍了遥感、地理信息科学技术、可持续能源发电和储能等。本章介绍了一系列从最不发达国家到中高收入国家出现的南南合作成功案例。本章还讨论了三方合作如何缓解南南合作在数字化和气候变化战略方面所面临的潜在制约。

第 8 章分析了南南数字合作的驱动力和合作机制。报告认为，如前几章所述，多数数字创新只是聚焦于本地经验，因此规模有限。本章呼吁各国通过合作来扩大这些创新举措的应用范围，而不是通过数字化来按行业推进可持续发展。在本章中，我们还探讨了推动南南数字合作不断深入的关键因素，同时提出了几条参考建议。例如，建立多方合作（强调了联合国的作用）；在南方国家之间、南方国家与北方国家之间实现知识共享，借此扩大最佳实践的应用范围；签署用以推动数字合作的富有成效的区域性协议（强调了南南合作和三方合作的创新问题），制定有效的包容性、监督和评价策略。

最后一章，即第 9 章，总结了各个章节的主要研究结果和分析内容，展示了这些章节是如何服务于本报告的主要分析框架以及中心宗旨和目标的。未来，为了强化和填补各个章节确定的政策和研究空白，我们还需要做一些补充研究，本章针对这些未来研究提出了一项议题。此外，本章提出了加强和推动数字世界中的南南合作和三方合作的政策建议。

第 2 章
南南数字合作概述和概念框架

王小林　张晓颖　吴亦非

2.1　引言

　　平台商业模式与数字技术显著改变了企业创造价值的方式。过去十年，企业创造商业价值发生的一个重要变化就是从线性商业模式转向了平台模式。在此之前，通过供应链销售产品来创造价值的线性商业模式一直是市场上价值创造的主导模式。后工业革命时期，随着蒸汽机和铁路等先进技术的出现，粗放型的垂直整合产业组织应运而生。在 21 世纪初，所有产业巨头都采用线性商业模式，如美孚石油、通用汽车、丰田等企业（Moazed and Johnson，2016）。沃尔玛、家乐福之类的大型零售企业同样通过纵向整合供应链，控制渠道的线性价值链，以实现规模效应。

　　平台模式是一种新兴的商业模式，它利用数字技术，将数字生态系统中相互影响的人、机构和资源连接在一起，创造出超出预期的价值，实现价值交换（Parker et al.，2017）。从本质上讲，社交平台是由两侧或多侧的用户组成的，这种数据驱动的商业模式追求的是网络效应。当消费者和参与主体相互交换价值并间接创造出价值时，网络效应就会出现。世界上最有价值的上市公司、第一批市值达万亿美元的企业，都是依托数字平台发展起来的企业，数字平台聚集两个或多个市场的参与主体，然后通过网络效应不断发展壮大（Cusumano et al.，2020）。例如双边市场的网络效应，双边市场一端是服务提供商，另一端是客户，平台对一端用户的价值主要取决于网络另一端的用户数量。由于平台可以满足双方用户的需求，因此价值会不断增长（Eisenmann et al.，2006）。即使在产品卖出后，平台也能以数据驱动型的"智能"服务产生新的收入，创造新的价值。例如，顾客在数字平台上下单购买书籍，平台在计算和分析顾客偏好后为其推送新产品。

大数据、人工智能、物联网、区块链等数字技术为企业采用平台商业模式创造价值奠定了技术基础。20 世纪 90 年代以来，数字技术与传统产业不断融合发展，如信息通信技术（ICT）与新闻、出版和媒体产业的大规模整合正在如火如荼地进行。数字技术结合第一产业，形成了电子农业、智慧农业；结合第二产业，就形成了工业4.0 和智能制造①；数字技术和平台商业模式结合第三产业，就创造出了数字金融、智能交通、数字教育、数字医疗等新业态。总之，数字技术和平台商业模式已经极大地颠覆了人类经济社会活动的价值创造模式。

全球价值链和全球性平台正在重塑全球制造业、全球贸易和全球服务的格局。与传统的产品制造和服务交付不同，全球价值链上的各个生产环节，可以在不同国家、不同地区完成（Dollar and Reis，2017）。借助全球价值链，发展中国家也可以嵌入产品制造过程中的一个或多个环节，成为工业产品出口国。但只有极少数的发展中国家能够深入参与全球价值链。影响和制约发展中国家价值链参与能力的因素有很多，譬如单位劳动力成本、交易成本、基础设施和贸易制度等。近年来，又出现

---

① 智能制造（也称智慧制造）是一个广义的制造概念，其目的是充分利用先进的信息和制造技术，优化产品制造和产品交易（Zhong et al.，2017）。

了另一关键影响因素，即数字技术和商业平台实力。中国、德国和美国是三个深度融合全球价值链的制造业中心，而其他大多数的南方国家目前处于价值链的边缘（Dollar and Reis，2017）。南方国家要想更深入地参与全球智能制造和智慧服务价值链，就必须在数字技术和商业平台领域迎头赶上北方国家。

Miniwatts Marketing Group 的数据显示，在过去 20 年里全球互联网普及率有所提高。到 2020 年，全球互联网覆盖人口已经达到了总人口的 58.7%（见图 2 - 1），普及率是 20 年前的 11.7 倍。2020 年，全球互联网上网人数约为 46 亿；在北美，互联网普及率高达 94.6%；即使在非洲，也接近 40%。互联网的普及为数字技术在生产制造领域和日常生活中的广泛应用奠定了基础。数字技术正在推动全球经济和社会实现数字化转型。这些转变不仅体现在制造业、农业上，也体现在智慧城市、金融、健康、电子商务和其他服务业上（第 3 章概述了第四次工业革命所涉及和涌现的领先技术）。

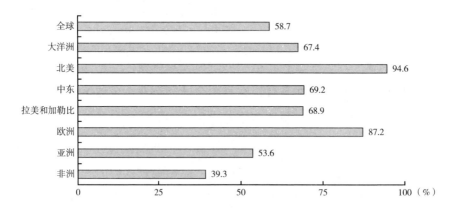

图 2 - 1　2020 年第一季度按地理区域划分的互联网普及率

资料来源：https://internetworldstats.com/stats.htm。

数字技术和正在发生的全球价值链重构共同为南南合作（South-South Cooperation，SSC）注入了新动力。随着数字技术和平台商业模式在全球范围内的扩张，一种更加具体的南南合作形式，即南南数字合作（South-South Digital Cooperation，SSDC）已经渗透到了技术合作、知识共享、政策对话、经验交流、互学互鉴、投资贸易等各个领域。南南合作的新动力与近年来出现的一些南南合作创新模式相结合，为南南合作带来了新动力和新方法。

本章结构如下。首先，介绍南南数字合作的新动力和新方法，讨论数字技术和平台商业模式为南南合作带来的新的伙伴关系、框架、理念和融资平台。其次，提出促进南南数字合作和三方合作的全球性、区域性和次级区域性行动指南以及国家行动建议。再次，提出促进南南合作和三方合作的全球治理建议。最后，汇总本章主要研究成果。

2.2　南南合作：新动力和新方法

近年来，南南合作已经从技术合作、知识交流扩大到了贸易、投资、基础设施建设、互联互通等多个领域。南南合作倡议已经成为实现2030年可持续发展目标的重要合作手段和融资渠道。为纪念《布宜诺斯艾利斯行动计划》（*The Buenos Aires Plan of Action*）发布40周年，第71届联合国大会重申了《布宜诺斯艾利斯行动计划》，强调南南合作是南北合作的补充而非替代。联合国南南合作办公室的《超越传统的合作：关于南南合作和三方合作的独立报告（2019）》（*Cooperation Beyond Convention-Independent Report on South-South and Triangular Cooperation*）① 指出，《布宜诺斯艾利斯行动计划》是定义和推动南南合作与三方合作的全球路线图。南南合作被视为全球南方国家在政治、经济、社会、文化、环境和技术领域进行合作、协作和相互参与的一种手段。发生在区域和国际层面的南南合作被视为发展中国家通过复合能力在个人和集体

_____

① www.unsouthsouth.org/wp-content/uploads/2019/09/Independent-Report_ webversion.pdf.

层面实现可持续发展目标的重要工具（UNOSSC，2019）。本部分概述了近年来出现的南南合作的五个新维度。

2.2.1 伙伴关系的演变形式：三方合作

第二次世界大战后，美国于1947年启动了马歇尔计划，该计划旨在帮助西欧国家加入经济合作与发展组织（OECD），接受美国的经济援助，振兴欧洲经济。随后，经合组织于1969～1972年制定了官方发展援助（ODA）计划，目的是促进发展中国家的经济发展，提高福利水平，并向这些国家和多边机构提供发展资金。经合组织发展援助委员会制定了一系列国际发展援助规则，为发达国家（援助国）和发展中国家（受援国）之间建立南北纵向发展合作关系奠定了基础。这类国际发展合作并不涵盖贸易、投资和军事援助三个方面。援助计划旨在对受援国提供一段时间的援助后，受援国能够进入"良性发展轨道"（Esteves and Assunção，2014）。

南方国家之间的团结互助形成了另一种国际发展合作模式，即南南合作。南南合作是一种平行或横向关系，它体现了平等、互助、团结和互不干涉内政的基本原则。南方国家经济的崛起、新兴经济体亮眼的表现、数字技术和平台商业模式领域的创新，以及国际发展新动力、新方法的不断涌现，很大程度上都得益于南南合作所给予的大力支持。

第三种合作形式——三方合作（见图2-2），将一向支离破碎的南北援助同南南合作联系在了一起，形成了一种由南方国家主导，有国际组织和援助国参与的新型合作关系。这种更具包容性的合作框架超越了南北合作，特别是在增加财政援助、促进知识流动以及补充官方发展援助方面。我们不应错误地认为三方合作是为了取代南北合作或者南南合作，相反，三方合作以南南合作为基础，支持发展中国家的优先事项，发挥北方伙伴和国际组织的比较优势，为南方国家建立更加平等的合作平台铺平道路。与此同时，它还平衡了历史上南北方之间不平等的经济关系。在阐述三方合作时，澄清这一点十分必要，这样才能给北方国家参与鼓励南南合作的国际对话创造机会，而不是在两个合作框架之间制造障碍，留出反对空间。作为一种新型伙伴关系，三方合作将南北合作与南南合作联系在了一起，丰富了国际发展合作框架。

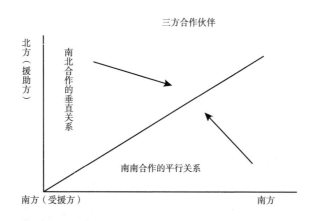

图 2 - 2 新型国际发展合作框架

涵盖技术合作、投资、贸易和援助等领域的南南合作，倘若能够发挥出自身作用，也能推动官方发展援助（ODA）实现改革。2011 年，在韩国釜山举行的第四届援助有效性高级别论坛（The Fourth High Level Forum on Aid Effectiveness）是国际发展领域的一个里程碑，它标志着南南合作国家已经将关注焦点从援助有效性转向了发展有效性。受2008 年金融危机的影响，发展援助委员会（DAC）成员国援助的资金很难满足受援国的发展需求。因此，国际社会鼓励受援国更多地通过可持续发展基金来获得发展融资。南南合作的本质并非援助，实际上，它综合了技术合作、对外直接投资和贸易便利化。

近年来，新兴经济体的发展经验证明，市场化融资工具可以起到撬动公共和私营行业资金杠杆的作用，填补日益扩大的国际发展融资缺口。因此，国际发展融资已经从官方发展援助演变成了另一种概念，即官方对可持续发展的总支持（TOSSD）。这种更加广泛的支持观点，涵盖了发展援助委员会、南南合作和三方合作（SSTrC）等双边支持方，以及多边开发银行（MDBs）、其他国际金融机构（IFIs）、联合国机构等多边支持方（OECD，2020）。南南合作、三方合作和南北合作共同构建起了一个有利于促进可持续发展的国际发展合作体系（见图2 - 3）。因此，发展援助委员会也从坚持官方发展援助转为支持更广泛的发展合作。其中，最重要的就是支持南南合作和三方合作。

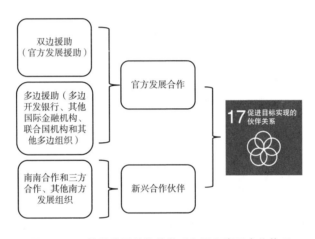

图2 - 3　可持续发展的伙伴关系和国际发展合作体系

2015 年，国际社会通过了目标远大的《2030 年可持续发展议程》（*The 2030 Agenda for Sustainable Development*），肯定了南南合作在实现可持续发展议程目标及具体目标方面的重要作用。《2030 年可持续发展议程》总结了南南合作和三方合作的经验教训，明确了这些合作方式为实现 2030 年可持续发展目标和国际社会商定的其他发展目标所创造的新机遇。《亚的斯亚贝巴行动议程》（*Addis Ababa Action Agenda*）、《巴黎协定》（*The Paris Agreement*）和《仙台减少灾害风险框架》（*The Sendai Framework on Disaster Risk Reduction*）等也为南南合作和三方合作提供了国际支持。在纪念《布宜诺斯艾利斯行动计划》出台 40 年后的 2019 年，第二届联合国南南合作高级别会议（BAPA ＋40）召开，此次会议是一次里程碑式的事件。国际社会重申了《布宜诺斯艾利斯行动计划》，并强调南南合作和三方合作不只是一种"生态位"模式，更是国际合作的核心所在（OECD，2019）。

2.2.2　强化后的发展愿景：可持续发展议程和人类命运共同体

2015 年联合国 193 个会员国通过了《2030 年可持续发展议程》，为人类和地球的和平与繁荣提供了共同蓝图。其核心是 17 项可持续发展目标（SDGs），要求所有国家——无论是发达国家还是发展中国家——在全球伙伴关系中采取行动。可持续发展议程认为，要想消除贫困，根除其他剥削问题，改善医疗与教育、减少不平等现象与刺激经济增长等方面的战略缺一不可，同时，还要应对气候变化，努力保护海洋和森林环境。

《2030 年可持续发展议程》和《亚的斯亚贝巴行动议程》都将南南合作和三方合作视为实现 2030 年可持续发展目标的重要手段和方式。新通过的第二届联合国南南合作高级别会议（BAPA＋40）成果文件有助于扩大南南合作的范围，阐明南南合作的原则，并进一步明确贸易、投资、金融和技术转让等关键领域的重要性。

联合国倡导各国根据自身国情执行《2030 年可持续发展议程》及推动实现 17 项可持续发展目标。诚然，对各国而言，不一定非要将其列为"国家可持续发展战略"，但在实施全球可持续发展议程时，应当将所有潜在的核心原则深植在落实行动中。

中国坚持可持续发展目标和南南合作原则，提出并致力于推广人类命运共同体新发展理念。这一愿景是中国领导人在与其他国家领导人讨论贫困、粮食安全、气候变化、资源短缺、环境污染、疾病和流行病等全球问题时提出的。人类命运共同体愿景认为，各国发展紧密相连，人类同住在同一个"地球村"。它认为全球化不仅给北方国家，也给南方国家带来了巨大的发展机遇。意义深远的经济全球化、国际市场的高速运转、全球资源的优化配置和利用，使各国在许多领域共享先进科技和发展知识。

人类命运共同体愿景与《联合国宪章》（*The United Nations Charter*）的精神不谋而合。《联合国宪章》旨在推动实现以合作共赢、和平、全球发展、共同繁荣为核心的国际安排，而这些都有赖于各国之间的交流互鉴、开放包容、关爱生态环境。因此，2017 年，联合国将人类命运共同体愿景纳入了有关经济、社会、文化权利和食物权等几项决议内。

新冠肺炎疫情是近百年来人类面临的最严峻的威胁之一，它给全球公共卫生、经济和安全稳定带来了巨大挑战，越来越多的人民和政府开始强调各国相互依存、命运与共。疫情期间，全球社会形成了更加广泛的南南合作和三方合作模式，其中大多数是为应对突发的新冠肺炎疫情、提供财政支持和技术援助而建立起的合作关系。

2.2.3　新的发展机遇

本报告以数字丝绸之路和印度 – 联合国发展伙伴关系基金为例，探讨南方国家的新机遇。

2.2.3.1　数字丝绸之路

2015 年，中国与其合作伙伴共同实施了数字丝绸之路项目（也称数字一带一路项目），这是"一带一路"倡议的组成部分。该项目推动了数字和新基础设施、电子商务和智慧城市项目的建设。相比道路、铁路、桥梁等传统基础设施，数字丝绸之路项目利用先进的技术和数字化手段，建成 5G 网络、人工智能、物联网和数据中心等数据驱动型基础设施，利用技术使现有基础设施更加智能化和互联化（CGTN，2020）。

数字丝绸之路有望在新兴市场实现经济模式和基础设施绿色转型目标。首先，数字丝绸之路将在促进基础设施建设的中长期可持续、高效和可行发展方面发挥重要作用。其次，数字丝绸之路有望为共建"一带一路"国家带来电子商务中心、智慧城市、宽带网络等先进的信息技术基础设施。再次，越来越多的中小商户通过数字网络融入全球贸易，数字丝绸之路可以为他们提供智能跨境物流系统支持。最后，数字丝绸之路运用大数据，直接解决了市场环境竞争激烈等问题，推动实现了更加广泛的可持续发展目标。

数字丝绸之路满足了目标区域内的数字创新和数字战略需求。根据复旦大学中国研究院数字"一带一路"研究中心的统计，2017 年，中国在北京举办了首届"一带一路"国际合作高峰论坛，其间，中国政府首次提出了数字"一带一路"项目，该项目是"一带一路"倡议的一部分。自此之后，中国共有 201 家大型公司在数字转型等领域推出了1334 个海外投资和合作项目。项目聚焦于电子商务、通信基础设施/5G网络、数字金融/金融科技、智慧城市、工业互联网、智能终端、信息技术服务和泛娱乐/媒体八大领域，其中57%与数字一带一路有关。就区域分布而言，490 个项目位于亚洲地区，占总数的37%，12%位于中欧、东欧和俄罗斯地区，7.7%位于非洲地区（Li，2020）。

在亚洲地区，各国政府认识到社会对技术进步的渴求以及中等收入陷阱的发展困境，极力主张将数字创新作为增长战略支柱（Kayama，2019）。自 2016 年以来，中国的初创企业和成本分担企业数量不断增加。最近，东盟国家和印度地区也出现了类似的繁荣景象。这些企业家找到了社会和行业的痛点，利用数字技术加以解决，从而抓住了商机。

在非洲，中非数字丝绸之路（China-Africa Digital Silk Road）建设也为非洲国家更加平等地融入全球产业链和价值链提供了新机遇。《中非合作论坛—北京行动计划（2019~2021 年)》提出，我们要发挥论坛优势，支持"一带一路"倡议，支持中非信息通信技术发展经验交流，抓住数字经济机遇，鼓励企业合作建设数字基础设施（Huang，2019）。数字丝绸之路还推动非洲中小企业通过跨境电子商务融入全球数字贸易网络（阿里研究院，2019）。

在新冠肺炎疫情防控常态化的背景下，数字丝绸之路项目将利用数字技术助力社会复工复产，为疫情防控提供新思路。例如，中国和其他国家使用的二维码健康码系统，在寻找新冠肺炎患者的密切接触者、追踪疑似病例方面发挥了积极作用。为保障各地的出行安全，国家可以促进不同数字平台之间的数据交换，推动实现交叉验证。为此，实现区域平台间的互操作性及实时交叉查询至关重要（Li，2020）。

从本质上来讲，数字丝绸之路为南南数字合作提供了新机遇。为实现可持续发展目标提供数字化解决方案将是未来南南合作和三方合作的重要领域之一。

2.2.3.2　印度－联合国发展伙伴关系基金

印度最近宣布了一系列南南合作举措，此举为南方国家建立发展伙伴关系提供了一条重要且积极的道路。具体而言，印度－联合国发展伙伴关系基金（The India-UN Development Partnership Fund）是2017年成立的联合国南南合作基金下属的一个专项基金。印度－联合国发展伙伴关系基金由联合国南南合作办公室（UNOSSC）负责管理，并与联合国系统合作实施，印度政府承诺将在10年内向印度－联合国发展伙伴关系基金提供总计1.5亿美元的发展资金。[①]

印度－联合国发展伙伴关系基金旨在为发展中国家中由南方国家拥有主导的、需求驱动型的可持续发展转型项目提供资金支持，向最不发达国家和小岛屿发展中国家重点倾斜。联合国各机构将与建立有伙伴关系的政府机构密切合作，共同落实基金项目。

印度和联合国南南合作办公室一致表示，南南合作应由需求驱动。秉持这一原则，印度－联合国发展伙伴关系基金将直接对伙伴国家的重点发展项目和发展目标做出响应，为其提供财政资源和技术知识，助力伙伴国家的政府实现可持续发展目标。在《2030年可持续发展议程》框架下，该基金的重点是选定领域为发展伙伴提供援助。

---

① https：//www.unsouthsouth.org/partner-with-us/india-un-fund/.

2.2.4 南方国家的新融资平台

过去十年，亚洲基础设施投资银行（AIIB）、新开发银行（New Development Bank）、非洲开发银行（AfDB）和丝路基金（Silk Road Fund）等南方发展银行和其他金融机构的扩张，为南方经济体发展提供了重大支持。本部分以亚洲基础设施投资银行和非洲开发银行为例，介绍了新出现的引人注目的南南合作和三方合作融资平台。

2.2.4.1 亚洲基础设施投资银行

亚洲基础设施投资银行（简称"亚投行"）是一家政府间多边发展机构，总部设在亚洲地区，旨在支持整个亚洲大陆的基础设施建设。亚投行于 2016 年开始运营，其法定股本为 1000 亿美元，亚洲成员国与域外成员国的出资比例为 75:25，由 57 个国家出资搭建（其中有 37 个亚洲成员国和 20 个域外成员国）①。截至 2020 年底，亚投行已批准成员国 103 个，覆盖非洲、亚洲、欧洲、北美洲、大洋洲和南美洲。现有的多边金融机构难以满足亚洲基础设施融资需求，而亚投行使基础设施以及其他制造业投资成为可能，可以促进经济实现可持续发展，创造财富，促进亚洲基础设施的互联互通。与此同时，为应对发展挑战，亚投行还与其他多边和双边发展机构密切合作，共同推动了区域性合作和伙伴关系建立。

亚投行的愿景是依托可持续经济发展和区域合作实现亚洲繁荣。自 2016 年投入运营以来，亚投行已经批准了 134 个基础设施建设项目，总投资额达到了 264.5 亿美元。如表 2-1 所示，亚投行的基础设施项目涵盖能源、交通、水资源、金融、城市、信息通信技术、农村基础设施和农业发展等多个领域。

---

① 《亚洲基础设施投资银行协定》，2015 年，https：//www. aiib. org/en/about - aiib/basic - documents/articles - of - agreement/index. html。

表 2 – 1 　 2016～2020 年按行业划分的亚投行项目

单位：个

年份	能源	交通	水资源	金融	城市	信息通信技术	农村基础设施和农业发展	其他	合计
2016	4	3	0	0	1	0	0	0	8
2017	6	3	2	3	0	1	0	0	15
2018	2	3	3	3	1	0	0	0	12
2019	7	4	3	9	2	1	1	1 *	28
2020	3	5	3	3	1	3	0	27 **	45
合计	22	18	11	18	5	5	1	28	108

　　* 斯里兰卡：通过缓解措施来降低滑坡灾害易损性。

　　** 新冠肺炎疫情恢复基金项目：公共卫生（8 个）、金融和流动性（7 个）以及经济抗风险能力（12 个）。

　　资料来源：亚投行，https：//www. aiib. org/en/news-events/annual-report/2020/home/index. html。

　　值得一提的是，为响应 2020 年 3 月 26 日二十国集团领导人特别峰会精神"携手抗疫，共克时艰"，亚投行批准了 50 亿美元的新冠肺炎危机恢复基金。表 2 – 1 显示，在新冠肺炎疫情期间，2020 年实施了 27 个相关项目。在发生重大突发公共卫生事件时，这一快速危机应对机制及其相应的供资能力为全球卫生治理注入了新的动力。

　　此外，亚投行还为 5 个信息通信技术项目提供了资金支持。近年来，亚投行将数字基础设施建设确立成一种新的基础设施投资形式，并计划在未来加大投资。在应对全球卫生挑战和抓住数字经济机遇方面，亚投行无疑是南南合作的重要融资平台。

2.2.4.2　非洲开发银行和非洲数字金融普惠基金

　　非洲开发银行于 1964 年投入运营，旨在通过精选计划和项目支援非洲的基础设施开发和私营部门的发展。非洲开发银行作为金融服务提供方，为实现可持续发展目标做出了巨大贡献，同时，它还促进了发展中国家之间的南南合作。更普遍的，《非洲开发银行战略（2013～2017年）》将私营部门的发展确立为核心经营业务，认为私营部门是非洲大陆向稳定、一体化、繁荣市场转型的关键。该项战略侧重于将非洲企业、地方企业家精神有效融入全球价值链中，以促进协作型的可持续增长。

非洲数字金融普惠基金（ADFI）是非洲开发银行为落实非洲数字包容战略而设计的一款创新型融资工具。它致力于通过在整个非洲生态系统中进行战略性和刺激性投资，扫除非洲国家在实现数字金融服务增长和普及方面所面临的系统性障碍。非洲数字金融普惠基金的目标是确保超过 3.32 亿的非洲人（其中 60% 是妇女）能够融入正规经济体。[①] 2020 年，非洲开发银行董事会批准向 EthSwitch Share 公司提供一笔价值 233 万美元的赠款，用于埃塞俄比亚国家银行牵头的一项基础设施现代化倡议。2021 年，非洲开发银行董事会批准了一笔 10.4 万美元的赠款，用于开发人工智能系统，以代表加纳和卢旺达的国家银行以及赞比亚的竞争和消费者保护委员会（The Competition and Consumer Protection Commission）处理客户投诉问题。

2.2.5　基于平台商业模式的新兴合作方式

伴随全球南方数字技术创新和平台商业模式创新，大数据、物联网、人工智能等基于数字技术平台的南南合作和三方合作正在萌芽和发展。例如，"一带一路"数字经济国际合作倡议和"数字丝绸之路"倡议旨在加强数字互联互通，为共建"一带一路"国家引进宽带网络、电子商务平台和智慧城市等先进的信息技术基础设施。这些项目为实现2030 年可持续发展目标和更长期发展前景提供了新动力和新方法。2018 年《数字世界中的南南合作》（*South-South Cooperation in a Digital World*）报告简单回顾了平台经济、跨境电子商务、数字金融、智能社会、互联网和业务流程外包等一些新的南南数字合作形式。接下来，我

---

① https：//www.afdb.org/en/adfi.

们还会讨论一些新兴的南南数字合作方法。

2.2.5.1 一种新型的人机协同

国际发展合作是由官方发展援助（ODA）、南北合作、南南合作和三方合作共同组成的基本框架。这些合作框架最初都基于主权国家在政治层面开展的合作，随后，又扩展到了具体的经济和社会产业合作。随着数字世界的到来，一种基于数字技术和商业平台的新型合作框架和合作方式应运而生，即南南数字合作。南南数字合作既可以服务于南南合作和三方合作，也可以服务于北方国家。案例1展示了一种新模式，它可以通过平台连接多种资源，提高南南合作效率。

例如，新冠肺炎疫情对人类生活、社会凝聚力和经济体造成了前所未有的集体威胁，而与此同时，基于大数据和人工智能的全球新冠肺炎实战共享平台（Global MediXchange for Combating COVID – 19，GMCC）应运而生。该共享平台在短时间内快速上线，为全世界各个地区提供服务。

案例1　全球新冠肺炎实战共享平台：公益平台创新[①]

2020年初，马云基金会、阿里巴巴基金会推出了阿里云智能和阿里健康共享平台，即全球新冠肺炎实战共享平台（GMCC）。新冠肺炎疫情发生后，全世界迫切需要创新型解决方案来应对公共福利资金不足问题，对接社会捐助与社会需求。

2020年3月18日，依托大数据和人工智能的全球新冠肺炎实战共享平台（https：//covid – 19. alibabacloud. com）上线。短短几周内，该平台已在229个国家上线，浏览量达到了32.11亿次，该平台为全球疫情救助工作提供了创新解决方案（Alibaba Group，2020b）。

全球新冠肺炎实战共享平台由以下四个主要部分组成。

---

① 根据 https：//gmcc. alibabadoctor. com 网站信息编辑整理。

（1）资源共享中心。《新冠肺炎防治手册：浙江大学医学院附属第一医院临床经验》已上线，截至 2020 年 3 月 31 日，该手册已在 227 个国家被下载 53.5 万次，在线浏览量达 40.1 万次。除中文版和英文版外，截至 2020 年 6 月，平台已上线 23 种语言版本的防疫手册。

（2）国际医生交流中心。交流中心共有 6 家医院的 1107 名医生参与，并进行过 13 场直播。主题包括：①医院的新冠病毒感染防治策略；②新冠病毒感染的救治和防控；③上海和武汉地区的新冠肺炎预防、筛查、诊断、预测和管理经验；④新冠肺炎的研发动态（Alibaba Group，2020b）。

（3）海外华人新冠肺炎咨询中心。截至 2020 年 3 月 31 日，共有 693 名医生参与，为 19509 名海外华人提供了免费诊疗服务。2020 年 4 月 28 日，1600 名疾控中心工作人员和医生参加了"中非抗疫经验交流会"。

（4）科技援疫中心。援疫中心曾收到 16 个国家发出的希望能够为抗击全球新冠肺炎疫情提供技术支持的请求，并在计算机技术、人工智能、大数据和云计算等方面提供了 258 次技术援助（其中，日本东京 91 次，德国法兰克福 77 次，印度尼西亚雅加达 90 次）。此外，阿里巴巴还为全球公共研究机构免费提供了弹性高性能计算服务，并通过高性能计算和人工智能技术，帮助研究机构开展病毒基因测序，研发新药，缩短研发周期。阿里新冠肺炎 CT 图像分析技术，帮助实现了 CT 图像定量分析，该项技术可以加快 CT 图像的分析速度，避免因工作人员劳累过度而导致的误差，及时调整治疗方案。帮助研究、分析和抗击新冠肺炎的免费计算和人工智能平台，为全球公共研究机构的研究分析、新冠肺炎预防等工作提供了支持（Alibaba Group，2020a）。

新冠肺炎疫情突袭而至后，中国用两个月左右的时间便有效控制住了疫情的传播，而全球新冠肺炎实战共享平台可以快速高效地分享中国的抗疫经验和知识。直播是重要的知识共享渠道，全球新冠肺炎实战共享平台支持直播功能。同时，平台还支持高效调配防疫物资，特别是供需有效对接、物流高效配送。2020 年 3 月，阿里巴巴基金会、马云基金会向国内一线医院捐赠了几十种防疫物资，数量共计近 1 亿件，为 140 多个国家和地区的抗疫工作做出了贡献，充分利用了阿里巴巴强大的平台资源，实现了平台公益创新目标。

全球新冠肺炎实战共享平台不仅快速汇聚了医院、医生等专业资源，还汇聚了来自世界各地的志愿者。共享平台为个人创造了机会，实现了他们从事慈善工作的愿望。共 100 名志愿者参与了《新冠肺炎防治手册》的翻译工作（Alibaba Group，2020c）。

在推动建立供需联系的过程中，发展中国家和发达国家之间建立了宝贵的官方联系，社会组织和个人也通过共享平台参与了抗疫工作。

2.2.5.2　基于医院网络平台的医疗合作

南南合作在数字技术和跨行业整合等方面已经取得了许多成功经验。其中一个成功案例就是将数字技术应用于医疗行业，本报告第 6 章具体讨论了在通过数字技术改善医疗系统和医疗服务方面，存在哪些机会。

我们以微医集团①的全球会诊与预防中心为例，阐释一种基于数字医院平台的全球医疗合作机制。案例 2 与案例 1 类似，但不同之处在于，案例 2 中的全球会诊与预防中心完全由一家私营全球数字医疗公司主导，它既服务于发展中国家，也服务于发达国家。这一概念反映出全球卫生治理存在巨大潜力，各国可以通过南南合作和三方合作充分发挥这一潜力。

---

① 微医集团是中国领先的数字医疗健康服务平台，该平台由廖杰远及其团队于 2010 年创立，共有四条主营业务线。资料源自 https：//digital. hbs. edu/platform-digit/submission/chinas-healthcare-revolution-wedoctor/，2020 年 6 月 26 日访问。

案例2 基于平台的医疗创新：微医全球会诊与预防中心①

2020年，随着新冠肺炎疫情在全球蔓延，医疗防护资源严重短缺。医院面临一系列难题，例如，怎样为充满恐惧和担忧情绪的老百姓提供咨询服务，如何为慢性病患者提供在线诊疗服务。

为走出这一困境，2020年3月，微医上线了全球会诊与预防中心（GCPC）。GCPC可以提供在线咨询、心理辅导、传统中医、会诊和预防指南等实时医疗援助服务（BookDoc，2020）。上线3个月后，该平台的访问量已突破1486.5万次。一年时间内，共有超过23000名医生成为微医平台的志愿者，涵盖呼吸内科、内科、传染病科、全科等科室，为全球患者提供了健康诊疗服务。近73000人获得了医疗帮助。微医还组织疫情防控专家通过平台与海外同行交流经验。

GCPC的核心价值在于基于平台的双边市场带来的价值创造。该平台连接起了医生和患者，创造和交换了价值。在供给侧，成千上万的医生自愿提供在线咨询服务；在需求侧，成千上万的患者获得帮助。

在以往的南南合作和三方合作案例中，大部分与支持知识交流与经验分享有关，例如世界银行2008年成立的南南基金（The South-South Facility）②。但这些合作项目在知识交流和项目分享过程中主要采用单向价值转移，主要基于知识受援国所表达的需求。GCPC所展示的双边市场特征可以将多个供应商和多个需求方聚集在一个平台上，形成合作型的生态系统，产生"网络效应"，为双方创造价值。

微医的全球抗疫平台充分利用了微医平台上原本聚集的医生、人工智能、大数据等资源，因此可以在短时间内快速上线。这表明，运用平

---

① 根据 https://promo.guahao.com/en/global/pneumonia/?_cp=yhcbz0315&cs=share&from=timeline&isappinstalled=0 网站信息编辑整理。

② 南南经验交流基金是一只于2008年10月启动的多捐助方信托基金。该基金根据知识受援国表达的需求，为知识交流活动提供资金，使世界银行集团的成员能够分享发展经验和发展知识。在规划知识交流时，其侧重点在于取得成果。资料源自 www.southsouthfacility.org，2020年6月27日访问。

台模式的数字技术，在全球卫生治理方面潜力巨大。南南合作和三方合作需要在下一步探讨如何为南方国家乃至发达国家提供在线应急医疗卫生服务。

自 1978 年推出《布宜诺斯艾利斯行动计划》以来，南方国家已经形成了许多南南合作网络，例如巴西和拉丁美洲国家的母乳银行网络（The Human Milk Bank Network）、东南亚国家联盟和南美国家联盟的国家卫生研究院网络（The Networks of National Institutes of Health of the Association）[①]。这些南南合作网络是广泛区域政治和经济议程的一部分，属于一种长期网络，侧重点在于强化国家机构、分享经验和专门知识、共同努力实现国家和区域战略优先事项（WHO and WB，2014）。但两个研究案例中的 GMCC 和 GCPC 都是在一个月内为抗击新冠肺炎疫情而成立的全球卫生合作平台。它们可以在短期内快速构建，直接服务于决策者、传染病防控专业人员、医生和个人。

2.3　南南数字合作和三方合作指导方针

南南数字合作是一种新的合作形式，它建立在《布宜诺斯艾利斯行动计划》和现有南南合作和三方合作指导方针的基础之上，强调利用数字技术和平台模式来推动产业融合，实现合作目标。为达到这一目的，南南数字合作需要遵循一定的合作指导方针。联合国南南合作办公室和南南合作金融中心联合编撰的报告《数字世界中的南南合作：2018 年南南合作年度报告》（*South-South Cooperation in a Digital World：2018 Annual Report in South-South Cooperation*）总结了

[①] 有关 20 世纪初以来，南美国家联盟发挥的其他作用，可参见 Rosenberg、Tobar 和 Buss 于 2015 年在《泛美公共卫生杂志》上发表的文章《南美国家联盟的国家卫生研究院在收集有关健康的社会决定因素的证据方面所发挥的作用》。

南南数字合作面临的一些挑战，如全球南方普遍面临数字基础设施薄弱和人力资本不足等问题。此外，南方国家还存在技术转让和自主创新能力不足问题，这些问题加剧了南方国家所面临的数字技术不平等、跨境数据流动限制、侵犯个人隐私和欺诈风险等挑战（FCSSC and UNOSSC，2019）。为解决其中一些障碍，下文将对南南数字合作提出若干建议。

2.3.1　促进南方国家和人类的共同利益

南南合作促进了全球南方的集体自力更生、共同繁荣和团结稳定。南南数字合作也需要坚持南南合作的基本原则。数字技术（特别是人工智能技术）所带来的大规模创新，虽然为全球发展创造了一波红利，但也可能颠覆或者破坏当前的全球稳定局势：部分国家、地区、企业或个人抓住了数字技术的发展红利，而其他地区和个人等则被数字技术的发展浪潮抛下。"数字鸿沟"指人们在享受互联网、数字基础设施等数字服务方面存在差异；它描述了信息和通信技术在社会中的分布不均衡。例如，数字移动服务可以为人们提供庞大的知识库、海量数据和大量服务，但这些服务只能在线获取，缺乏数字移动服务会损害处于数字鸿沟弱势一方的群体利益。南南数字合作的初衷就是普及数字服务，让数字红利惠及南方国家的每一位普通老百姓。

为了全面普及数字服务，南南数字合作必须坚持共享和透明原则。开放数字服务可以为全球市场带来巨大的发展机遇，特别是，它可以丰富消费者的选择，提高生产力和服务质量，而这些最终都将促进经济增长和社会发展。优质的公开数据需要具有检索方便、免费开放、格式便于使用等特点。在坚持共享原则和共同利益透明原则时，我们也可以采取一些技术措施，例如区块链和智能合约等，以促进贸易信息共享，提高透明度，应对欺诈风险（FCSSC and UNOSSC，2019）。

2.3.2 促进南方国家数字技术的公平使用

数字技术创新和数字技术变革将引起全球产业链的延伸和重组、价值链的升级以及利益的重新分配。在这一进程中，南南数字合作应当保障全球南方的每位普通老百姓都能够公平享受数字服务，坚持"不让一人落下"的合作和发展理念。南南数字合作应当为社会提供更加便捷的服务，以此来提高产业的生产效率，改善老百姓的福利。想要实现这一点，就需要在全球、地区和国家层面制订一个"顶层计划"。在进行顶层设计时，需要考虑跨地区共享数据的最佳方式，特别是要为低收入群体、农村地区和其他边缘社区提供更加便捷的数字服务获取渠道。

经济合作需要通过部署南南数字合作，促进全球投资，推动实现南方国家贸易便利化，为实现益贫式经济增长目标提供支持。通过南南数字合作开展的社会发展合作，应着力提高全球南方的教育、医疗等基础公共服务的可用性和可获得性，促进社会实现包容性发展。

2.3.3 在南方国家推广生态适宜性数字技术

全球南方需要充分利用数字技术优势，通过灾害管理、生态保护和低碳措施开辟出一条生态友好型合作发展之路。未来几十年，想要在全球南方建设符合当地实际情况的数字基础设施，就需要开展南南数字合作，借以激励发展中国家开展数字创新合作。这样的发展道路必须利用并升级深脱碳解决方案以及各类低碳解决方案，为新方案实施和基础设施建设规划合作路线图，消除实施障碍。

另一个重要步骤是，通过三方合作构建起全球性的低碳发展知识，确保全球南方拥有平等的数据、技术和资金获取渠道权利。想要实现这一点，就需要我们跨越传统的发展援助壁垒，注重可持续发展的整体利益。

2.4　促进南南数字合作和三方合作的全球治理

《2030 年可持续发展议程》《亚的斯亚贝巴行动议程》① 《巴黎协定》② 《仙台减少灾害风险框架》③ 等主要发展框架，均强调了南南合作和三方合作的重要性。南南合作将继续稳定扩大影响范围，实现多元化和弹性发展目标，同时还致力于解决发展机会不均衡问题，直接满足当地需求。近年来，马云基金会、阿里巴巴基金会等新兴力量、更加包容的伙伴关系、创新的发展合作模式不断涌现。这些变化加强了南方国家在各个层面的发展工作，有助于消除贫困和饥饿、应对气候变化、支持基础设施建设和推进人道主义援助（Economic and Social Council，2018）。在加快南方国家建设的同时，必须将全球南方定位为数字世界全球治理的重要伙伴。为促进南方国家参与全球数字治理工作，我们从全球、区域、次级区域以及国家层面提出了行动建议。

2.4.1　全球行动

本着《布宜诺斯艾利斯行动计划》的精神，全球治理要求在国家、

---

① 联合国第三次发展筹资问题国际会议（埃塞俄比亚亚的斯亚贝巴，2015 年 7 月 13 日至 16 日）通过了《亚的斯亚贝巴行动议程》，随后，在 2015 年 7 月 27 日的联合国大会第 69/313 号决议中，正式批准了此项议程。该行动议程为实施《2030 年可持续发展议程》奠定了坚实基础。该行动议程确保了融资流程、政策与经济、社会和环境优先事项的一致性，为可持续发展融资提供了一个全球框架。该行动议程包含了一整套全面的政策措施，包括利用资金、技术、创新、贸易、债务和数据资源等 100 多项具体措施，支持实现可持续发展目标。

② 2015 年 12 月通过了《联合国气候变化框架公约》（*United Nations Framework Convention on Climate Change*）下的《巴黎协定》，其旨在减少温室气体排放。《巴黎协定》是为了改进并取代《京都议定书》（*Kyoto Protocol*），而《京都议定书》是国际社会早期签订的一项用于遏制温室气体排放的国际条约。《巴黎协定》于 2016 年 11 月 4 日生效，截至 2019 年 11 月，已有 197 个国家签署，187 个国家批准。

③ 《仙台减少灾害风险框架》是一项高瞻远瞩的国际协定，它制定了一项总体目标，旨在大幅减少灾害风险，生命、生计和健康损失，以及个人、企业和国家的经济、物质、社会、文化和环境资产损失。

区域、次级区域、区域间、全球等各个层面开展治理行动，以实现南南技术合作目标。在联合国以及更加广泛的全球范围内采取南南技术合作治理措施，可以加快数字技术和数字服务在南方国家的传播，为此，我们应当制订一系列行动计划。例如，大规模的网络平台"南南星系"（South-South Galaxy）① 由联合国南南合作办公室牵头建设，于 2019 年上线，旨在推动全球南方伙伴分享其发展经验、解决方案，并更有效地促进建立新的伙伴关系（Li，2019）。

其他有助于推动南南数字合作的全球行动包括但不限于以下几方面：

- 加强数字技术、创新和应用，推动实现国家和集体自力更生；
- 交流发展经验，促进数字技术和数字平台的联合学习；
- 充分发挥三方合作与全球数字技术合作的优势；
- 加强发展中国家数字基础设施互联互通；
- 加强数字技术在发展中国家的应用，以实现跨区域和跨行业一体化；
- 支持南方国家的数字人才培养，加强能力建设。

2.4.2　区域和次级区域行动

自《布宜诺斯艾利斯行动计划》实施以来，区域以及次级区域的南南合作组织不断涌现，极大地丰富了南南合作。现有的区域以及次级区域南南合作组织均不同程度地认识到了数字经济和数字技术合作的重要性。

在拉丁美洲和加勒比地区，历来汇聚着众多区域和次级区域多边组

---

① 南南星系是一个全球知识分享和伙伴关系中介平台，由联合国南南合作办公室及其他联合国机构和发展伙伴支持。它是南方伙伴和联合国的系统的南南解决方案综合平台，是所有伙伴利用的一站式平台。南南星系连接现有的南南知识共享平台，使南方伙伴更容易获取和使用。它为用户提供广泛的知识、解决方案、合作伙伴和能力发展举措。欲了解更多信息，请参见 www.southsouth-galaxy.org/about/。

织和多边平台，它们可以为医疗等领域的发展提供对话、学习、建立共识和技术合作的机会。1978 年，阿根廷牵头举办了第一届联合国技术合作会议（United Nations Technical Cooperation Conference），《布宜诺斯艾利斯行动计划》自此诞生。20 世纪 80 年代，泛美健康组织（Pan American Health Organization）启动了国家间技术合作计划（Inter-Country Technical Cooperation），旨在利用成员国的力量来促进知识共享和网络合作，加快健康产业的发展（WHO and WB，2014）。

与此同时，在亚洲，政治、经济和安全合作组织东南亚国家联盟（Association of Southeast Asian Nations，ASEAN）确立了一系列合作机制。2019 年，在第十六届中国 - 东盟博览会上，各国以"共驱 AI，赋能未来"为主题，举办了中国 - 东盟电子商务论坛和首届中国 - 东盟人工智能峰会。

非洲联盟（African Union）、非洲复兴与国际合作基金（African Renaissance and International Cooperation Fund）、非洲发展新伙伴计划（The New Partnership for Africa's Development，NEPAD）、南部非洲发展共同体（Southern African Development Community，SADC）、东非共同体（East African Community，EAC）等非洲各区域和各次级区域组织也十分活跃。2017 年，非洲联盟发布了拥有自己数字身份的非洲专属域名（.Africa）。2019 年，欧盟委员会（European Commission）和非盟委员会（African Union Commission）成立了欧盟 - 非盟数字经济工作组（European Union-African Union Digital Economy Task Force）。该工作组编制了一份报告，谈及欧洲和非洲之间关于未来数字合作的具体建议（European Commission，2019）。中非数字丝绸之路等新的区域间机制也应运而生。

为促进南南数字合作所开展的其他区域和次级区域行动包括但不限于以下几方面：

- 加强区域和次级区域机构及组织在南南数字合作方面的能力

建设；

- 吸引南方国家一流的数字技术公司参与制定区域和次级区域的南南合作框架，并制订行动计划；
- 鉴于数字基础设施存在区域性特征，推动共建基础设施在区域和次级区域的共享；
- 提高发展中国家的数字技术合作标准，促进无缝衔接；
- 通过数字交流平台和人才培养，为区域性数字知识和数字经验的形成提供支持；
- 加强地区间的南南数字合作。

2.4.3 国家行动

在全球南方的次级区域已经有许多国家积极采取了南南合作措施，这为在南南合作下采取国家行动奠定了基础。阿根廷、巴西和墨西哥正在开展技术合作和发出能力咨询倡议。巴西、某些拉丁美洲国家和非洲国家积极开展农业技术合作。古巴和委内瑞拉促进了人力资源合作，巴西和委内瑞拉在医疗基础设施方面进行了合作（WHO and WB，2014）。巴西的技术援助主要集中在拉丁美洲和非洲，重点援助对象涵盖教育、医疗和农业领域。巴西强调指出，南南合作是由需求驱动的"平等关系"，而非"援助关系"（FCSSC，2017）。为推动非洲和亚洲国家的能力建设，实现文化教育发展目标，印度针对非洲和亚洲国家设立了奖学金计划。在深化非洲与海湾合作委员会（Gulf Cooperation Council）之间的经济关系方面，非洲发挥了重要的领导作用。南非的南南合作项目主要由非洲复兴与国际合作基金主导（FCSSC，2017）。尽管取得了这些重大进展，但要实现2030年可持续发展目标依然任重而道远。

南南国家还可以进一步开展南南数字合作行动，其中包括但不限于以下几方面：

- 针对发展中国家的数字技术合作，制定国家规划；

- 推行有利于发展中国家间数字技术合作的政策、法规和制度;
- 在发展中国家间的技术合作项目中,优先启动数字技术一体化和数字技术发展项目;
- 加强发展中国家间的数字技术合作的能力建设和知识共享;
- 推动数字服务在发展中国家间的传播和普及;
- 加强医疗、农业和工业领域的数字技术应用的一体化和国际合作;
- 通过发展中国家之间的数字技术合作,提高公共服务、知识交流和知识共享的效率;
- 加强发展中国家之间的数据共享,密切关注数字安全和隐私保护。

2.5　结论

在万隆会议召开和《布宜诺斯艾利斯行动计划》通过以来,南南合作取得了丰硕成果。南南合作和三方合作已经成为国际发展的重要组成部分,全球伙伴关系正在为实现可持续发展目标创造新动力和新方法。过去 10 年,新的发展理念、合作框架、合作模式不断涌现。例如,连接南北合作和南南合作的三方合作正在形成;人类命运共同体为凝聚全球伙伴合作共识提供了新理念;"一带一路"倡议和数字丝绸之路则倡导建立新的国际发展框架和合作银行,亚洲基础设施投资银行、新开发银行等为发展融资提供了新的渠道。

南南数字合作并不单单是数字技术领域的南南合作,更是基于数字技术的跨国界、跨区域、跨部门融合发展模式。这种跨境一体化发展模式以数据为关键生产要素,以平台商业模式为关键产业组织方式。双向市场改变了传统的价值链单向传递方式,促进了全球价值链的双向互动,甚至是网络互动,从而创造了新价值。这种最新的价值创造方法,如南南合作和三方合作，为实现可持续发展目标提供了新动力和新方法。新冠肺炎疫情发生后，全球涌现了多家相关平台，针对这些平台的案例研究表明，南南合作和三方合作所倡导的数字技术和数字平台前景广阔。

为加快数字技术和数字服务在全球南方的传播和普及，我们需要在全球、区域、次级区域、国家乃至城市层面采取一系列措施。在全球层面，我们应当在联合国系统下采取鼓励南南数字合作的战略和行动，推动全球南方完善数字基础设施，加强人才培养和能力建设。为加强区域和次级区域机构和组织的能力建设，促进数字基础设施和公共服务的跨区域互通，提高发展中国家的数字技术合作标准，促进区域间无缝互联互通，加强区域间的南南数字合作，我们需要在区域和次级区域层面采取行动。而在国家层面，南南数字合作需要国家制定有利于发展中国家间数字技术合作的规划、政策、法规和制度，促进数字技术实现跨国界、跨领域发展融合，为实现人类社会共同发展目标做出贡献。

平台模式是一种新的商业模式，它可以利用数字网络将数字环境中的人、机构和资源连接在一起，创造价值并交换价值。适当的平台可以作为强效催化剂，刺激资源丰富的生态系统实现发展。平台设计不同，平台参与主体不同，这类生态系统产生的结果也会不同。因此，平台模式有可能在扩大南南数字合作、利用数字技术大幅提升南南合作和三方合作模式的包容性等方面发挥重要作用。在加强南南合作以促进包容性数字发展的背景下，我们可以利用基于平台的方法来充分发挥数字技术和能力的作用。从本质上来讲，平台模式为我们提供了一个机会，我们可以借助平台扩大南南合作和三方合作框架的范围，优先考虑可以汇聚人力资源和数字资源的模式，以实现全面可持续的未来。尽管存在这一潜力，但在现有南南合作和三方合作框架内转变战略重心，保障这些模式可以为包容性南南数字合作与发展提供支持方面，我们仍面临诸多挑战，对这一点进行反思至关重要。想要实现线性模式向平台模式转变，我们需要更改流程和技术系统，同样，想要在不同治理层面推行南南数字合作框架，我们也需要进行一些调整。

本报告指出，数字技术、平台模式和跨行业整合可以广泛并大幅改善人类社会的现状。但报告也认识到，人类社会的可持续发展面临诸多挑战，新冠肺炎疫情就是一个典型例子，全球经济可能面临衰退风险。本报告中提到的某些新发展理念、新框架、新动力和新方法，有可能催生出一批卓有成效的发展战略来应对新的挑战。但这些理念、框架、动力和方法仍在发展完善当中，我们应当持续不断地总结集体经验教训，改进这些知识体系，这是我们长期的奋进目标。

第3章
全球南方的数字经济转型

Nir Kshetri

3.1 引言

全球南方正在经历一场快速的数字化转型。数字化几乎影响到了全球南方经济体的各个经济产业及各项经济活动。数字技术可以带来诸多益处，如增加粮食产量、减少水资源消耗、改善粮食浪费问题及降低食品价格等（Walla，2019）。

全球南方正在快速拥抱云计算、大数据、物联网、人工智能、遥感技术（卫星图像和无人机）、基因编辑、虚拟现实、增强现实和3D打印等第四次工业革命技术（见表3-1）。第四次工业革命与以往的工业革命存在一些关键区别。首先，在以往的工业革命中，技术革新需要经过漫长的时间才能对经济和社会产生重大影响，但第四次工业革命的创新技术所产生的影响，可以快速传导到社会各层面。因此，为了充分利用这些技术，政府和私营行业必须反应敏捷、快速行动。其次，第四次工业革命涉及不同技术与材料、新发现与新工具，因此更加复杂。最后，第四次工业革命的创新技术会波及所有系统及经济产业，而不仅仅是单个产品或者单个产业（Silva，2018）。

表 3 - 1 第四次工业革命关键技术

第四次工业革命技术	说明
3D 打印	利用计算机辅助设计(CAD)模型来构建三维物体,通常由多层添加材料来完成。3D 打印也指增材制造(The Economist,2013)。3D 打印的优势包括可以减少浪费及能够打印自定义设计产品(Zastrow,2020)
人工智能	用机器模拟人类智能。关键流程包括学习(获取信息和理解使用信息的规则)、推理(应用规则来得出结论)和自我纠正
增强现实	借助传感器和算法,计算机可以确定相机的位置和方向,紧接着以相机视角拍摄的 3D 图像会与计算机生成的图像叠加,生成用户视角的真实世界图像(Bardi,2019)。目前,阿里巴巴的淘宝购物平台已经开始应用增强现实技术来创建 3D 版本的产品(Carlton,2018)
大数据	高德纳咨询公司(Gartner)对大数据的定义:大数据是一种信息资产,其容量大、存取速度快、类型多,需要具备成本效益的新处理模式才能发挥出强大的决策力及洞察发现力
云计算	服务器托管应用程序,需要通过互联网来提供服务(软件、平台和基础设施)。用户可以访问云端的运算容量和资源,但需要根据使用情况支付服务费用
基因编辑	修改细胞或有机体的 DNA。通过基因编辑,科学家可以测试特定基因变异如何产生特定性状和疾病。通过研究大量的遗传信息和病历,科学家可以检测基因突变与疾病的相关性。针对患者采取个性化的诊疗方案。在慢性病方面,基因编辑可以发挥关键作用,大幅改善治疗效果
物联网(IoT)	由嵌入电子、软件和传感器的物体或"事物"(如机器、设备、器具、动物或人类)组成的网络,这些物体和事物具有唯一的标识符,能够通过网络传输数据,最大限度地减少人工干预
遥感技术	利用一个区域反射和发出的辐射来探测和监测该区域的物理特性。通常情况下,会在卫星或飞机上安装探测或监测相机(USGS,2019)
虚拟现实	利用计算机技术创造与真实世界类似或不同的模拟环境或者模拟体验。虚拟现实可以将用户置于视觉、听觉、触觉和嗅觉等感官的模拟体验中(Bardi,2019)。在增强现实技术中,需要在物理环境的特定位置安装一台真实的摄像机,而在虚拟现实技术中,用户的眼睛需要置于模拟环境的特定位置,以此产生一个令人信以为真的交互世界。例如,可以使用虚拟现实技术来打造一场 3D 时装秀(Appsynth,2019)

第四次工业革命还有一个更加突出的特点,即在最新数字技术的发展和部署方面,部分南方经济体已经超越了北方经济体。在 2016 年发

布的一份报告中，美国曾指出，中国在用于开发人工智能的深度学习①期刊上的文章发表数量已经超过了美国（The Economist，2017）。2017年，在向世界知识产权组织（WIPO）申请的 314 项区块链专利中，中国企业占 99 项；在 649 项人工智能专利中，中国企业占 473 项（Peyton，2019）。美国公司申请的区块链专利数和人工智能专利数分别为 92 项和 65 项。根据世界知识产权组织 2019 年公布的数据，在排名前 20 的人工智能专利申请学术机构中，中国机构占 17 家；在人工智能出版物排名前 20 的学术机构中，中国机构占 10 家。

中国在投资领域也取得了丰硕成果。2017 年，全球新成立人工智能初创企业 1100 家，针对人工智能领域初创企业的投资金额增长幅度为 141%，达到了 152 亿美元。根据 CB Insights（前身为 ChubbyBrain）发布的数据，中国的投资额已经超过了美国。2016 年，中国吸引的投资金额大约超过了全球总投资金额的一半，而美国的这一比例为 38%。2016 年，在全球人工智能投资领域内，中国吸引的投资金额占比仅为 11.3%（Robert，2018）。

在另一个关于全球南方经济体进行数字技术变革的案例中，联合国非洲经济委员会（UNECA）近期发表的一份关于尽力缩小信息通信技术（ICT）鸿沟的研究发现，中非国家经济共同体（ECCAS）在非洲电信领域的增长表现最为突出，其拥有 8100 万用户（普及率达 45%）及 25 家移动运营商。中非国家经济共同体（ECCAS）在覆盖 1.8 亿人口、约占非洲总人口 15% 的市场中维持着 1.8% 的内部贸易率。这些统计数字表明非洲地区在建立强大的数字价值链方面存在巨大潜力。

此外，全球移动通信系统协会（GSMA）2019 年发布的一份报告显

---

① 深度学习使用算法引导计算机通过示例进行学习，并根据对结构化和非结构化数据（例如图像、声音和文本）的分类来执行任务。

示，在撒哈拉以南的非洲地区，各国都在为融入全球数字经济而大力普及4G网络。然而，撒哈拉以南非洲地区的数字经济增长却面临诸多挑战，譬如4G设备成本过高、部分市场本应分配给已建成网络运营商的4G频谱迟迟无法到位等。截至2018年，该地区的4G网络用户仅占网络用户总人数的7%，而全球平均水平为44%。2019年，撒哈拉以南的非洲地区新增了4G频谱分配量并加强了网络部署，这对该地区的经济增长发挥了积极作用。截至2019年，布基纳法索和加纳等地区已经启动了7个长期演进（LTE）网络（GSMA，2019）。

本章旨在探讨在全球南方经济体内部，经济活动数字化转型的本质以及影响数字化进程的各种因素。首先，本章侧重阐述了全球南方经济体数字化转型的几个行业案例。其次，由于人工智能是数字时代最具颠覆性的技术创新，本章讨论了人工智能的转型问题。再次，本章还探讨了南南合作和三方合作对全球南方经济体数字化转型所产生的影响，数字技术中的三方合作，以及全球南方数字化转型所面临的机遇和挑战。最后，我们做了意见总结，并提出了建议。

3.2　数字化转型的行业案例

为了阐述上述现象，本部分将通过不同经济产业的具体案例，详细说明全球南方经济体数字化转型的本质和影响。

3.2.1　制造业

关于第四次工业革命对制造业和生产部门所产生的影响，世界经济论坛（World Economic Forum）和麦肯锡公司所定义的第四次工业革命"灯塔工厂"（Lighthouses）给出了最好的解释。灯塔工厂指的是行业领军者，它具备第四次工业革命的所有基本特征，同时还贡献了能够创造新的经济价值的潜力（Leurent and Boer，2019）。中国就有很多家灯塔工厂。印度尼西亚和中东等其他全球南方经济体，也有几家灯塔工厂（Cronin et al.，2019）。例如，世界经济论坛认为，法国施耐德电气公司在印度尼西亚巴淡岛建设的智能工厂及在中国武汉建设的工厂就属于灯塔工厂（Estopace，2019）。

目前，灯塔工厂正在改造生产系统、开展价值链创新、引入具有颠覆性的商业模式，以此来创造价值（Estopace，2019）。灯塔工厂具备一个关键特征：技术与人类协作工作，而非由技术取代人类（Edmond，2019）。施耐德电气公司在印度尼西亚巴淡岛建设的智能工厂，虽然实现了高度自动化，但其依然雇用了 2900 名工人。智能工厂采用了增强现实等许多先进技术。例如，使用增强现实技术后，当收到机器故障警报时，维护人员可以查阅专用的平板电脑来识别目标点，不需要接触机器就能解决问题（Lim，2019）。

灯塔工厂还有一个特点：它所带来的技术进步能够从根本上重置整个行业基准，而不只是产生增量式的改变。施耐德电气公司的新一代 EcoStruxure 架构和平台改变了游戏规则。EcoStruxure 支持物联网，即插即用。它的工具箱对外开放，可交互操作，适用于家庭、建筑物、数据中心和基础设施等各类场景。它简化了使用标准通信协议从智能设备收集数据的过程，因此既可以利用边缘计算在本地分析数据，也可以在云端的中央单元分析数据（BPX，2018）。EcoStruxure 在安全性、可靠性、效率、耐久性和连通性等关键指标方面表现优异（Lim，2019）。施耐德电气公司的报告数据显示，在巴淡岛工厂运用 EcoStruxure 解决方案，使得能源效率提高了 5% ~ 7%，生产废料减少了 46%，生产率提高了 17%（Lim，2019）。

灯塔工厂的另一个特点是高度协作、知识共享。施耐德电气公司在巴淡岛建设的生产基地将多项技术方案分享给了客户和合作伙伴，这改善了当地的生态系统（Edmond，2019）。

3.2.2 农业

数字技术还颠覆了传统的农业实践。先进的数字化农业系统可以利用数据采集技术将农业与物联网连接起来，实现实时上传数据；它还可以利用人工智能和机器学习能力，为连接物联网的全自动机械化设备提供建议和输送方案（Hinson et al.，2019）。

第一个案例是中国东北黑龙江省七星农场的一个现代化大数据中心。七星农场是黑龙江省最大的水稻农场，占地面积达8.13万公顷，而大数据中心彻底颠覆了以往的耕作方法。该大数据中心会利用高分辨率"高分一号"卫星数据、气象设备数据、土地和环境数据（依靠地下水位监测设备等）（Xinhua，2018），实时判断温度、湿度、风向、土壤温度和土壤湿度等各项指标，然后做出决策。为了获取实时数据，种植户的手机上会安装一款名为"现代农业平台"的手机应用程序，该程序由中国的中化集团开发（cgtn.com，2019）。种植户如果发现害虫等问题，可以进行拍照上传。农业专家还可以提供建议，如不同农作物的最佳播种和收割时间、喷洒杀虫剂的时间、灌溉时间等（Xinhua，2018）。

第二个案例是印度尼西亚的集体智能农业初创公司（CI-Agriculture），该公司主要负责推广大数据、物联网和其他高科技的精细化农业技术。它可以利用航拍照片、传感器、无人机和卫星图像中的天气数据，创建和分析土壤状况数据。该项技术可以为种植户提供栽培、施肥、害虫防治的最佳时机建议等，从而提高化肥和杀虫剂的利用效率。它还可以利用多来源数据，准确计算农田的生产潜力。集体智能农业公司（CI-Agriculture）同样可以根据智能农业技术、传感器系统、其他各类数据分析的计算结果和方案，为印度尼西亚种植户提供保险服务（E27，2020）。保险模型是基于对该地区10年以来天气数据的分析结果。这些技术解决方案可以降低小规模种植户的贷款成本。同样，该项技术在大型农场依然适用。

第三个案例是 iCow 应用程序，该款程序由肯尼亚最大的手机服务供应商萨法利通信公司（Safaricom）和当地的 Green Dreams 组织共同开发（Kshetri，2016）。这款应用程序可以帮助小规模奶牛养殖户跟踪和管理奶牛的生育周期，还可以通知奶农关于奶牛妊娠期的重要节点日期。根据产奶量、繁殖档案等信息，该应用程序可以向奶农提供最佳实践指导。它可以提供病虫害问题诊断、感染预防、优质牧草品种筛选等相关建议（Glickman，2015）。此外，该程序还可以帮助奶农找到距离最近的兽医和其他服务供应商。Green Dreams 还开发了一款简易系统，该系统利用谷歌文档搜寻虚拟兽医来回答奶农的问题。如果 Green Dreams 和奶农联系的兽医都无法解答奶农提出的问题，这个问题就会被上传至系统。兽医们集思广益，找到最好的解决方案，最后转发给奶农。《国家地理》杂志的一篇文章曾讲述过一位名叫苏奥的奶农的故事，据这位奶农介绍，iCow 大幅增加了他所在农场的奶牛产奶量，同时还改善了牲畜的健康状况（Glickman，2015）。通过利用从 iCow 学习到的知识，这位奶农的奶牛产奶量翻了一倍（Kshetri，2016a）。

最后一个数字化农业系统的成功案例是肯尼亚的 Illuminum Greenhouses。这家创新型农业科技公司主要与小规模种植户合作，通过改进技术来提高温室产量和生产效率。该项目用到了太阳能驱动的传感器、数据分析仪和自动滴灌系统，终端用户可以通过手机软件控制这些设备（Hinson et al.，2019）。不仅如此，这家公司还频繁走访当地种植户，分享病虫害防治和管理活动建议，为种植户提供了知识共享服务。

3.2.3 智慧城市

智慧城市利用物联网、传感器等先进技术来收集数据，然后通过从数据中获取的知识信息提高资源管理和服务效率。智慧城市正在全球南方经济体内部快速发展。值得注意的是，中国已经成为智慧城市技术领域的全球领导者。中国在建智慧城市达 500 座，占世界总量的 50%（PTI，2018）。相比之下，欧洲仅有 90 座，北美有 40 座，印度有 30 座（Chou et al.，2019）。

　　智慧城市技术有一个典型好处，它可以提高交通系统的运行效率。杭州市萧山区利用智慧城市技术，将交通速度提高了 15%。该地区还将救护车到达时间缩短了 50%（Allison，2019）。杭州市数据资源管理局的人工智能平台利用了 59 个政府部门的 230 多亿条数据（Huixin，2017）。中国开发的智慧城市技术在本国大获成功之后，已经开始快速被推广至其他全球南方经济体。华为和中兴等中国企业正在肯尼亚（Mutethya，2017）、巴基斯坦（Husain，2017）和菲律宾（huawei.com，2017）建设智慧城市。

　　2016 年，巴基斯坦拉合尔市与华为签订了一项总价值达 8470 万美元的智慧城市项目合约。该项目由旁遮普安全城市管理局负责监管，华为公司负责安装 1 万个监控摄像头。项目的目的是增强拉合尔市民的安全保障、减少城市犯罪、有效开展反恐监控、部署智能交通管理系统、提高应急响应效率（thenews.com.pk，2018）。华为目前正在巴基斯坦首都伊斯兰堡实施另一个类似项目（Moss，2019）。

　　在肯尼亚[①]的首都内罗毕，华为的通信网络已经将 1800 个摄像头与 195 个警察局连接起来（BBC.com，2015）。同样，港口城市蒙巴萨早在 2014 年就安装了城市安全设备（Hillman and McCalpin，2019）。在距内罗毕东南 70 公里的马查科斯县的孔扎小镇（Konza），最近正在实施一个备受瞩目的智慧城市项目（RT.com，2019）。孔扎科技城（也称为孔扎科技之都）项目于 2008 年启动，是肯尼亚《2030 年远景规划》的一部分。根据孔扎科技城的项目规划，它可以收集智能设备、嵌入设备、机器，以及道路、建筑物等基础设施内的传感器数据并对其进行分

---

　　① 肯尼亚在非洲数字技术增长中发挥的核心作用为它赢得了"非洲硅谷"称号。

析，为市民提供有价值的信息，提高服务质量（konza. go. ke，2019）。

阿里巴巴联合马来西亚政府启动了一个数字自由贸易区和智慧城市项目（Soo，2018）。阿里云的智慧城市计划也被称为马来西亚"城市大脑"，它利用人工智能、大数据和云计算，提高了马来西亚的城市运行效率，优化了城市资源利用。吉隆坡将成为马来西亚首座部署"城市大脑"的城市。"城市大脑"将率先用于监测交通事故、减少非法停车、通过变换交通信号灯让救护车更加畅通无阻（Marr，2019）等交通管理领域（Soo，2018）。

同样，在哈萨克斯坦的努尔苏丹，华为与 Kazakhtelecom、Kcell、Beeline 和 Tele2 合作安装了 2000 多个摄像头。2013 年，塔吉克斯坦政府在杜尚别部署了华为的安全城市系统，在纪念碑、公园和其他公共场所安装了 800 多个监控摄像头（Yan，2019）。2019 年，华为为迪拜市政府提供了智能服务设备，而且正在开发未来中心。未来中心由华为 Wi-Fi 6①技术和人工智能解决方案提供技术支持，迪拜市政府可以借助这套系统为城市居民提供高水平的自动化体验（Abubaker，2019）。

最后，为了实现城市"智能化"，卢旺达政府采取了一系列措施，如在公共交通工具上部署 Wi-Fi 和无现金支付功能，通过 Irembo 电子政务平台在线提供公共服务（Mwai，2019）。Irembo 为跨行业电子交易和通信提供了技术支持，为政府的公共交易提供了便利。在办理各种许可证、授权申请、移民申请时，Irembo 支持电子支付功能。

3.2.4　金融业

数字技术已经颠覆了传统金融业。例如，大数据解决方案增加了低

---

① Wi-Fi 6（技术上称为 802.11ax）的数据传输速率更高、性能更好、功效更高。Wi-Fi 6 的下载速度比 Wi-Fi 5 快 4 倍，同时，稳定连接的用户数量是 Wi-Fi 5 的两倍（Wolpin，2019）。它将传输延迟时间缩短了 60%（Rizvi，2019）。Wi-Fi 6 对于耗电量低、电池寿命有限的物联网设备来说是更为合适的通信方法。Wi-Fi 6 具有目标唤醒时间功能，因此，在大多数时间，物联网设备可以关闭 Wi-Fi 连接。

收入人群享受贷款、储蓄和小额保险等基础金融服务的渠道。萨法利通信公司的 Fuliza 就是一个典型例子。2019 年初，萨法利通信公司上线了 Fuliza 来提供 M-Pesa 透支服务，用户可以通过 Fuliza 申请小额短期贷款。这项服务由萨法利通信公司、非洲商业银行和总部位于内罗毕的金融服务公司 KCB 集团合作推出（Njanja，2019）。传统大数据分析导致每天都有数百万笔交易由于用户资金不足而被取消，分析表明，部分用户在交易时会显示余额不足，但多数人能在短时间筹集到消费资金。事实上，多数用户只需要两天就能筹集到所需资金并完成交易。Fuliza 的推出就是为了填补这一空白（Saigal，2019）。

另一个案例是肯尼亚的社会型企业 FarmDrive 的大数据解决方案 DigiFarm。对于肯尼亚的中小微企业而言，想要获取关键资源十分困难，而 DigiFarm 改变了这一现状。全球南方的小规模种植户很难申请信贷。报告显示，肯尼亚只有不到 1% 的种植户能够从正规机构申请到贷款（Maina，2018）。DigiFarm 可以帮助没有银行账户或者无法申请正规贷款的小规模种植户申请信用贷款，而且申请过程非常简单。他们可以通过 Google Play 等应用市场下载 DigiFarm 应用程序。这款程序可以跟踪用户手机中的收支记录。同时，DigiFarm 还会将农作物产量、虫害、疾病等卫星农业数据和当地经济数据结合起来（Burwood，2017）。除了农业相关数据以外，DigiFarm 还会利用"了解您的客户"数据来识别和验证农户的身份，以及进行高级行为分析（Jackson，2019a）。应用程序会利用这些信息生成信用评分，评估种植户的贷款信用可靠程度（SAP News，2017）。银行可以利用这些信息做出是否向种植户发放贷款的决策，并根据种植收成信息制定专门的还款期限。截至 2018 年，肯尼亚共有 9 个县 70 多万农户使用 DigiFarm（Maina，2018）。其中，有 7000 人成功申请到了用于购买种子、化肥、农药的贷款（Capital Business，2019）。只需要三分钟，申请贷款的种植户就能知道自己的贷款额度（Obi，2018）。

3.2.5 采矿业

数字技术同样颠覆了传统采矿业。南非的钻石生产商和经销商德比尔斯（De Beers）实施了一项区块链试点项目，目的是跟踪非洲小型矿商生产的钻石（De Beers Group，2018；Stoddard，2018）。德比尔斯于2018年上线了 Tracr 平台，该平台由波士顿咨询公司的数字投资部门通过利用以太坊区块链框架开发而成。Tracr 平台可以为每颗钻石分配一个独一无二的 ID，并使用 200 个不同的特征来识别每颗钻石，如重量、颜色、净度和照片等。目前，Tracr 平台已经开始追踪体积较大的钻石，即 2 克拉及以上的原钻（Bates，2019）。在早期测试阶段，Tracr 平台的大部分供应链活动由德比尔斯所有或控制，这使得合规性相对更容易实现（Hill，2018）。

德比尔斯还启动了一个 GemFair 项目，旨在针对非洲小型矿商生产出的钻石生成钻石日志。该项目先期从塞拉利昂的 16 处矿场的手工和小型采钻商启动。德比尔斯对矿商进行了全供应链数字化跟踪钻石的技术培训。截至 2019 年 4 月，德比尔斯将试点扩大到了另外 38 座矿场，其目标是确保平台追踪的钻石不能来自冲突地区。此举将有助于小型非洲矿商进入全球市场，使这些矿商获得应有利润（Henderson，2018）。

3.3 人工智能和数字化转型

在推动数字化转型的第四次工业革命技术中，人工智能可以说是最具革命性的技术形式（BBC.com，2019）。在本部分，我们将探讨人工智能如何推动全球南方经济体实现经济转型。表 3-2 列出了全球南方经济体不同经济产业中的部分人工智能应用案例。

表 3 - 2 人工智能在全球南方经济体不同经济产业中的应用

产业	公司/应用程序	人工智能的应用	成果
农业	Plant Village（非洲）	一款诊断木薯和马铃薯等农作物病害的免费智能手机应用程序	在一项测试中,该应用程序在诊断农作物病害方面的准确率是人类专家的两倍
采矿业和能源行业	IBM 人工智能咨询服务(巴西)	提供信息用以更好地解释地震信息	用于改进地质模型的表现,还可以为新的勘察项目提供更加全面而准确的风险评估
电信行业	萨法利通信公司聊天机器人助手 MZURI(肯尼亚)	提供管理订阅、取消短信服务、撤销误转账操作、话费充值、移动钱包(M-Pesa)和话费余额查询等服务	M-Pesa 用户不需要联系客户服务团队就可以撤销支付操作,以往这项操作需要花费很长时间
医疗行业	越南军队电信集团(越南)	内窥镜检查:识别、定位和评估消化系统损伤	诊断速度是传统方法的 5 倍,且准确率高达 90%
电子商务	Lazada(东南亚)	该应用程序可以根据用户的购买和浏览记录推送产品展示,并具备图片搜索功能	当用户拍下他们想要的产品时,Lazada 会为他们推荐同款产品
保险行业	蚂蚁金服(中国)	2017 年推出的人工智能驱动的图像识别系统,可用于处理车辆保险理赔问题	可以在 6 秒内评估 12 起不同案件的损害赔偿。而定损人员要花费 6 分钟以上才能评估 1 起索赔案件
保险行业	平安保险（中国）	发生车祸的驾驶员可以通过电子方式发送受损车辆的照片。平安保险会利用人工智能解决方案来评估损害情况,并提出赔偿建议	在 3 分钟内给出车辆维修费用估计金额。如果客户接受,会立即将保险赔偿金转账给客户。可以防止投保人骗赔
保险行业	Jubilee 保险（肯尼亚）	这款聊天机器人 JULIE(Jubilee 在线智能专家)可以帮助客户解决保险问题。客户可以通过脸书即时访问 JULIE	客户可以对保单数据进行实时查看,并对 Jubilee 保险的医疗服务供应商进行地理定位

续表

产业	公司/应用程序	人工智能的应用	成果
金融行业	蚂蚁金服的人工智能客户服务聊天机器人（中国）	利用深度学习技术检测欺诈	人脸识别错误率降低至百万分之一 每天提供 200 万 ～ 300 万次客户查询服务。客户满意度高于人工客服
	非洲联合银行（尼日利亚）	银行聊天机器人 LEO 可以帮助完成客户转账、支付账单、通话时间充值、查看账户余额等操作	全天 24 小时在线，比人工客服处理速度更快

3.3.1 人工智能与农业

人工智能工具可以帮助种植户预测近期的农作物产量。例如，PlantVillage 是一款在肯尼亚和其他非洲国家应用的免费智能手机应用程序，主要用于诊断木薯和马铃薯等农作物的病虫害问题（Pennsylvania State University，2019）。该应用程序可以通过人工智能助手 NURU（NURU 在斯瓦希里语中是"光"的意思）提供高准确度的诊断服务（Kreuze，2019）。在一个非洲农场内，研究人员以非洲典型的强光照和高温环境为实验条件，对机器学习模型进行了测试，发现该应用程序的诊断准确率是人类专家的两倍。

PlantVillage 运用了谷歌的开源人工智能技术 Tensorflow（Oranye and Peter，2019）。NURU 是一款基于标准安卓操作系统的应用程序，其对用户的专业知识和文化水平要求不高。PlantVillage 的早期版本主要用来帮助非洲农民识别秋粘虫等农作物虫害（Walla，2019）。种植户只需将手机对准有病虫害的农作物，NURU 就会利用机器学习和人工智能技术告知农民农作物上是否存在蠕虫病毒。NURU 还可以提供病虫害防治信息（Gill，2018）。

PlantVillage 已被联合国粮农组织（FAO）采用，用于监测秋粘虫在全球大约 70 个国家的蔓延情况。种植户只需将手机联网，联合国粮农组织的秋粘虫监测和预警系统的手机应用程序就能上传所收集的数据。截至 2019 年初，已有约 1 万名用户注册了秋粘虫监测和预警系统，该系统有 13 种语言版本（FAO，2019b）。收集到的数据会经国家秋粘虫重点研究机构验证，然后被添加到全球数据库内（Gill，2018）。联合国粮农组织的秋粘虫主页对所有人开放，任何人都可以免费访问联合国粮农组织的数据库（FAO，2020b）。通过这种方式，其他应用程序的订阅用户也可以通过该程序实时查看非洲地区的虫灾蔓延情况（Kreuze，2019）。在肯尼亚，PlantVillage 人工智能工具可以向全国各地的种植户发送短信（LaJeunesse，2019）。

另一个案例为 Aerobotics 可以利用无人机图像和人工智能技术，帮助南非和其他国家的农业顾问分析处理后的地图。该程序可以提取有效信息，确定小麦、澳洲坚果、柑橘和甘蔗等农作物的虫害区域，并在早期阶段就识别出病虫害问题（Al-Beity，2019）。这些信息还可用于制作变量施肥地图，预测作物产量（Timm，2019）。

种植户和服务提供商使用的无人机配备了 Aerobotics 多光谱可见光摄像机。无人机拍摄的图像会被上传到 Aerobotics 人工智能平台。通过这些图像既可以识别单棵植株，也可以识别树冠。Aerobotics 人工智能可以确定每棵植株相对于无人机覆盖的农场区域的胁迫水平，并在农场地图上精确定位每棵植株。然后，将这些数据发送到 Aerobotics 公司的病虫害识别软件 Aeroview 上，为种植户生成一张病虫害"跟踪地图"。进而，种植户可以亲自到场检查植株的胁迫性质和成因，或者也可以利用"跟踪地图"放飞无人机、执行侦查任务，让无人机飞抵目标植株的 5 米范围内，拍照并将图像发回给 Aeroview（Steyn，2018）。2019年，Aerobotics 被列入 Fast Company 发布的全球最具创新力的公司上榜名单。截至 2019 年，这项技术已被澳大利亚和美国等 11 个国家的数百家农场采用。南非 40% 的澳洲坚果农场和 20% 的柑橘农场使用了这项技术（Fast Company，2019）。

3.3.2　人工智能与采矿业和能源行业

美国国际商用机器公司（IBM）的人工智能咨询服务可以提供参考信息，以便于解释和理解地震信息，提高油藏建模过程的模拟效果。油藏计算机建模可以提高储量估算精度，帮助开采企业做出油田开发和增建油井等决策。这些模型可以预测油藏的未来产量、评估油藏管理方案的有效性、改善地质模型的模拟效果，为新油田项目提供更好的风险评估（Milam，2018）。2019 年 4 月，俄罗斯天然气工业石油公司与 IBM 巴西研究实验室合作，将人工智能应用到了地质信息处理领域，实现了常规操作自动化，并改善了石油勘探和石油生产活动等相关地质和地球物理数据的分析效果（offshore-technology.com，2019）。

3.3.3　人工智能与灾害响应

人工智能还可以帮助应急响应人员做出决策并快速采取行动。阿根廷初创公司 Dymaxion Labs 利用先进的机器学习、人工智能地理空间分析和计算机视觉技术，开发出了一款速度快、成本低的测绘程序（Mapbox，2018）。安装在卫星上的摄像机可以探测并监测城市和聚居点的物理特征，也就是说，测绘人员不需要亲自前往测绘地点。此外，机器可以观察到人眼无法观察到的特征，且信息处理速度更快。Dymaxion Labs 的 AP LatAm 工具利用卫星图像算法和机器学习技术，可以监测位于拉丁美洲的阿根廷以及危地马拉、洪都拉斯和巴拉圭的首都城市的非正式聚居点，实时提供社区位置和迁移信息（Mapbox，2018）。其目标是改善决策过程，为快速做出灾害响应做好准备工作（Kumpf，2018）。

3.3.4　人工智能与电信行业

电信行业是另一个受益于人工智能发展的产业，在撒哈拉以南的非洲地区，电信行业的发展成果显著。2018 年，撒哈拉以南非洲地区的移动通信技术和服务占国内生产总值的比重达到了 8.6%，经济增加值超过了 1440 亿美元。移动通信行业为撒哈拉以南非洲地区创造了大量的就业机会，直接或间接创造就业岗位近 350 万个，纳税额达 156 亿美元，为公共事业贡献了大量资金。此外，截至 2018 年，撒哈拉以南非洲地区共有 3.96 亿个手机支付注册账户，约占全球手机支付注册账户总数的 50%。该地区目前有 130 多家实时移动支付服务公司，多由移动运营商和 140 多万活跃代理商组成的网络联合主导。据估计，到 2023 年，不断增加的移动服务将使该行业的经济贡献达到近 1850 亿美元（占 GDP 的9.1%），大幅提高该地区的数字生产力和效率（GSMA，2019）。

在非洲电信领域有一个数字技术的创新应用案例，即肯尼亚的移动网络运营商萨法利通信公司开发的一款产品：基于人工智能的聊天机器人助手 ZURI。ZURI 可在 Telegram 和脸书上使用，为肯尼亚的萨法利通信公司移动数据用户提供管理订阅、取消短信服务、撤销误转账操作、话费充值、移动钱包和话费余额查询等多项服务（cio.co.ke，2018）。2018 年 11 月，ZURI 只有 4 万用户，到 2019 年中已经增加至 15 万（Ombogo，2019）。其目标是覆盖萨法利超过 3300 万的客户群体（Reuters，2019）。在 ZURI 推出之前，移动钱包（M-Pesa）用户需要联系客户服务团队以撤销支付操作，这种方法不仅耗时长，而且可能给误转账收款人留出提款时间（Chenez，2019）。

3.3.5　人工智能与医疗行业

在全球南方经济体内部，科研人员开发出了大量创新型人工智能技术医疗行业应用程序。例如，中国平安的人工智能系统可以预测慢性疾病和传染性疾病，而且准确率极高，甚至还可以在患者出现身体症状前便预测出患病的可能性。它还可以快速扫描大量的医学影像并检测出异常（Choudhury，2019）。2018 年，平安科技开发出了一套人工智能系统，该系统可以检测肺结节，即肺部出现的小圆形/椭圆形组织增生，也叫"硬币样肺部病变"，检测准确率可以达到95.1%（PR Newswire，2018）。

另一个案例是越南军队电信集团在内窥镜检查中运用了人工智能技术。它的人工智能解决方案可以识别、定位和评估消化系统的损伤。报告显示，人工智能诊断消化系统疾病的速度是传统方法的5倍，准确率可以达到90%（vietnamnews. vn，2019）。在北方国家，将人工智能用于内窥镜检查已经成为普遍趋势（Togashi，2019）。令人欣喜的是，越南等全球南方经济体也在本地开发出了此类解决方案。

同样，在马杜赖，印度亚拉文眼科医院（Aravind Eye Hospital）将人工智能技术应用在了致盲风险诊断领域，疾病学名为视网膜病变，这也是世界上最普遍的致盲原因之一。根据世界卫生组织的报告，印度约有7000万人患有糖尿病，这些患者同时面临致盲风险。但该国的眼科医生严重短缺，平均每100万人只有11名眼科医生。印度连锁医院亚拉文眼科医院采用了一种名为神经网络的新筛查方法，这种方法可以运用复杂的数学系统，通过分析大量数据来执行筛查任务。目前，人们已经将神经网络应用在了改善人脸识别服务、数字助手、自动驾驶、即时翻译服务（如谷歌翻译）等多个领域。神经网络通过分析数百万个表现出糖尿病致盲症状的视网膜扫描影像，学习识别致盲条件（Metz，2019）。从2014年开始，研究人员就开始在谷歌与亚拉文眼科医院共同赞助的一个试点项目中，设计一种用于识别糖尿病视网膜病变症状的算法，这些症状包括视网膜上的独特斑点和出血。机器学习算法可以检测出眼科医生无法发现的问题（Lydgate，2018）。在亚拉文眼科医院的70个卫星门诊（也称为农村远程会诊中心）工作的护士，捕捉患者的视网膜影像，然后将其上传到云端，谷歌的机器学习算法会联合眼科专家一起检测并诊断视网膜病变（Ganjoo，2019）。该算法可以在几秒钟内诊断出问题。截至2018年，约有2000名患者受益于这项服务。

3.3.6　人工智能与电子商务

人工智能在电子商务领域也有许多创新应用。泰国初创公司Pomelo计划将大数据和人工智能用于定价、设计、电子商务个性化和供应链自动化平台等领域（Jye，2019）。与此相似，2018年东南亚的电子商务公司Lazada推出了一款由人工智能驱动的应用程序，该程序可以利用机器学习算法，分析用户的购买和浏览记录，然后向用户展示同款产品（Trueman，2019）。Lazada的移动应用程序具有人工智能图片搜索功能，用户只需拍下他们想要的产品，Lazada就会推荐同款产品（Vernon，2018）。

北方国家公司还与全球南方公司开展合作，向全球南方经济体引进新技术。例如，欧莱雅就与中国的多功能通信、社交媒体和移动支付应用程序微信合作，推出了3D增强现实试妆功能。欧莱雅发现，在网站或应用程序中开通增强现实功能，用户的互动时间会延长一倍，转化率会提高两倍。2012年，欧莱雅的电商销售额仅占中国区总销售额的12%，但到2020年，这一数据已经达到了50%（Yining，2020）。在中国和其他地区，遭受脱发困扰的女性数量越来越多，在此背景下，欧莱雅还实现了利用人工智能技术来帮助诊断脱发问题（Faull，2019）。

3.3.7　人工智能与保险行业

人工智能技术还颠覆了另一个重要行业，即保险行业。2017年，阿里巴巴集团控股的金融子公司蚂蚁金服推出了一个人工智能图像识别系统，用以处理车险理赔业务。蚂蚁金服的算法可以在6秒内评估12起不同案件的损失情况。而汽车定损员至少需要花费6分钟才能评估1起理赔案件（Liu，2018）。

同样，如果平安保险的投保人发生车祸，他们可以通过电子方式将受损车辆的照片发送给保险公司。平安保险会利用人工智能解决方案来评估损失，并提出赔偿建议。投保人需要提供一段受损车辆的360°拍摄视频，通过该应用程序提交并进行评估。然后，人工智能会基于一个包含5万多辆汽车和6000万个零部件信息的数据库评估车辆的受损情况。人工智能系统可以在168秒内评估出一辆事故车的维修费用（AAN，2019）。如果客户接受估算的维修费用，保险公司会立即将保险赔偿金支付给客户（Chandler，2019）。该程序可有效防止骗赔问题（Yiu，2019）。

类似的，2018年，肯尼亚的Jubilee保险公司推出了一款聊天机器人JULIE（Jubilee在线智能专家），用以帮助客户解决保险问题。客户可以利用JubiCare应用程序，实时查看保单数据，对Jubilee保险的医疗提供商进行地理定位（Ngunjiri，2018）。客户还可以通过脸书即时访问JULIE（Business Daily Africa，2018）。

3.3.8　人工智能与金融行业

人工智能还大大降低了国家对金融普惠的扶持难度，尤其是实现女性金融赋权方面。以前，金融行业在交通成本、最低存款要求、低收入流等金融业务办理方面存在很多障碍，而人工智能技术降低了金融业务的办理门槛。全球南方的金融企业已经将人工智能技术成功地应用在了金融服务领域，这一措施对消费者极具吸引力，同时，它还优化与提高了金融服务的综合表现和效率。目前，在全球南方，有一个金融科技计划正逐渐引起人们的关注，无法使用电网的家庭通过该计划可以使用移动支付账户，购买即用即付的太阳能电源。在撒哈拉以南的非洲地区，有超过6亿人生活在没有电力供应的环境中，因此，他们最有可能从这项计划中受益。该计划还可以通过太阳能驱动的监测和机械化设备，提高农业综合企业的效率。这类服务包括肯尼亚的M-KOPA及贝宁、尼日利亚、乌干达和赞比亚的Fenix，它们都为太阳能装置提供数字融资支持。

蚂蚁金服等中国金融科技公司已经掌握了有效收集和分析金融数据等的相关技术，进而可以利用大数据来检测欺诈问题（Zoo，2019）。蚂蚁金服的支付平台支付宝还提供基于人工智能的客户服务，每天可以处理200万~300万次客户查询问题。2018年，该系统1秒钟内就可以完成5轮查询（Zhu，2018）。在客户满意度方面，蚂蚁金服的聊天机器人系统的表现也要优于人工客服（Knight，2017）。蚂蚁金服可以利用深度学习技术来检测欺诈问题并将人脸识别错误率降至百万分之一（Perez and Soo，2017）。

另一个案例是尼日利亚的非洲联合银行，它推出了一款名为LEO的银行聊天机器人。LEO可以帮助客户完成转账、支付账单、通话时间充值、账户余额查询等（mTransfersHQ，2018）。客户可以在微信、脸书、苹果商务聊天上与LEO聊天，而聊天机器人LEO会立即回复。

3.4 全球南方经济体的数字化转型中的南南合作和三方合作

前面讨论的数字创新应用案例多来自部分南方国家，随后这些数字创新被逐渐引进到了其他南方经济体。南南合作通过资源、技术和知识交流推动了这一过程。南南合作和三方合作在全球南方的数字化倡议中发挥了关键作用。

3.4.1 南南合作与中国的"一带一路"倡议

中国已经成为南南合作相关倡议的主要参与者，特别是前一章所提到的"一带一路"倡议。"一带一路"倡议是新崛起的一股重要力量，它通过在全球南方开发基础设施、增加投资，形成了许多南南合作协定框架。"一带一路"倡议可以说是当今世界最宏大的基础设施项目之一，其承诺会在全球 70 多个国家（总人数占世界人口的 2/3）建设超过 1 万亿美元的基础设施（World Bank，2018；Chatzky and McBride，2020；Perlez and Huang，2017）。

"一带一路"倡议中的数字基础设施项目是全球最引人瞩目的数字经济倡议之一。目前，"一带一路"倡议的数字部分，即数字丝绸之路（也称作信息丝绸之路），已经取得了实质性进展。数字丝绸之路有望加强南方经济体之间的数字互联互通。它对中国产生的积极影响包括：中国科技公司可以进一步扩张、实现国际化目标、获得大数据库、建设以中国为核心的数字基础设施（Cheney，2019）。截至 2019 年 8 月，全球数字丝绸之路项目的投资额预计将达到 790 亿美元（Deeks，2018）。相关人士指出，数字丝绸之路有可能与德国的工业 4.0 计划以及美国公司占据全球主导地位的云计算商业模式产生竞争，但同时也会对其做出支持和补充（Wijeratne et al.，2018）。

数字丝绸之路正在推动共建"一带一路"国家的宽带网络、电子商务中心和智慧城市等先进信息通信技术基础设施的发展。例如，2017年，在中国乌镇举行的第四届世界互联网大会上，埃及、老挝、沙特阿拉伯、塞尔维亚、泰国、土耳其和阿拉伯联合酋长国等多数全球南方经济体与中国达成了合作意向，同意通过扩大宽带普及范围、推动数字化转型、鼓励发展电子商务合作等，建设一条互联互通的数字丝绸之路（Viney et al.，2017）。华为和中兴等中国科技公司是这一倡议的关键参与者。这些公司可以提供高品质的光纤电缆（目前速度最快的宽带形式）和其他技术支持，且要价要远低于欧洲和美国同行企业的报价（Kadi，2019）。

数字丝绸之路已经实施了大量项目，新架设的海底电缆可以覆盖南方数十个缺乏宽带基础设施或者宽带基础设施落后的国家，并升级了这些国家的宽带网络。截至 2019 年，华为技术有限公司和英国全球海事系统有限公司联合成立的合资企业，即华为海洋，在东南亚完成了 10

多个海底电缆铺设项目，另有 20 多个项目正在建设中（Belt & Road News，2019）。2016 年 10 月，华为与印度尼西亚电信公司签署了一项协议，由华为公司为印度尼西亚帕拉帕环项目设计并建设一条宽带网络。该项目由印度尼西亚政府出资建设，旨在提高印度尼西亚偏远地区的宽带普及率（Qiu，2016）。在"一带一路"倡议下实施了一个重点项目，即在巴基斯坦和东非之间铺设一条全长 13000 千米的光纤电缆，该条电缆经吉布提连接起了巴基斯坦和肯尼亚。此电缆由华为海洋于 2017 年修建。其向北扩建可以连通埃及等其他地区，向南扩建可以连通南非等其他地区（Hao，2019；Huawei Marine，2017）。

共建"一带一路"国家已经就加强各国在 4G LTE 和 5G 等先进蜂窝网络领域的合作达成了一致（Desheng，2019）。目前，墨西哥已就电信系统的建设项目与华为建立了合作关系。2017 年，墨西哥与华为签署了一份合同，由华为负责为墨西哥的 Red Compartida 供应电信设备。Red Compartida 是墨西哥于 2018 年 3 月推出的国家 4G LTE 网络项目，目的是为墨西哥提供最新技术（Wedell，2019；Love，2019）。Red Compartida 的目标是降低宽带价格，推进 5G 网络的筹建工作，到 2024 年使该国的宽带覆盖率达到 92.2%（Yucatan Times，2020）。2019 年 4 月，柬埔寨移动电信公司 Smart Axiata 宣布与华为合作开发 5G 网络。此外，菲律宾环球电信公司也与华为建立了合作关系，共同开发 5G 解决方案（Thu，2019）。

在一定情况下，这些技术甚至为全球南方经济体的数字化发展提供了追赶机会。例如，2012 年，缅甸的宽带覆盖率不足 1%。目前，缅甸的交通和运输部正在与华为开展合作，预计 2025 年缅甸会推出 5G 宽带服务。2019 年 8 月，缅甸的电信运营商 Mytel 使用华为技术完成了 5G 服务测试。Mytel 的报告称，华为的 5G 新无线通信技术容量更大、延迟时间更短、速度更快（Myint，2019）。根据国际电信联盟的数据，2018 年，缅甸的移动宽带用户数为 4980 万，约占该国人口的 91%。

中国公司在非洲启动了多个数字化项目，其中多数位于共建"一带一路"国家，项目涵盖云数据中心、卫星发射、智慧城市和5G连接网络解决方案等各个领域。中国政府和非洲国家为非洲发展信息通信技术基础设施提供了资金、技术和设备支持。

例如，中国航天局出资600万美元帮助埃塞俄比亚于2019年12月发射了第一颗卫星（Roussi，2019）。埃塞俄比亚计划利用这颗卫星来进行农作物和气象监测（Adegoke，2019）。2019年4月，肯尼亚从中国获得了6.66亿美元的低息贷款。其中，大部分资金将用于在孔扎科技城建设一个数据中心（Mohammed，2019）。同样，2018年初，华为与阿尔及利亚海关总署签订了一份数据中心建设合约（aps. dz，2018）。华为云数据中心于2019年2月在埃及正式启动运营，这也是其在非洲的第一个云数据中心。华为也是埃及手机市场的主要销售商之一（phys. org，2019）。

"一带一路"倡议下，中国技术（如新的互联互通技术）和实践知识（如为非洲工人提供培训的讲习班）转移对非洲国家产生了强大的吸引力（straitstimes. com，2018；Kadi，2019）。目前，中国正与突尼斯合作开展这种技术转移，例如，中国科技公司参与了"数字突尼斯2020"国家战略，华为曾在突尼斯培训了1000多名信息通信技术人才（huawei. com，2019）。

人工智能等先进技术项目领域也出现了中非合作的身影。一家名为云从科技的中国公司与津巴布韦政府合作开展的人工智能项目引起了广泛关注。该项目包括开发一款面部识别程序，以提高人工智能算法检测深色皮肤的能力（Roussi，2019）。

3.4.2 对外直接投资和南南合作

在南南合作中，还有另一项关于技术转移的关键机制，即对外直接投资。中国对外直接投资在全球总额中的占比从2007年的约4%上涨到了2016年的17%。促进技术转移是中国对外直接投资的关键目标之一（McCaffrey，2017）。截至 2017 年，在非洲经营的中国企业超过了 1 万家，其中 1/3 的公司引进了新技术（Jayaram et al.，2017）。根据联合国拉丁美洲和加勒比经济委员会的数据，2005 ~ 2016 年，中国在拉丁美洲和加勒比地区共投资了 900 亿美元（Guzman，2019）。2017 年，中国在拉丁美洲的对外直接投资达到了 250 亿美元（Wedell，2019）。中国企业的投资重点一直都在电信行业（Guzman，2019）。

在信息通信技术行业，曾出现过大量引人注目的对外直接投资交易。例如，2015 ~ 2017 年，腾讯、中国投资有限责任公司、滴滴出行科技有限公司投资了东南亚领先的打车服务公司 Grab（Hao，2019a）。2018 年，滴滴出行科技有限公司还以 10 亿美元的价格收购了优步的巴西竞争对手"99"（Woetze et al.，2019）。同样，2015 ~ 2017 年，阿里巴巴集团向 Snapdeal、Big Basket、Ticket New 和 One 97 等印度电子商务公司投资了超过 6.2 亿美元（Hao，2019a）。2015 年，中国百度收购了巴西在线折扣公司 Peixe Urbano 的控制权（Parra-Bernal，2014），截至 2017 年，该公司拥有超过 2800 万注册用户，合作公司达 7 万多家（Portada，2017）。

3.4.3 涉及其他全球南方的南南合作

到目前为止，所讨论的大部分案例集中在中国，但其他全球南方的企业也为推动南南合作做出重大贡献。接下来，我们会列举几个典型的涉及其他南方经济体政府和私营行业的南南合作案例，它们曾推动过或者有可能推动经济体的数字化转型。

3.4.3.1 非洲大陆自由贸易协定

第一个案例是由 55 个成员国达成的非洲大陆自由贸易协定，该协定于 2019 年 5 月 30 日正式生效。该协定有可能在推动数字化转型、促进非洲经济发展方面发挥关键作用。非洲大陆自由贸易协定的目标是创建一个单一的非洲商品和服务市场，并促进资本和人口自由流动（Hartzenberg，2019）。截至 2020 年 2 月 9 日，在非洲联盟的 55 个成员国中，有 28 个已经批准通过了非洲大陆自由贸易协定，并将非洲大陆自由贸易协定的批准书交存了非洲联盟（tvcnews.tv，2020）。非洲大陆自由贸易协定的贸易活动于2021年1月1日正式开始（McKenzie，2021）。投资者可以通过该协定实现企业在非洲地区的扩张发展，因此双方都能从中受益。中国被视为非洲大陆自由贸易协定的主要受益者之一，这是因为中非贸易额在2017年已经达到约1500亿美元（Shao，2019）。

非洲大陆自由贸易协定有望为非洲企业界带来诸多积极影响。对私营行业来说，非洲大陆自由贸易协定可以帮助它们扩大市场、扩大生产单位，从更高级的规模经济中受益。企业可以采购到成本更加低廉的原材料，并降低中间投入成本。非洲大陆自由贸易协定的关键目标之一是推动研究和技术进步、改善非洲大陆的经济和社会发展现状。在整个非洲大陆处于快节奏的技术发展背景下，改善动态信息基础设施将为国家实现社会经济增长目标提供大力支持。因此，非洲大陆自由贸易协定可以在强调非洲国家之间的数字政策框架发展方面发挥关键作用，促进跨国和跨地区贸易，克服数字基础设施薄弱等挑战。因此，非洲大陆自由贸易协定可以推动技术和知识应用以加快数字化进程（International Trade Centre，2018）。

3.4.3.2　用于打击假药的 RxAll 人工智能手持设备（尼日利亚）

尼日利亚初创企业 RxAll 开发了一种可以用于打击假药的人工智能手持设备。世界卫生组织称，目前打击假药的产业价值预计为2000亿美元（Christensen，2018）。这款设备可以连接云数据库，进而评估药物的化合物成分。数据库中包含药物成分信息，而成分信息会被发回至手机上的应用程序。该款产品还会使用人工智能来更新数据库，目前已在缅甸上线使用，RxAll 正计划将其推向柬埔寨、加纳和肯尼亚等其他发展中国家（Lock，2019）。

3.4.3.3　Flutterwave 的数字支付处理（尼日利亚）

在尼日利亚，有一家名叫 Flutterwave 的公司开发出了一款支付处理程序，以期为全球南方提供数字解决方案，这也是另一个数字技术应用案例。Flutterwave 的应用程序编程界面集成了不同的支付系统和支付方法，并简化了非洲银行和非洲商家的支付处理流程（Jackson，2019b）。截至 2019 年 8 月，该支付平台已处理超过 1 亿笔交易，总价值超过 30 亿美元。截至 2019 年 12 月，该平台已在非洲 6 个国家和英国为 6 万多家商户提供服务（Onaleye，2019），支持 150 多种货币，简化了万事达卡、威士卡、贝宝和支付宝等超过 68 个网关的支付服务（Olowogboyega，2019）。其客户包括优步、Wakanow 和阿瑞克航空公司（Techcabal，2019）。目前，Flutterwave 计划将平台推向喀麦隆、埃及、埃塞俄比亚和摩洛哥等其他非洲经济体，以及中国和印度等亚洲经济体（Kene-Okafor，2019）。

3.4.3.4　人工智能招聘助理的人力资源管理解决方案（智利）

目前，人们已经将数字解决方案应用在了改善全球南方经济体人力资源管理等相关活动上。智利公司的人工智能招聘助理可以在招聘网站上发布招聘公告。它的人工智能系统可以读取简历并对其进行排序，对应聘者进行心理测试和视频面试。系统会根据情绪分析等相关指标来评估应聘者的表现，并将注意力水平和面部表情等因素纳入考量范围。在完成这些步骤后，招聘人员会对排名最高的应聘人员进行深度面试（Ovanessoff and Plastino，2017）。截至 2018 年 6 月，已有 30 家智利、墨西哥和秘鲁相关公司使用了该项技术（Fajardo，2018）。

3.4.3.5　Supahands 的工作场所数字化转型（马来西亚）

马来西亚的外包公司 Supahands 持有一款名为 DIANE 的知识工程数字创新助理系统。DIANE 是一款基于时间安排和相关性来匹配代理商和项目的路径选择预测系统（Moe，2018）。Supahands 承接的项目主要涵盖数据标签或者数据注释领域，目的是训练人工智能方案。2017 年初，该公司的员工（也称为 SupaAgents）仅有 200 多名，而到 2019 年中已经增加到约 3000 名（Pradhan，2019），截至 2019 年 11 月已经超过

了 5000 名。该公司在印度尼西亚、马来西亚和菲律宾均有派驻员工
（Pradhan，2019）。SupaAgents 每月会处理超过 100 万个数据单元。该
公司会收集并汇总与每位 SupaAgent 相关的技能、可用性和过往表现等
数据，然后由 DIANE 利用这些信息完成项目与最佳 SupaAgents 团队的
匹配工作。项目会被分解成一个个微任务单元，进而被分配给人类和机
器，人机协作共同完成该任务，以此提高工作效率和准确性。DIANE
还可以将微任务聚合成需要多人工、多机器共同完成的大型项目。它的
目标是确保 SupaAgents 能够以高准确率完成项目，并为每个项目分配具
备正确的工作技能的人类和机器（Moe，2018）。

3.4.3.6　Solinftec 的人工智能助理 ALICE（巴西）

巴西已经成为全球农业技术强国。"Radar Agtech Brasil 2019"的研
究显示，巴西已有 1125 家农业科技公司（Azevedo，2019）。巴西的初
创公司 Solinftec 可以利用人工智能助手 ALICE 整合和处理机器、人类、
气象站和其他来源的数据，以改善农业成果（nanalyze. com，2019）。
种植户们只需在机器中嵌入智能黑匣子，并在田间部署物联网设备就可
以使用 ALICE。ALICE 可以计算出种植户的需求并提供实时建议
（CropLife，2019）。最初，这项技术主要应用于甘蔗行业，但后来这项
技术又作为一种数字解决方案被应用在了其他农作物上。截至 2019 年
8 月，Solinftec 的使用面积已经超过 650 万公顷，监测设备达到了 2 万
台，管理日均活跃用户达 10 万名（nanalyze. com，2019）。目前，
Solinftec 已经在印第安纳州的西拉法叶开设了北美办事处（Indianapolis
Business Journal，2019），并且继续向其他南美国家、俄罗斯以及乌克
兰扩张（Leclerc，2019）。

3.5　数字技术中的三方合作

数字技术中的三方合作是近期才发展起来的数字应用范例。援助国

和多边组织会通过筹资、培训、技术系统等各种援助形式，促进数字战线上的南南合作。例如，中国的电子商务和支付公司阿里巴巴集团与贸发会议合作推出了"互联网创业者计划"，该计划共培训了超过100名非洲企业家。2019年7月，来自11个非洲国家的29位企业家在阿里巴巴的杭州园区参加了第三届互联网创业者奖学金计划（newbusinessethiopia.com，2018）。该培训计划侧重于教授学员电子商务和数字创新等重点领域的行业知识，帮助创业者应对创办和经营电子商务企业所面临的挑战（alibaba.com，2019）。

2018年，阿里巴巴集团还宣布了一项在未来10年对非洲投资1000万美元的投资计划（Zoo，2018）。该投资项目重点是提供数字解决方案，解决非洲大陆面临的技术和人力资源问题（Nganga，2018）。规划的数字解决方案涵盖了互联网技术、电子商务和人工智能等相关领域（Jackson，2017）。

蚂蚁金服与联合国非洲经济委员会、国际金融公司开展合作，利用数字技术，共同推动了非洲普惠金融的发展（Ababa，2018）。推动实现金融普惠至关重要。世界银行的全球普惠金融指数数据库显示，2017年，全球约有17亿成年人没有银行账户，也就是说，这些人无法在正规的金融机构或者移动支付供应商处开设银行账户。蚂蚁金服等中国金融科技公司在本国成功推动了金融普惠的发展，这一成功经验也可以在非洲等其他全球南方经济体内推广。中国金融科技公司开发的解决方案，如基于社交媒体行为的信用评分，对非洲市场极具吸引力（Kshetri，2020a）。

在全球南方经济体内部，多数人之所以无法享受金融服务，主要原因在于缺乏正规的身份证件（Kshetri，2020b）。世界银行的ID4D数据库显示，在全球南方经济体内部约有10亿人没有任何身份凭证，另有34亿人虽然拥有某种类型的身份凭证，但不具备在数字世界中运用这种身份凭证的能力（White et al.，2019）。蚂蚁金服、联合国非洲经济委员会和国际金融公司之间的三方合作的重点关注领域之一就是数字身份证（Ababa，2018）。

目前，信息共享倡议已经成为三方合作中不可或缺的重要组成部分。2018年4月，联合国开发计划署联合中国国家行政学院在"一带一路"倡议下举办了"中国在灾后重建领域的南南援助"研讨会。该研讨会的主要目的是与全球南方经济体分享中国灾后重建的专业知识和技术（UNDP，2018）。

最后一个三方合作案例是一个肯尼亚的程序员团队于2003年创办的Magpi软件公司，该公司是数字技术行业的重要供应商，主要提供基于云计算的移动数据收集、数据可视化可配置工具。Magpi在170多个国家拥有数千名用户，其中就包括许多南方国家。该款软件可以帮助相关组织提高自身的流动劳动力现场作业效率。在创业初期，该团队就获得了世界银行、联合国基金会、沃达丰基金会的赠款（Kshetri，2016b）。目前，世界卫生组织和国际红十字会等多家多边组织均在使用该款软件。

3.6　全球南方经济体的数字化转型所面临的机遇和挑战

数字化转型倡议带来了一系列机遇和挑战。本部分针对全球南方经济体的数字化转型倡议讨论了可以提高成功概率的有利环境及所面临的阻碍。

3.6.1　机遇

从上面的讨论中，我们可以清楚地看到，在全球南方推动数字经济转型可以带来许多发展机会，以下列举一些主要机遇。

3.6.1.1　改善数字互联互通

数字互联互通在发展数量及发展质量方面均取得了可喜进展。国际

数据公司的数据显示，2017 年非洲功能性手机销量占手机销量的 60%
（Ekwealor，2019）。全球移动通信系统协会的数据显示，2018 年，在撒
哈拉以南的非洲地区，只有大约 1/3 的手机用户（2.5 亿人）拥有智能
手机（Radcliffe，2018）。据全球移动通信系统协会预测，到 2025 年，
撒哈拉以南非洲地区经济体的移动宽带接入量占总接入量的比例将从
2018 年的 38% 增至 87%。预计到 2025 年，3G 网络将占该地区所有移
动接入量的 60%。此外，全球移动通信系统协会的研究估计，到 2025
年，约有 3 亿新用户将接入移动互联网，智能手机活跃用户将达到 6.9
亿人（Radcliffe，2018）。

3.6.1.2 本土科技中心会创造出数字创新

许多南方经济体内部正在快速涌现大量的本土科技中心。截至
2019 年 10 月，非洲在开罗、开普敦、达喀尔、拉各斯和内罗毕等地共
拥有 643 家科技中心，这些科技中心为数字转型奠定了基础。其中，创
新中心占比达 24%（Shapshak，2019）。截至 2019 年 8 月，巴西共有
134 家人工智能初创企业（racxn. com，2019）。全球南方的创新中心正
在开发本土化的数字解决方案。例如，拉各斯的共创中心组织了一场为
期两天的 Tech-In 系列活动，该活动每季度举办一次，届时软件开发人
员和设计师将在活动上提出新的解决方案，以应对尼日利亚所面临的经
济发展挑战。

总部位于全球南方的全球科技公司所创造的数字创新，对当地环境
具有较强的适应性。功能性手机可以上网，具备存储和播放音乐等操作
功能，但没有智能手机所具备的高级功能。而针对功能性手机开发的应
用程序的出现刺激了农业等领域的数字化发展，对于居住在全球南方经
济体的大部分老百姓的生计和福祉水平而言，这一点至关重要。在非
洲，大约有 400 种处于应用阶段的数字农业科技解决方案，如 iCow。其
中大多数是针对功能性手机设计的解决方案（Majid，2019）。在全球南
方经济体内部，农业领域的主力军一般是小规模种植户，这种现状会更

加突出这一创新的重要性。例如，80%的粮食均是由非洲的小规模种植户生产的（Majid，2019）。而他们多数买不起智能手机。

令人欣喜的是，在全球南方经济体，特别是撒哈拉以南的非洲经济体内部，诞生了大量备受瞩目的数字创新项目（Kshetri，2016b）。如上所述，肯尼亚的萨法利通信公司和当地的 Green Dreams 组织就曾合作开发出了一套 iCow 系统。当然，撒哈拉以南的非洲经济体内部还诞生过其他数字创新项目，其中就包括 M-Pesa、社会型企业 Kilimo Salama 针对小种植户提供的全自动小额保险项目以及 Magpi。安装有 M-Pesa 的用户可以通过手机完成收付款；社会型企业 Kilimo Salama 主要依靠太阳能气象站、手机管理全自动小额保险项目；Magpi 可以利用云计算和移动电话收集和分析数据（Kshetri，2016b）。

3.6.1.3 国家能力建设

许多全球南方经济体已经开始在信息通信技术领域发力，并启动了国家能力建设计划。它们通过采取措施、增加研发投入，提高自身在信息通信技术领域的相关技能。例如，中国的研发经费支出在国内生产总值中的占比从 2005 年的 1.3% 提高到了 2016 年的 2.1%（UNESCO Institute for Statistics，2019）。特别是在人工智能、区块链等最新科技领域，中国的研发成绩取得大幅提升。

部分南方国家的大学和研究机构建立了多个侧重人工智能和其他新兴技术的项目。南非的人工智能研究中心与 5 所大学共同运营了 1 个研究网络。肯尼亚的斯特拉斯莫尔大学建立了@ iLabAfrica 研究中心，旨在推动人工智能和其他新兴技术领域的研究工作。尼日利亚拉各斯大学的人工智能中心专注于深度学习和其他人工智能领域（Snow，2019）。在中国，多数高校启动了人工智能项目（The Economist，2017）。在许多非洲经济体内部，教育机构已经启动了培训数据科学家的项目（Maritz，2019）。例如，南非计划培训 100 万名数据科学及相关技能人才，培训涵盖数字内容制作、3D 打印、网络安全、无人机驾驶、软件开发和云计算等多个领域（it-online.co.za，2019）。在埃塞俄比亚，30多所国家认可的高校和130多所理工类专科院校均强调了科技的重要性。2012年，埃塞俄比亚科学技术部建设了一所直属高校，并投资2.5亿美元建成了一座科技园（Galbraith，2015）。

在国际层面上也曾有机构发起过多项倡议。1991年成立的非洲能力建设基金会就是一个早期案例，其宗旨是推动非洲能力建设、实现整体发展。该基金会总部位于津巴布韦哈拉雷，它的任务是联合45个非洲国家的政府和私营行业，共同提高人才和机构的科研能力，制定政策计划（Nnadozie，2016）。基金会与各成员国政府、国际机构均建立起了战略伙伴关系，并实现了资源统筹调动。该基金会已要求非洲各国政府、非洲联盟委员会、联合国非洲经济委员会、非洲发展新伙伴计划和非洲开发银行等组织，支持基金会开展技能审核、确定非洲经济体之间的技能差距（Ankomah，2020）。该项审核工作可用于确定人力资源开发的优先事项，并以此推动实施数字化转型和其他战略举措。

最近的一个案例是非洲开发银行于2021年3月批准了一笔赠款用于开发人工智能多语言聊天机器人系统，并用来代表加纳和卢旺达的国家银行以及赞比亚的竞争和消费者保护委员会处理客户投诉问题。该系统会记录客户投诉并跟踪投诉解决方案，为没有读写能力的消费者提供语音投诉功能。解决方案支持以下语种：卢旺达境内的卢旺达语、斯瓦希里语、法语和英语，赞比亚境内的英语和切瓦语（也叫尼昂加语），加纳境内的英语和契维语（Ivudria，2021）。

目前，全球南方经济体正在加快制定和推动有关现代信息通信技术应用的新战略、新政策和新实践。先后有40多个国家和地区制定了与第四次工业革命相关的战略和行动计划。其中多数国家还制定并实施了国家数字转型战略（Thai News Service，2019）。例如，博茨瓦纳的愿景是"通过数字化和拥抱第四次工业革命，从资源型经济向知识型经济转型"（Preuss，2019）。肯尼亚信息通信技术部于2019年发布了一份数字经济蓝图（ICT，2019），确定了数字经济的五大支柱，即电子政务、数字商业、基础设施、创新驱动型创业以及数字技术和数字价值。

为了抓住第四次工业革命的发展机遇，各国都在颁布新的法规。2016年，卢旺达政府批准了有关无人机的实施条例，此举使得商用无人机可以运送医疗用品（Toor，2016）。同年，美国初创企业Zipline与卢旺达政府合作，开发了医疗用品商用无人机配送服务，如将红细胞、血小板和血浆配送到偏远地区的医院（Baker，2017）。截至2019年9月，该项配送服务已配送超过13000件血液制品，为挽救生命开辟了新的通道（Coulibaly，2019）。2019年9月，南非民航局制定了有关农作物喷洒无人机的实施条例。无人机可以在传统飞机无法飞抵的危险地形上空执行喷洒任务，也可以靠近农作物（距离1～3米高）。若需无人机按照规划路线飞行，还可以利用全球定位系统对其进行编程（Business Insider，2019）。

3.6.1.4 北方跨国企业在全球南方经济体中开展的数字创新

北方跨国企业也加大了自身在全球南方经济体内的数字创新活动力度。例如，谷歌在加纳阿克拉建立了人工智能研究实验室，研究领域包括机器学习的公平合理性（即理解和解决基于性别、种族、宗教、身体能力、性取向以及其他敏感特征的歧视性做法与问题）、机器学习模型的解释能力、人工智能在医疗诊断和治疗中的应用（Kennedy，2019）。谷歌在尼日利亚拉各斯启动了非洲加速器，截至2019年初已为60多家初创企业提供了帮助。谷歌在加纳、肯尼亚和南非也有类似的数字创新中心（Kennedy，2019）。2019年9月，谷歌宣布在印度班加罗尔成立谷歌研究院，即人工智能实验室。该实验室侧重于医疗、农业和教育等领域（Yagnik，2019）。谷歌助手有9种印度语言版本（thenewsminute.com，2019）。

2019年初，IBM宣布了一项计划，即在巴西建立一个人工智能中心，为自然资源、农业综合企业和健康等巴西特有的经济问题制定解决方案（brazilmonitor.com，2019）。基于同样的思路，人工智能公司奇点网（SingularityNET）在埃塞俄比亚开设了办事处。国际学习代表会议作为全球深度学习 AI 大会，原定于 2020 年在埃塞俄比亚亚的斯亚贝巴举行（Snow，2019），但由于新冠肺炎疫情，主办方以视频会议的形式召开了本次大会。

3.6.1.5 多边机构技术援助和能力建设

多边机构在技术援助和能力建设方面所做的努力是促进南方经济体数字化转型的关键因素。例如，在过去 15 年里，私对私小额贷款机构 Kiva 曾帮助 160 多万人向全球南方经济体内 200 多万名有资金需求的企业家提供总计超过 10 亿美元的小额贷款服务。它与联合国资本开发基金会、联合国开发计划署开展合作，在塞拉利昂开发一个基于区块链的身份识别系统（Kshetri，2019）。作为这些倡议的组成部分，2019 年 8 月，塞拉利昂政府推出了基于区块链的国家数字身份平台（Inveen，2019）。

在一些情况下，为了促进关键数据和关键信息的获取，多边机构会开展有针对性的技术援助和能力建设工作。联合国粮农组织就曾开发过一个全新的开源数据库，即"通过开放遥感数据门户实现水资源生产力"（WaPOR）。该数据库是 PlantVillage Nuru 应用程序的主要数据来源，这一点之前已经讨论过（WaPOR，2018）。WaPOR 数据库可以利用美国宇航局的卫星数据，计算出农作物产量的相关指标。在 PlantVillage Nuru 中，还会用到其他一些数据库，包括天气预报数据、非洲土壤数据和粮农组织农作物日历数据。实际上，PlantVillage Nuru 就是基于特定条件下可以采取的适应性措施的一系列算法（LaJeunesse，2019）。通过整合多种数据，人工智能助手可以提供不同地区的农作物耐旱性和适宜性等信息（IANS，2019）。

3.6.2 挑战

研究人员曾在全球南方经济体内部推动数字化倡议的过程中遭遇了

大量阻碍和挑战。

第一，只有特定的地理区域和社会群体才能使用互联网，这导致由数字互联互通所产生的经济和社会影响极其不均衡（Friederici et al.，2017）。国际电信联盟的数据显示，2018 年，最不发达国家的手机普及率为 72.4%，互联网普及率为 19.5%。而塞拉利昂只有 15% 的人口可以上网。这种情况导致非洲和多数其他南方经济体的大量劳动力无法参与到全球经济中，进而阻碍了非洲大陆的工业化进程（Gonçalves et al.，2018）。

第二，第四次工业革命技术可能导致劳动力转移、工资增长停滞、特权阶层与弱势群体之间的不平等加剧（Mehta，2019）。如果不采取措施遏制这一趋势，强迫弱势群体从事低薪、低质量工作等带来的社会不平等和社会歧视性问题将在第四次工业革命中被进一步放大（Cliff，2018）。第四次工业革命技术对发展道路中一直沿用的传统智慧提出了挑战。以往的工业化进程多依赖服装、装配流水线上的低成本就业岗位。现在，这类岗位正在被机器人和人工智能系统所取代。低收入国家也因此丧失了低劳动力成本和劳动密集型产业的出口优势。因此，它们可能由于缺乏外汇而难以满足基础设施投资需求，并难以形成人力资本投资所需的国内储蓄。第四次工业革命创造了新的就业岗位，但这些岗位需要劳动力掌握新技能，而低收入国家的教育系统大多不具备这样的人才培养能力。如果劳动力人口没有掌握基本的数字技能，全球南方经济体就无法参与全球市场竞争（Milano，2019），甚至中产阶层也无法享受到第四次工业革命的发展红利（Bughin et al.，2018）。非洲能力建设基金会开展的一项调查显示，非洲经济体的人力资源水平不高和机构能力不足严重阻碍了国家发展目标和可持续发展目标的实现（Ankomah，2020）。

第三，私人所有制和人工智能的发展可能意味着，掌握这项技术的企业家、创新人士和公司会操控拥有该项技术、使用该项技术以及从该项技术中受益的人民（Glaros，2019）。人工智能和大数据等技术也可能给用户带来新的挑战和风险，例如，对小种植户而言，只有少部分人有资金有实力使用这些技术并从该项技术中受益。

第四，大多数全球南方经济体的研发强度极低，如非洲在世界科研产出中的占比不足 1%（OECD，2017）。这将导致南方经济体往往会被迫依赖北方国家开发出的技术系统，然而这些技术系统在全球南方的表现往往不尽如人意。例如，北方国家的人工智能公司使用的算法很难处理非洲结构凌乱及"杂乱"的数据。在非洲，人们每天会使用 2000 种语言（Russon，2019），对大多数非洲人而言，基于外语开发的解决方案的可用性十分有限。同样，面部识别系统对非洲面孔的识别水平远低于对高加索面孔的识别水平。面部识别软件识别白人男性照片的准确率可以达到 99%，但对于深肤色女性的照片识别错误率高达 35%（Lohr，2018）。这主要是因为机器学习系统中的训练数据均来自西方国家，并且倾向于使用白人男性数据进行机器训练（Sallstrom et al.，2019）。

第五，有些全球南方经济体缺乏相关的法规、国家标准和政策，这导致其无法推动数字化转型，并享受数字技术的发展红利。在全球南方经济体内部开展的一项研究显示，缺乏合理的法律框架及未能实施相关政策是数字化发展的关键阻碍因素（Touray et al.，2013）。例如，尽管越南已经认识到了第四次工业革命的重要性，但它在第四次工业革命中进行试验的新产品、新商业模式和新服务方面存在法律缺陷。还有一个问题是这些国家的个人信息保护法律欠缺或者不完善，未制定和通过有关人工智能应用的道德标准（TendersInfo，2019）。

值得注意的是，要求对入境外国投资进行直接管控和审查的欧盟《一般数据保护条例》和法规、美国《外国投资风险审查现代化法案》等严格的数据隐私保护法律等，也可能阻碍全球南方的企业加入西方国家的发展计划。根据贸发会议的数据，截至 2020 年 4 月，98% 的欧洲经济体制定了数据保护和隐私法律，而非洲和最不发达国家的这一比例分别为 52% 和 43%。美国数据管理公司 Veritas（2017）的一项研究发现，在调研国家中，部分亚洲经济体的组织对《一般数据保护条例》的准备程度最低。由于南方地区不存在这类制约因素，因此很可能涌现大量的科技公司，成为其他南方经济体数字领域的主要参与者。

3.7 结论和建议

本章对一些极具说服力的案例进行了研究，还提及全球南方经济体中颇有成效的数字化项目与数字化实践成功案例，并探讨了全球南方经济体的数字化项目所带来的挑战。人工智能、大数据、云计算、区块链、物联网等与第四次工业革命有关的数字技术正在快速发展，进而引领全球南方经济体实现政治、经济和社会变革。这些技术既会对大公司产生强烈冲击，也会对全球南方经济体的弱势群体，如小规模种植户产生强烈影响。但令人欣喜的是，本土开发的解决方案成为了促进全球南方经济体数字经济转型的一股驱动力量。

全球南方经济体内部的各大组织正在做出数据驱动型决策，这会对经济和社会福祉产生重要影响。例如，数字技术可以拓宽种植户申请信用贷款、农业投入和进入市场的渠道。在人工客服服务过于昂贵和耗时太长的场景中，人们已经开始使用聊天机器人。数字技术还在遏制社会不良行为、鼓励人民遵纪守法等方面发挥了重要作用。例如，智慧城市技术对社会产生了诸多积极影响，提高了城市的安全水平。

在不同的全球南方经济体中，数字经济的转型程度差别很大，如在人工智能和区块链等数字技术领域内，中国已经走在了世界前列。毫无疑问，中国是全球南方经济体中的领先者，但在某些特定行业，其他全球南方经济体也做出了突出贡献。例如，人工智能技术在巴西农业领域得到广泛普及，特别是在大型农业企业中，人工智能技术已经开始广泛应用于提高农作物的种植速度和种植精度、改善农作物的管理方法。得益于 Solinftec 等创新公司提供的解决方案，人工智能等第四次工业革命技术正在小企业中迅速普及。

上述讨论还表明，来自阿根廷、印度尼西亚和肯尼亚等全球南方经济体的部分创新型企业，为了抓住第四次工业革命所带来的重大发展机遇，正在引领实施多项战略举措。对于多数南方经济体而言，在进一步推进数字化转型等方面的发展空间和潜力巨大。但遗憾的是，多数全球南方经济体并未抓住这次机遇，从而难以改善自身经济、社会和环境。对它们而言，需要做好准备工作，积极拥抱第四次工业革命所带来的变化，这才是成功实现经济转型的关键。

南南合作和三方合作以及其他各类合作，均有助于全球南方经济体为迎接数字经济所带来的挑战做好准备工作。全球南方经济体可以在若干领域开展合作。如上所述，由于研究产出低，大多数南方经济体依赖于北方国家开发的技术系统。这些技术在全球南方往往表现不佳。南方经济体可以汇集研究资源和团队，根据最新技术开发解决方案以应对这些经济体面临的重要挑战。多边机构和北方经济体也需要在这方面帮助南方国家。尤其重要的是，应帮助全球南方的公司开发创新解决方案，以应对国内的挑战。完善的国家战略对从最新的技术创新中获益来说非常关键。如上所述，虽然突尼斯等一些南方经济体已经制定了国家数字战略，但大多数其他经济体缺乏此类举措。缺乏这类战略的南方经济体可以借鉴其他国家的战略来制定本国国家数字战略。

最后，上面讨论的许多在南方经济体开发的创新数字解决方案，如 Safaricom 的聊天机器人助手 ZURI、Jubilee 保险公司的聊天机器人 JULIE 和非洲联合银行的聊天机器人 LEO，都只在本国使用。这些解决方案可能无须或仅稍加修改就可应用于其他南方经济体，以应对其他经济体面临的各种挑战。这些解决方案仍未国际化的主要原因之一是开发这些解决方案的公司缺乏国际化。全球南方政府以及多边机构可以帮助这些公司在整个区域实现其解决方案的国际化。

第4章
利用数字技术提高农业生产率
和保障粮食安全[*]

Fatima Denton 和 Mousumi Bhattacharjee

4.1 引言[①]

当前肆虐的新冠肺炎疫情给以农业为经济支柱产业的南方国家的领导人敲响了警钟,[②] 同时也向其他发展中国家发出警示——如不采取适当的保护和保障措施, 农业部门的增长可能会受到阻碍。因此, 南方国家有必要推动经济形成新的缓冲形式, 确保粮食体系能更有效地抵御外来冲击。数字农业就是这样一种工具, 它可以提高农业的缓冲和恢复能

* 感谢 Ebenezer Amankwaa 和 Gerald Forkuor 在本文撰写过程中提供的研究支持。感谢 Fr Paul
(XUB 前副主席)、Fr Augustine(XUB 注册主管)、Shekhar Shah(NCAER 主任)、Suresh Babu
(IFPRI 高级研究员)、王小林(复旦大学)的鼓励和支持,以及 Kaushik Kumar Bhattacharjee
(IIEST Shibpur)分享论文中使用的重要参考文献。

① 国际农业研究磋商小组大数据平台(CGIAR Big Data Platform)2019 对于理解本章中的现实
挑战至关重要。以下来源提供了有用的信息:www. youtube. com/watch?v = _ _ q00tTl1 D0。
② 根据 World Atlas online, 农业占 GDP 比例排名前 10 的国家都在非洲: https://www.
worldatlas. com/articles/countries-most-dependent-on-agriculture. html。

力，是实现与粮食安全有关的可持续发展目标以及次级目标的关键
（FAO，2019a）。

2008～2009 年金融海啸席卷发达国家后，全世界共同目睹了"南
方的崛起"。以巴西、中国、印度、印度尼西亚、墨西哥、南非和土耳
其为首的 40 多个南方国家实现了显著增长（UNDP，2013）。在这 40 多
个国家中，孟加拉国、智利、加纳、毛里求斯、卢旺达和突尼斯等一些
规模较小的经济体也沿袭了高增长国家的增长和发展轨迹。到 2050 年，
巴西、中国和印度的全球产量占比将达到 40%。在这种持续增长势头
的背后，有一些关键驱动因素：国家积极推动经济发展，大力支持公共
和私营行业；全球市场充满活力；1980～2011 年，南南贸易的增长额
比北北贸易高出两倍多；不断完善教育、医疗、社保、法律和制度等领
域的政策（UNDP，2013）。农业部门在南方国家的转型和经济增长中
发挥了至关重要的作用。

在私营行业的支持下，非洲、亚洲和拉丁美洲国家的农业研究获得
了大量投资（UNDP，2013）。中国拥有全世界最广泛的农业研发体系，
在与非洲国家进行农业南南合作时发挥了主导作用（UNDP，2013）。
印度提议在巴西、俄罗斯、印度、中国和南非等金砖国家之间建立一个
农业研究平台（Economic Times，2017）。[①]巴西是一个拥有先进农业技
术的国家，其 2006 年农业研究总支出在拉丁美洲的占比达到了 41%。
得益于农业研究和制度创新，巴西的人均农业效率提高了 4 倍
（Economic Times，2017）。农业技术帮助巴西的热带草原（塞拉多）成
为世界上主要的粮食和牛肉产区之一。技术创新有助于改善土壤品质，
扩大可种植农作物和牧草的品种，提高家畜生产率（Pereira et al.，

---

① 该农业研究平台由印度总理莫迪提出："我们在农业领域实力雄厚、设备精良，在全球多
数领域均处于领先地位。我提议建立一个金砖国家农业研究中心，给全世界奉上一份赠
礼。同样，我们还可以努力创建一个系统，借助这个系统，我们可以在农业发达国家或
土地资源丰富的国家投资扩大农业生产和基础设施，把富裕的农产品输送到低生产力的
国家。这一举措意义重大。"（Economic Times，2017）

2012）。据《伊比利亚－美洲国家南南合作报告》（*The Report on South-South Cooperation in Ibero-American Countries*）称，其主要合作国家包括阿根廷、巴西、智利和墨西哥。

非洲农业主要依靠自给自足，与制造业等其他行业相比一体化程度较低。非洲大陆的农业生产者仍然处于全球价值链的低端水平。如今，非洲大陆 1/3 的粮食依靠进口。根据非洲开发银行（African Development Bank）的最新数据，非洲大陆的年粮食进口额已经增加到惊人的 800 亿美元，到 2025 年将进一步增加到 1100 亿美元。全球贸易形势起伏不定，粮食供给时有变化，依赖进口将大幅增加非洲应对贸易条件波动和进口食物供应变化时的脆弱性。目前，非洲还处于靠天吃饭的阶段，气候变化造成的农业损失占 GDP 的 2%～7%。农业是大多数非洲国家的主要收入来源，也是最大的就业领域，因此气候灾害将会威胁到数百万人的生计。到 2050 年，非洲人口将增加到 25 亿，非洲要实现自给自足，就必须提高农业生产效率。也就是说，农业必须利用好水与其他能源等关键因素，为工业化奠定基础。农业产业必须认识到自身原材料丰富这一潜在优势，更重要的是在整个农业价值链中运用新技术。

非洲国家正在努力保障自身经济的安全稳定。多数非洲国家以农业为基础产业，因此，在很大程度上需要依赖可预测的降雨量。气候变化以及极端天气事件带来的不利影响越来越严重，这严重制约了非洲国家的发展，也影响到了可持续发展以及《2030 年可持续发展议程》、非洲联盟《2063 年议程》目标的实现。非洲地区实现工业化的宏大愿景需要依托于农业生产基础，尤其是实现粮食安全、创造福祉以及实现贸易顺差的能力。尽管非洲经济存在结构性问题，但数字技术发展的大趋势与现有的农业问题领域出现了叠加效应。非洲对数字技术发展趋势的把握程度将在很大程度上决定该地区是否能够发挥出农业产业优势，而这也决定一个国家是否能抓住绿色经济机遇。

数字创新有助于非洲地区克服挑战、改变农产品体系、实现粮食安全目标。数字技术处于农产品系统价值链的核心位置（见图4-1）。区块链、物联网、人工智能、3D打印、虚拟现实、增强现实、传感器、无人机等颠覆性技术正在引领农业等各类经济产业迈进第四次工业革命。物联网和云计算是支撑智慧农业的关键。智慧农业指利用连接互联网的智能设备来管理农场系统。大数据具有高容量、快速和多样性等特征（指3V），相关技术在管理智慧农场时发挥着重要作用（Wolfert et al.，2017）。风投机构在电子商务和生物技术领域投入了大量资金。其中，近32%的投资支出用于食品电子商务，9%用于土壤和农作物技术，4%用于无人机、机器人和决策支持技术（GSB，2017）。移动技术的普及有助于促进主要农产品价值链的数字化和数字平台的发展。为了提高农业生产率并确保粮食安全，非洲地区必须在全价值链上应用和推广数字技术，其中包括主要面向小种植户的数字技术。数字技术是推动小种植户最大限度利用小规模农场改善生计、促进经济增长、实现全球目标的关键。

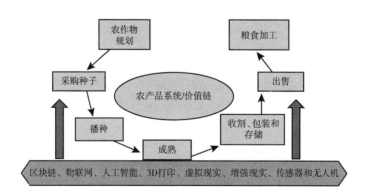

图4-1 农产品系统/价值链

资料来源：Mittal、Gandhi和Tripathi（2010）。

农业动态数字平台的发展主要依赖数据改进后的新市场以及随之而来的全球政策。联合国在创建全球数字媒体，制定数字治理计划，打通国家、机构和市场参与主体之间的合作节点等方面采取了重要举措。联合国南南合作办公室（UNOSSC）建立的机构间机制可以协调制定联合国的全系统战略，指定的南南协调中心负责管理不同机构之间有关数字农业和可持续发展目标等的信息流动、最佳实践、法律框架和资金渠道。传统的援助国和外部合作伙伴可以通过三方合作参与南南倡议，三方合作是一种资金和技术支持的替代渠道（UNGA，2018）。例如，国际农业开发基金会（IFAD）向三个非洲国家拨款——埃塞俄比亚、马达加斯加和坦桑尼亚联合共和国，印度则是技术合作伙伴。印度竹子资源与技术中心（CIBART）协助马达加斯加环境、生态和林业部制定了国家竹子政策（IFAD，2017）。

本章将探讨现有的公私合作模式，发现南南合作所面临的挑战，阐明在数字农业合作伙伴之间建立信任所需的基本价值观和伦理道德，讨论加强合作需要采取的策略。

本章的结构如下：第 2 节是介绍农业生产力、粮食安全和数字技术之间关联的文献综述；第 3 节包括两个部分，第 1 部分讨论了数字技术发展的推动因素，第 2 部分给出了数字技术在农产品系统中的应用及影响；第 4 节侧重介绍联合国采取的多项举措，包括全球数字平台的创建，建立公私合作伙伴关系等；第 5 节探讨了挑战和前进道路；第 6 节专门讨论了结论和建议。

4.2　农业生产力、粮食安全和数字技术之间的关联

农业经历了不同的发展阶段：从早期驯化、高效农耕系统、机械化和施肥、农作物遗传育种施肥的绿色革命，一直到现在的技术变革时代。

第四次工业革命期间诞生的区块链、物联网、人工智能、3D 打印、虚拟现实、增强现实、传感器和无人机等数字创新和颠覆性技术，在应对农业和粮食安全领域面临的多重挑战时变得越来越重要。例如，人们

目前已经将数字技术应用在气象数据处理领域，辅助种植户做出有关农作物种植规划、品种选育、施肥的决策。数字创新为作物收割、包装和存储提供了及时的信息支持。

我们可以通过移动技术、物联网、传感器、人工智能、遥感技术等手段获取各类咨询服务。这些技术搭建了数字经济中的交易平台，有助于提高农业生产率、减少收获后损失，连接起种植户和采购商，并提供准确的市场数据。Deichmann 等（2016）开展的一项研究表明，提高市场透明度会带来更好的套利机会，减少粮食浪费，提高消费者和生产者的福利，减少价格波动。在靠雨水灌溉的农业系统中（如撒哈拉以南的非洲地区等），气候变化会导致地区降雨不稳定，即使是对传统天气状况了如指掌的小种植户也逐渐意识到由数字技术驱动的咨询服务的价值。

人们可以利用手机等多个渠道获取农业过程不同阶段的信息。手机在农村的普及率正在上升。手机为种植户提供了获取农业技术、推广服务、市场价格、天气情况和农业技术等信息的机会。这一趋势得益于全球农村和城市人口中手机用户的大幅增加。全球互联网用户数超过了总人口的40%，南方国家采取的重大举措将越来越多农村地区的老百姓连接在一起（World Bank，2016a）。[①]

新技术将种植户与信息、农业机构连接在一起，最大限度地减少了农业产业的不确定性，降低了相关风险。在农业和粮食安全领域，多数前景广阔的创新都是技术和服务驱动型的创新（Dinesh et al.，2017）。用于收集和分享农业信息的移动网络连接和应用程序正变得越来越普及。通过获取数据、市场和金融方面的服务，种植户可以更加高效地播种、施肥、收割和销售农产品，改善土壤养分提高自然资源利用率，进

---

① 亚洲和非洲地区的互联网普及率分别为 54.2% 和 39.6%，全球平均水平为 58.8%。资料来源：www.internetworldstats.com/stats.htm（2020 年 1 月 7 日访问）。

而提高家庭收入。互联互通不仅可以让农牧民及时获取准确的价格信息，还可以协调运输和其他物流信息，便于易腐但营养价值高的食品（如动物制品和蔬菜）等的直接交换，进一步强化市场的功能。

电子农业应用程序（如肯尼亚的 e-Cow）正在改善整个农业和粮食价值链上的信息共享，进而提高农业生产力和交付服务水平。尽管部分政府机构无法向种植户提供全面的咨询服务，但随着数字技术的出现，农业研究和推广服务经历了一场革命。Babu 等（2012）对种植户需求、如何改进信息搜索、印度南部地区小种植户的服务付费意愿等问题进行了深入调查和分析，发现虽然人际交往必不可少，但种植户更喜欢使用手机进行沟通；相比短信服务，他们更喜欢发送语音信息。Aker（2011）发现，利用信息通信技术推广农业技术，可以节约非洲农民的时间，增加他们的储蓄，真正惠及广大农民朋友。相比个人实地考察，政府的农业技术推广人员可以利用先进技术，服务更多农民，为他们带去农作物高产技术，这种方式的服务效率更高。

在乌干达，Svensson 和 Yanagizawa（2009）论证了通过广播服务传播基础农产品价格信息会导致农场交货价格上涨的结论。Beuermann 等（2012）在秘鲁，Aker 等（2016）在尼日尔，Labonne 和 Chase（2009）在菲律宾，均证实了这一发现。法国咨询公司凯捷咨询（Capgemini）与东非社会型企业 Agrics 合作，对 Project FARM（一种金融和农业推荐模型）进行了概念化，以提供基于人工智能的农业解决方案，Project FARM 可以为肯尼亚种植户发送短信提醒，帮助他们了解农场应当采取的合理措施（Wight，2019）。肯尼亚西部地区玉米种植户的玉米产量也因此从每人 6 袋增加到了每人 9 袋。

Samberg（2018）最近开展的一项研究发现，在埃及、埃塞俄比亚和苏丹，当地会通过短信向菜农提供实时天气数据的推广服务。在西非，Ignitia 等私企提高了向偏远地区农民发送天气预报短信的准确性。在蒙古国，牧民可以接收疫情信息，以更好地维持牲畜的健康状况。Mittal 和 Mehar

(2012) 注意到，如今印度农民已经可以使用手机来获取农业信息，更好地连接市场，为农产品争取到更有利的价格，提高正向收益率。在整个印度，41%的农民使用手机进行农业耕作，87.2%的农民使用手机获取市场信息，71.7%的农民使用手机争取更加有利的农场交货价格（市场价格扣除销售成本），35%的农民使用手机获取正向收益（Mittal and Mehar，2012）。该项研究还发现，大规模种植户的市场渠道更加丰富，更易于通过手机争取到有利价格。Akter 和 Fu（2012）记录了"知识帮助推广技术倡议"（KHETI）项目所产生的积极影响，该项目为印度中央邦的小规模种植户提供手机农业推广服务。近75%的种植户从手机服务中获得了实惠；86%的种植户发现，该项目改善了推广服务；13%的种植户发现，基于"知识帮助推广技术倡议"的服务比以前使用的服务速度更快。与 Babu 等（2012）的讨论结果一样，付费获取技术信息的意愿与信息需求不成比例。搜索量最大的数据，种植户的付费意愿最高，中等搜索量的数据，付费意愿最低。

在农产品运输领域，偏远地区的农民对手机的依赖程度越来越高（Site and Salucci，2006；van Rensburg，2004）。例如，赞比亚全国农民联盟（Zambian National Farmers Union）、摩洛哥农民和肯尼亚的农业综合企业 M-Farm Ltd 使用短信服务来分享价格和特殊运费报价，减少收获后损失（Deichmann et al.，2016）。印度孟买的塔塔咨询服务公司（TATA）开发了一款名为 mKrishi 的应用程序为种植户提供帮助。该应用程序除了提供当地语言文字版本外，还有一个语音信息系统，这为不识字的种植户提供了极大便利。该应用程序在种植户和利益相关者之间搭建起沟通渠道，以便双方更好地协商价格，降低化肥和农药成本。种植户会订阅 mKrishi 平台合作社，也即"进步型农村综合数字企业"（简称 PRIDE）。2017 年，该平台的注册用户超过了 100 万。据报告，40%的用户实现了增产，10%的用户减少了农药和化肥使用量。[①]

---

① 资料来源：www.tcs.com/enabling-digital-farming-with-pride（2020 年 1 月 20 日访问）。

手机应用程序 DigiCow 将肯尼亚的小规模养殖户与兽医、人工授精服务商及饲料供应商连接在一起。养殖户可以使用 DigiCow 登记自家农场的奶牛、犊牛、客户、合作社、员工和帮工信息，注册、记录、维护和生成报告，获得培训服务。IFDAP 在刚果民主共和国乌维拉地区培训了大约 48 名女性木薯根种植户，教会了他们如何上网了解更多农作物虫害信息。IFDAP 还向女性种植户提供了手机，以便他们与潜在买家联系，降低运输成本（APC，2010）。

格莱珉基金会（Grameen Foundation）、Reuters Market Light 和 TechnoServe 等全球组织正以低成本向南亚、拉丁美洲和撒哈拉以南非洲地区的种植户提供及时又有价值的信息，包括农产品价格、市场需求、天气信息等（Nakasone et al.，2014）。"数字绿色"是一项全球农业发展倡议，它以最具成本效益的方式为小种植户提供农业咨询视频解决方案。线上视频（Video Kheti）会为不识字的种植户提供分步指导，教会他们如何播种，如何收获不同蔬菜和农作物种子。根据卫星图像技术估算的产量与实际产量之间一般会存在差异，创新公司正在针对这种差异的计算过程进行验证。

市场上还涌现出了许多其他新型企业，其经营业务主要侧重于利用数字技术来提高农业生产率。精细化农业可以减少温室气体排放（Future Farming，2019；Soto et al.，2019），它可以为农场和种植户提供个性化的解决方案。Hello Tractor 为拖拉机车主提供远程资产跟踪和虚拟监控服务，将他们与非洲偏远地区（主要是尼日利亚）的种植户连接在一起。相比现有的播种速度，Hello Tractor 将种植户的播种速度提高了 40 倍，同时将播种成本降低了 33%（Foote，2018）。Plantix 可以利用人工智能图像，向种植户发出农作物病虫害警告。Planet Lab 会捕捉地球表面的每日图像，并为种植户提供应对农作物问题的保护措施。该卫星成像公司会根据植被的卫星图像计算活力指数，进而检测农牧场的异常情况。

　　但单纯依靠数字技术和创新并不能消除非洲地区在农业生产力和粮食安全等方面所面临的问题。例如，Reliance Jio（总部位于印度）、微软公司和伊思考特（Escorts）（总部位于印度）委托的智能拖拉机项目可以与农民进行语音通话，提供操作指导（Gadgets Now Bureau，2018）。但难点在于，如何扩大这些工具的使用范围，确保它们尽可能多地满足价值链上的种植户和其他利益相关方的需求（Samberg，2018）。为了实现这一点，数字技术必须考虑到种植户在资源、性别和教育水平等方面存在的差异，并对不断变化的环境做出反应。

　　尼日利亚的先锋数字农业平台 Farmcrowdy 将农场赞助商与种植户联系在一起，不仅增加了粮食产量，还推动了年轻人参与数字农业。Kitovu 是尼日利亚的一款互联网手机应用系统，它将储存肥料和苗木的仓库与偏远地区的小种植户连接在一起。Kitovu 可以利用地理位置和土壤条件信息，满足种植户的农业投入需求。在肯尼亚，Apollo Agriculture 综合了农业机器学习、遥感技术和移动技术，为种植户提供定制化的农业投入、贷款和解决方案。AMIntegrated Aerial 为种植户提供农药精确喷洒服务，帮助保护整个非洲地区的生态环境。Pula 是一家数据驱动型的农业保险公司，专门服务来自六个非洲国家的小种植户。Syecomp 可以分析无人机收集的数据，帮助加纳和其他撒哈拉以南非洲地区的种植户缓解农作物病虫害问题（Balachandran，2018）。

　　印度是全球最大的果蔬生产国之一，易腐农产品的价值链利润丰厚。印度的 CroFarm 是一家"农场到企业"的初创企业，它将种植户与信实零售（Reliance Retail）、Grofers、Big Basket、Jubilant Foodworks、Big Bazar 和 Metro Foods 等零售连锁店连接在一起。CroFarm 通过提供数字化农产品供应链解决方案减少了农产品浪费，增加了种植户和当地零售商的利润。班加罗尔的 Intello Labs 利用计算机视觉算法检查每株农作物最细微的细节，对农产品进行分级。总部位于孟买的 Tessol 公司提供了一种换热装置解决方案，可在 6 小时内将全天运行的冷藏车电量充满。Godrej Tyson、富通（Fortis）、Mother Dairy、Abad Fisheries（阿巴德渔业）和富通医院（Fortis Hospitals）等公司在家禽、园艺、乳制品、海鲜和冷冻食品领域均采用了无燃料技术（Modgil，2017）。

中国北京的美菜网，通过向中小连锁餐厅提供新鲜水果和蔬菜，提高了供应链管理效率，改善了对食品安全的把控。大丰收是中国的一家电子商务平台，该平台通过去中介化，向农民直接配送化肥和农药，降低了农业生产资料的采购成本。北京朝阳区的麦飞科技公司利用McVision AgriDetector 和高感光摄像头收集飞机播种数据，提供农药受控喷洒解决方案，为农作物提供保护。Gfresh 是上海的一家面向中国海产品贸易商的全球平台。该公司已为近 400 名卖家和 450 名买家提供了物流、报关和检疫服务，年营业额 1.5 亿美元。杭州的 P2P 农业贷款平台 KesuCorp 为有资金需求的贷款人提供与数字农业活动有关的金融解决方案。

在南南合作的一个案例中，中国民营企业在非洲建立了一些农业技术示范中心。这些示范中心会为种植户提供水稻和其他农作物种子，完成技术转移，提供各种农作物种植培训以及奶牛和家禽等牲畜养殖技术培训（Tracxn Technologies，2020）。

4.3　农业领域的最新颠覆性创新和数字化

数字技术在农业等多个产业内的应用之所以能够取得进展，其原因在于数据捕获、数据收集、数据处理、数据分析、数据传输、信息系统和共享平台等领域实现了突破性技术创新。人工智能（包括机器人和机器学习）、物联网和数字平台（包括互联网和移动技术）都属于数字技术。它们可以促进农业市场服务的发展，提高农业生产力，完善食品加工和农产品销售过程。下文会对这些技术作简要概括，之后会详细介绍这些技术在南方经济体内部的农产品价值链中的具体应用。

要想实现农业和粮食产业的数字化转型,我们需要建立一个"数字农业生态系统",为种植户和农业企业家的创新创造有利环境。这种转型可能会带来巨大的经济、社会和环境效益。

表4-1总结了主要的创新型技术以及它们被应用的农业领域。我们会在后续章节中详细讨论这些技术。

表4-1　技术类型和农业应用

技术类型	农业应用
机器人	<ul><li>减少人工成本,从事单调重复的工作,如播种和除草;</li><li>葡萄酒机器人可以修剪葡萄藤、剔除新芽和监测土壤质量;</li><li>苗圃机器人可以从事盆栽植物移植工作;</li><li>放牧机器人可以从事牛群转场和饲料搅拌工作;</li><li>旋转机器人可用于挤奶机,让奶牛决定挤奶时间;</li><li>软体机器人模块抓取系统可以采摘树莓;</li><li>机器人可以使用稳态遗传算法和装有锯的可伸缩臂来收割椰子;</li><li>个性化的奶牛养殖,可以提高精准度,创造更多利润;</li><li>检测奶牛健康状况的变化。</li></ul>
无人机和传感器	<ul><li>制作航拍图像,帮助农民施肥,决定是否进行农作物灌溉;</li><li>土壤和农田分析、播种、喷洒农药、监测、灌溉和农作物健康状况评估;</li><li>实施精细化农业;</li><li>测量试点农场的叶绿素活性和蔬菜健康状况;</li><li>检查麦田里的每一根麦秆,检测是否出现真菌感染;</li><li>基于从农场、农民、农用机械、气候站等大数据来源收集到的数据提供解决方案。</li></ul>
机器学习	<ul><li>产量预测、疾病检测、杂草和农作物质量检测、品种识别、家畜管理、动物保护、畜牧生产和水土管理;</li><li>可以在整个价值链中采取不同的途径来提高农业生产率;</li><li>检测非洲农场的木薯病虫害问题;</li><li>提供耕地、播种、品种选育时间等建议;</li><li>根据天气、土壤、虫害和作物数据,针对每位种植户实时提供个性化的地理绘图、农作物规划、个人农场计划和农场自动化服务,帮助种植户做出和执行最佳决策。</li></ul>
混合现实	<ul><li>检测肉眼不可见光的光谱,使用畜牧业专用的智能眼镜,识别食物链中的致病菌;</li><li>了解在特定环境下使用化肥会对农作物产量产生的影响,优化作物种植;</li><li>实现温室小气候可视化,确定有利于真菌生长的因素。</li></ul>

续表

技术类型	农业应用类型
物联网	• 实时掌握农场情况； • 追踪葡萄酒厂的葡萄原料生长情况； • 跟踪产品从农场到最终消费者的流转过程； • 衡量电商渠道配送的水果的新鲜程度； • 利用土壤湿度、空气湿度和温度传感器收集蔬菜信息和环境统计信息，以提供长期解决方案； • 农业温室监测系统； • 用于提供增值服务的农业咨询呼叫中心； • 基于云计算的在线监测系统，促进数据挖掘练习； • 精细化农业。
区块链技术	• 提高农作物的可追溯性，改善农业产出； • 通过安全、实时的信息，帮助农民了解农作物从播种到发货的状态； • 种植户可以通过区块链技术提供有关食品供应链的认证资料，满足消费者的预期，确保食品安全； • 监控食品采购和销售过程，以便于了解和维护食品产业链； • 防止食物中毒； • 识别价值链上的不合格产品； • 确保市场上的整个食品生产、运输和分销过程透明、安全； • 提供过程认证，简化利益相关方的工作，使交易更加透明，从而提高整体管理效率。

4.3.1 数字技术发展的推动因素

4.3.1.1 人工智能

人工智能系统具有三个基本特征：意向性、理解力、适应力（West，2018）。农业产业特别应用了四项人工智能技术：机器人、无人机和传感器、机器学习、混合现实。农业机器人已经广泛应用于农业领域。机器人可以降低劳动力成本，完成播种和除草这类重复、单调的工作，可以基于人工智能技术或按照预先设定的指令自主运行。葡萄酒机器人可以修剪葡萄藤，剔除嫩芽，监测土壤质量；苗圃机器人可以从事盆栽植物移植工作；放牧机器人可以从事牛群转场和饲料搅拌等工作；旋转机器人可以用作挤奶机，让奶牛决定挤奶时间。

4.3.1.1.1　机器人

近年来，市场上出现了新一代的软体机器人，它可以通过压缩空气执行更精细的作业任务。软体机器人的开发成本更低，通过预编程运动能力就能执行更加精细化的任务。软体机器人公司（Soft Robotics Inc.）等企业就曾在其机器人抓手中引入了软体元素。mGrip 就是一种软体机器人模块化抓取系统（DeMaitre，2019）。它可以帮助果农采摘树莓。在抓取系统中，一个管状结构会沿着灌木向上移动，将树莓分离出来，然后系统会对软体机器人的袋子进行充气，最后将连接植株与树莓的软茎扯断。采摘过程与人类采摘浆果的过程类似（Chin，2018）。Wibowo、Sulistijono 和 Risnumawan 开发了一款椰子采摘机器人，它可以利用稳态遗传算法和装有锯的可伸缩臂来采摘椰子。椰农们在印度尼西亚的大型椰子农场进行了初步试验（Wibowo et al.，2016）。

集成机器人可以提高畜牧业的生产率。例如，DeLaval VMS 的挤奶系统 V3 使奶牛养殖更具个性化，提高了精细化养殖水平，为农场创造更多利润。该挤奶系统可以检测出体温升高、早期乳腺炎和酮症等奶牛健康问题，检查尿素含量，帮助奶农平衡饲料蛋白（DeLaval Inc.，2020），还会根据每位奶农、每家农场、每头奶牛和每个奶头的情况进行单独处理，提高生产率和人均挤奶量，改善奶牛的健康状况，提高产奶质量。利拉伐集团（Tetra Laval Group）为帮助肯尼亚的 3 万名小规模养殖户提高产奶量和产奶品质启动了一个援助项目。目前，利拉伐已经进军中国市场，并与中国的高校、政府及其他利益相关方合作，提供了针对当地需求的自动挤奶解决方案。利拉伐通过提高能源效率、减少用水量和提高饲料效率来提供可持续的解决方案。利拉伐、利乐和中国农业大学于 2019 年签署了一项协议，旨在推动中瑞乳制品合作项目继续向前推进（DeLaval，2019a，2019b）。

4.3.1.1.2 无人机和传感器

无人机的作业范围更加广泛，可以解放人力。此外，儿童可以留在家里陪伴自己的家人，做家庭作业，不需要在农场干农活。

—— 加纳阿克拉 GEM Industrial Solutions

首席执行官 George Madjitey（Njagi，2019）

无人驾驶飞行器（UAV），也称为无人机，是一种飞行机器人。无人机可以为农业、林业、医疗、减灾、水资源管理等多个领域收集必不可少的环境数据。在农业应用方面，无人机可以对农场和牧场进行远程观测和数据收集，相比农牧民亲自巡视农牧场、观测并收集数据，无人机的作业范围更广。无人机上安装有传感器，可以收集不同电磁频谱信息。这些数据可以用于土壤和田间分析、播种、喷洒农药、监测、灌溉和作物健康评估。先正达（Syngenta）和杜邦先锋（DuPont Pioneer）开发的无人机技术可以拍摄航拍图像，帮助农民施肥和选择灌溉方式。

2018 年 1 月 26 日，非洲联盟执行理事会（Executive Council of the African Union）指出了无人机在推动非洲农业转型方面的重要性（Choake，2019）。非盟新兴技术高级别小组（African Union High-level Panel on Emerging Technologies）和非洲发展新伙伴计划（NEPAD）联合发表了报告《地平线上的无人机：改变非洲的农业》（Drones on the Horizon：Transforming Africa's Agriculture），该报告肯定了无人机对于非洲大陆推行精细化农业的重要性。"农业无人机"（UAV4Ag）是农业农村技术合作中心（Technical Centre for Agricultural and Rural Cooperation，CTA）的一家联盟团体，它发起了一项名为"天空之眼"（全称"转变非洲的农业：天空中的眼睛，地面上的智能技术"）（Transforming Africa's Agriculture：Eyes in the Sky，Smart Techs on the Ground）的项目。"天空之眼"项目促使非洲的无人机运营商在现有的基础上共担成本，搭建无人机服务，采购无人机和软件。在关于使用 Agisoft 软件的工作会议上，与会者谈到了一个在赞比亚卢萨卡启动的一期项目。该会议显著提高了与会者对无人机的认识。二期项目联合无人机制造公司 Parrot 在加纳启动，成功完成了对 Parrot、Bluegrass 和 Disco-Pro AG 无人机的测试，以及对无人机多光谱传感器捕获的数据的测试工作。最后一期项目对捕获的数据进行了分析，目的是优化决策过程。例如，帮助测量叶绿素活性和植被健康状况的归一化植被指数。在不同利益相关方的积极参与和激烈讨论下，会议提高了所有与会者对无人机基础知识的了解。

Taranis 是一家精细化农业公司，在与阿根廷、巴西和乌克兰的种植户合作开展的项目中利用装有高清摄像头的无人机，飞抵农作物周围，近距离检查每一株秸秆，检测出作物的真菌感染情况（Stickles，2019）。Solinftec 是一家位于巴西圣保罗的初创企业，它主要为农民提供精细化农业解决方案。Solinftec 的产品与 Alexa 的工作原理类似。它可以基于从农田、种植户、农用机械、气候站等来源方收集到的数据，提供解决方案。最初，Solinftec 在开发产品时只是为了满足蔗农的需求，后来又不断扩展到了大豆、玉米和棉花种植户。[①]

4.3.1.1.3　机器学习和混合现实

机器学习技术的最新应用领域是预测产量、病虫害检测、杂草检测、农作物质量检测、农作物品种识别、牲畜管理、动物保护、畜牧生产和水土管理。农牧民可以利用该项技术，从整个价值链条的不同节点切入，提高农业生产率（Liakos et al.，2018）。

混合现实技术是一种利用增强现实、增强虚拟和虚拟环境技术来理解真实环境的应用技术。例如，计算机可以探测到肉眼看不到的光谱。畜牧业中使用的智能眼镜可以通过混合现实技术（Caria et al.，2019），

---

① 资料来源：https：//solinftec.com/（2020 年 2 月 19 日访问）。

识别食物链中的致病菌。增强现实技术帮助人们了解在特定环境下使用化肥会对农作物产量产生的影响，进而优化农作物种植方式。

Neto 和 Cardoso（2013）将增强现实技术创造性地应用到了温室生态系统。它可以从湿度和温度传感器收集信息，检测灰霉菌在番茄植株上的生长条件，向番茄种植户发出警告信息。该应用程序利用 Layar SDK 增强现实框架，实现了温室小气候可视化，找到有利于真菌生长的因素。麻省理工学院的数据、系统和社会研究所提供的数字解决方案，提高了高科技非洲农场的生产力。预测分析、机器学习、强化学习和数据共享市场等先进工具可以帮助处理农场数据。其主要目标是在农牧民、贷款机构、保险公司和机器制造商等利益相关者之间共享数据（Murray，2019）。

在数据质量领域，非洲地区甚至整个南方国家都面临三项挑战：可用性、可靠性和准确性（King，2019）。南方国家为解决这些问题启动了多个项目。国际农业研究磋商小组（CGIAR）平台"全球农业研究数据创新和加速网络"（GARDIAN），汇集了来自非洲 15 个全球农业研究中心的数据。这些研究中心与非洲的公共、私人和非营利合作伙伴保持着密切合作关系。国际畜产研究所（ILRI）和 Farm. ink 可以利用自然语言处理技术来跟踪动物的健康状况和牲畜生产力。而这项技术还可以基于对东非数百万农牧民的分析，提供咨询服务。Farm. ink 是一家位于肯尼亚的初创企业，主要从事农业科技数字解决方案研究工作，专注解决草地贪夜蛾的掠夺性攻击问题（Jackson，2018）。国际粮食政策研究所（IFPRI）在印度开展了一项试验，利用小麦农场的图像来设计保险产品。国际粮食政策研究所（IFPRI）在埃塞俄比亚也开展了类似试验。

宾夕法尼亚州立大学开发的 NURU 应用程序主要是为了促成国际农业研究磋商小组与谷歌之间的合作关系，将开源软件用于 TensorFlow 的物体识别。该款程序会处理大量图像，并会利用机器学习技术来检测非洲农场的木薯病虫害问题。它支持离线功能，这为非洲偏远地区和南方其他地区的农牧民提供了便利（Voegele，2018）。Farm Beats 是微软启动的一项物联网应用项目，它利用数据驱动型农业技术，帮助农牧民提高作物产量，降低成本。利用连接有物联网传感器的电视空白频段的宽带连接，可以提供农田的实时视图。该项目曾在肯尼亚内罗毕进行过试点试验，它更进一步的目标是，到 2050 年使非洲农场的产量翻一番（Addo，2019）。肯尼亚萨法利通信公司（Safaricom）推出的移动数字平台 DigiFarm 提供一系列服务，包括有关农业投入的电子折扣凭证、使用培训手册提供农业咨询、精细化播种和施肥技术、用于采购农业投入的手机，M-Shwari 手机小额贷款等（Roy and Heinz-Wilhelm，2018）。

4.3.1.2 物联网

物联网对数字技术在农业等多个领域的应用至关重要。物联网平台会收集内置传感器（用于数据收集）的设备和物体的数据，并通过机器学习算法对这些数据进行分析，为特定的问题和需求提供信息或结果。互联网在非洲等发展中地区的普及，极大地促进了互联网在解决问题方面的能力，特别是在农业领域。Muangprathub 等（2019）、Khanna和 Kaur（2019）、Elijah 等（2018）和 Tzounis 等（2017）综合介绍了物联网在智慧农场农业数据分析方面的应用。Lalitha 等（2018）回顾了物联网在发达国家和发展中国家农业产业中的应用情况。

目前，微软的产品 FarmBeats 已经占领了非洲、中国和印度等南方市场。它的太阳能水泵受到了非洲成千上万小规模农牧民的广泛好评，这些农牧民利用这项物联网解决方案来检测淡水储量。太阳能水泵上装有的传感器可以记录电量使用情况和泵速，然后将这些数据分享给国际水资源管理研究所以计算地下水的抽取率和储量（Bhalla，2019）。

Muangprathub 等（2019）列举了一些实际案例，介绍了物联网在农村系统中的工作原理。在这项实验中，研究人员在三个采用不同耕作方法的村庄安装了物联网系统。第一个村庄主要种植酸橙和自产蔬菜，第二个村庄主要种植沙拉用绿叶蔬菜和自产蔬菜，第三个村庄主要种植沙拉用绿叶蔬菜、蘑菇、香草，还有养鸡。图 4 - 2 是系统组成示意图。系统会实时自动开关洒水装置。该物联网花费五个月的时间收集了有关酸橙和蔬菜产量的分析数据，帮助研究人员掌握物联网信息和农产品之间的关联信息。物联网是一项低成本投资，每家农场只需花费约 93.27 美元。根据观察数据，混合农场的生产率有所提高，此外实验还帮助农牧民探索了其他就业机会。

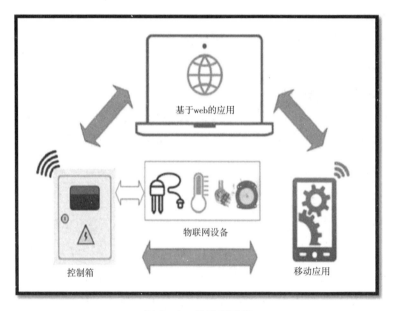

图 4 - 2　物联网示意

资料来源：Muangprathub 等（2019）。

　　研究人员还开展了一些综合性研究，探讨了物联网在农业产业链中的应用问题。为了追踪酿酒葡萄的生长情况，Medela 等（2013）提出了一种系统，该系统综合了物联网、无线传感器设备，可用于模拟气候条件。实时监控服务可以利用物联网跟踪产品从农场到最终消费者的整个流转过程（Capello et al.，2016）。分布式物联网服务器还可以跟踪整个农业生产过程，以此实现对现有农业生产商业数据的启用、捕获、标准化、管理、定位和查询（Li et al., 2013）。鉴于水果容易腐烂，运输成本高昂，Ruan 和 Shi（2016）开发了一个物联网框架，用于评估通过电商渠道配送的水果的新鲜度。Kaewmard 和 Saiyod（2014）提出了一项长期解决方案，即利用传感器检测土壤湿度、空气湿度和温度，以此来收集蔬菜和环境统计信息。Li 等（2012）提出了一种基于物联网、互联网信息排序、无线网络、移动网络的农业温室监测系统概念。Sarangi 等（2016）建议成立一家农业咨询呼叫中心，以提供物联网增值服务。Xian（2017）提出了一种基于云计算的在线监测系统概念，旨在促进基于物联网的数据挖掘练习。EZ Farm 是 IBM 在肯尼亚内罗毕启动的一个试验项目，旨在将物联网用于精细化农业。项目中使用的传感器可以收集数据并将数据存储在 IBM 云存储器中，数据每分钟会更新一次。水箱、土壤监测仪和红外光传感器会定期监测植物健康状况以提高作物产量，降低成本（Kariuki，2016）。

物联网平台会通过数字平台和数字渠道，向终端用户提供结果和服务。在南方国家，大量证据表明，物联网等技术对经济增长和社会福利产生了有益影响。由农业农村技术合作中心（CTA）发布的《2018～2019 年非洲农业数字化报告》（*The Digitalisation of African Agriculture Report 2018 – 2019*）阐述了农业技术对非洲小规模种植户的影响（CTA，2019）。2019 年，近 3300 万小规模种植户和养殖户注册了"农业数字化解决方案（D4Ag）"。到 2030 年，这一数字可能会上升至 2 亿家。25% 的女性和超过 71% 的年轻人有望从数字解决方案中受益。在 3300 万农牧民中，有 68% 注册了咨询和信息服务，17% 注册了金融渠道服务，8% 注册了市场联系服务，7% 注册了供应链管理服务。报告数据显示，2012 年它的数字解决方案共有 41 种，到 2019 年上升到 390种。数字市场联系、数字金融、数字咨询以及供应链管理等服务捆绑式销售策略，可以使营收增加 57%，收益增加 168%。数字咨询服务还可以使小规模农牧民的收入和生产率分别提高 30% 和 23%，数字市场联

系使其分别提高 37% 和 73%，数字金融服务使其分别提高 18%
和 38%。

智能手机提供的农业服务已经成为农牧民的重要工具，它可以帮助
农牧民提高产量、防治虫害、将农产品推向市场（World Bank，2017；
Mitchell，2018；Ritchie and Roser，2019）。据估计，2020 年，非洲的智
能手机用户数超过 7 亿人，是北美的两倍多（GSMA，2017）。在发展
中国家，智能手机的普及率上升至 64%（GSMA，2017），这也将扩大
互联网的接入人数。2018 年 1 月的互联网普及率约为：北非（49%）、
西非（39%）、东非（27%）、南非（51%）、中非（12%）、南亚
（36%）和东南亚（58%）。中非、东非和南亚的大部分地区互联网普
及率都很低，但增速惊人。随着非洲智能手机和互联网普及率的快速增
长，服务于经济增长和就业的包容性农业技术将迎来巨大发展机遇
（McDonald，2018）。

4.3.2 数字技术在农产品系统中的应用及影响

微软公司和国际半干旱地区热带作物研究所（ICRISAT）利用机器
学习和 Power BI，为印度南部安得拉邦的种植户提供了农业咨询服务。
基于人工智能的播种技术为种植户提供了耕地时间、播种时间、种子选
育时间等方面的农业建议，这使每公顷农作物的产量提高了 30%
（Trendov et al.，2019）。在 Senthilnath 等（2016）进行的一项研究中，
研究人员还利用无人机捕捉红绿蓝图像来检测番茄。

EMA-I 是联合国粮农组织（FAO）开发的一款预警应用程序，旨
在实时报告牲畜质量和疾病问题。该程序集成了 FAO 的跨界动植物病
虫害紧急预防系统（EMPRES-i），与各国现有的牲畜疫病报告系统兼容
性更好。目前主要应用于科特迪瓦、加纳、几内亚、莱索托、坦桑尼亚
和津巴布韦等六个非洲国家。它支持动物疫病监测和实时报告及响应功
能，对粮食安全和农牧民的生计都会产生重要影响。它的图像处理技术

有助于识别温室草莓农场中的蓟马（Ebrahimi et al.，2017）。使用对向传播（counter propagation /cp）-ANN 和多光谱图像的无人机有助于检测农场杂草（Pantazi et al.，2017）。DINO 除草机器人不仅可以节省菜农的时间，还可以精细化地管理农作物除草作业。无论农场是在高畦还是平畦播种蔬菜（如生菜、胡萝卜、洋葱等），DINO 除草机器人均可快捷高效地完成任务。

> 我们与微软合作，创建了一个病虫害风险预测应用程序，农牧民可以通过我们这款程序提前掌握发生病虫害的可能性，做好计划，减少病虫害导致的农作物损失，实现农业收入翻倍。
>
> ——印度联合磷化物有限公司（United Phosphorus Limited）
>
> 执行董事 Vikram Shroff

微软公司与印度领先的农药生产商印度联合磷化物有限公司合作开发了一款用于预测虫害风险的应用程序接口（API）。该款应用程序可以根据天气状况、田间作物的生长情况，将虫害程度分为低、中、高三种。该程序曾为特伦甘纳邦、马哈拉施特拉邦和中央邦的 50 个村庄中的 3000 名小种植户发送棉花虫害袭击警报（Microsoft News Center India，2017）。AgrixTech 是喀麦隆的一家初创企业，为农民提供包括检测植物病害问题、采取物理和化学防治措施在内的技术解决方案。其应用程序支持贝宁、喀麦隆、摩洛哥和塞内加尔的客户使用芳语、皮钦语和沃洛夫语等当地语言，也支持使用法语和英语。该公司推出的解决方案可以帮助种植户科学喷洒化学农药，减少对人类致命、对环境有害的农药残留，解决了当地的农业难题（Atabong，2019）。

借助卫星和无人机航拍图像、天气预报和土壤传感器，人类实现了对农作物生长的实时管理。自动化系统支持向量机（SVM）、深度学习和卷积神经网络技术，为偏离平均生长变量和其他因子的情况提供早期预警（Grinblat et al.，2016；Maione et al.，2016；Hu et al.，2017；Zhang et al.，2017）。

作为农业大数据平台试点项目的一部分，国际农业研究磋商小组（CGIAR）的研究人员利用一种可以预测天气变化的气候模型，为哥伦比亚的稻农提供了"受气候变化影响，建议推迟插秧"的农学建议。事实也如预测一样，哥伦比亚当年遭遇了极端暴雨天气，如果插秧，稻农将遭受严重损失（Ramirez-Villegas et al.，2018）。IBM 将人工智能与遥感数据相结合，提高了农作物产量。IBM 还收集多个全球卫星数据，就农作物健康状况、水位、虫害袭击等胁迫水平提供农学建议。IBM 的大数据平台——"物理分析集成数据存储库和服务"（PAIRS Geoscope），每天会处理 15~20 PB 经过排序整理的农业数据。IBM 还发明了一种农田"数字孪生"技术，它包含地下、地面和地上三层农田信息。这类解决方案可用于智能手机，成本约为 50 美元。东盟国家、巴西和印度正在进行试点试验（Periera，2019）。

MyCrop 是一个协作平台，它致力于将前沿科技（大数据、机器学习、智能手机、平板电脑等）、创新商业模式（将农业平台作为一种服务）和聚焦人力（农业洞察、产品和服务）结合在一起，为小规模种植户提供服务（Trendov et al.，2019）。MyCrop 的联合总部设立在印度和菲律宾，它可以根据天气、土壤、害虫和农作物数据，为每位种植户提供有针对性的近乎实时的地理测绘、农作物规划、个人农场计划和农场自动化服务，帮助他们做出最佳决策。[①] MyCrop 还是一个可持续的数据驱动型农产品系统，它具有可扩展、智能化、可自我学习、可实时协作等特征，可以为种植户提供管理解决方案、预测分析和监测工具、决策支持系统和农业电子商务平台（买卖双方）（Trendov et al.，2019）。

---

① 更多信息可登陆：http：//mycroptech.in/（2020 年 2 月 26 日访问）。

南亚农村地区的智能手机普及率不到3%，这对推广数字技术解决方案构成了严峻挑战。面对这一挑战，我们提出了一种创新型的解决方案，即通过两种模式，向更多的种植户推广我们的服务。首先，针对使用智能手机的种植户推广移动应用程序。其次，由一位名叫Farmer Mitra的村级企业家担任我们目标村庄的社区管理者，他负责向登记的农民提供MyCrop。

—— MyCrop首席执行官Deepak Pareek（Nair，2018）

为了设计灌溉系统，开展水资源管理，服务农作物生产，我们必须准确估算土壤蒸散量。在准确估算蒸散量时，我们面临的最大问题是数据有限。在印度的干旱地区，极限学习机（ELM）模型可以利用两个气象站的温度数据，估算每周的蒸散量（Patil et al.，2017）。在伊朗，机器学习技术可以通过两个气象站的每日露点温度，估算用于天气预报的蒸散量和蒸发量（Mohammadi et al.，2015）。肯尼亚的初创企业UjuziKilimo利用大数据和分析能力，帮助农民调整灌溉方式，确定了单颗植株的水分需求；这项技术还将种植户转变成一个以知识分享为基础的网络，通过分享精细化的农业知识提高农业生产力。这一创新连同SunCulture（一家销售滴管设备的公司，该滴管设备可以利用太阳能从任何水源抽水）大幅降低了种植户的灌溉成本。滴灌系统将农作物的产量提高了300%，节水量增加了近80%——用即付太阳能灌溉设备每天只需2美元（Raval，2016）。

想要预测农作物产量的变化，就必须准确估算土壤含水率。通常，土壤含水率测量工作既耗时又昂贵。ZenVus是尼日利亚的一家精细化农业初创公司，该公司可以测量和分析温度、土壤养分和植物健康状况等数据，帮助种植户采用正确的施肥方法，优化农田灌溉方式。在这个过程中，它还可以使用分析仪，促进小规模种植户采用数据驱动型农耕方式，减少投入浪费，提高农业生产率。博茨瓦纳、加纳、尼日利亚和卢旺达的 50 万块农田均采用了这种智慧农业技术（Alawode and Reeve，2019）。

> 我最开始并不相信 Zenvus 的传感器会有什么效果，但后来决定尝试一下。现在，我的庄稼收成特别好。而且这个设备使用起来也非常简单。
>
> ——来自尼日利亚伊莫州的种植户 Cyracus Obiah

4.3.2.1　区块链及其对价值链发展的影响

区块链是一种分布式总账技术，区块链上的所有成员都可以将交易记录在计算机网络维护的分散管理数据日志中。区块链上的交易通常需要达成一致才能批准完成，并且通过加密技术确保交易安全。在农业应用中，电子分类账可以提供食品在供应链中的流转信息。同时，它还可以收集食品的种植地点、加工地点、存储地点、运输地点以及管理配送的实体所在地区等信息。数据记录完全透明，并由第三方维护数据的完整性和安全性。联合国粮农组织（FAO）和国际电信联盟（International Telecommunication Union）在其 2019 年发布的《电子农业在行动：农业大数据》（*E-agriculture in Action*：*Big Data for Agriculture*）中，全面阐述了区块链技术在农业领域中的应用、全面推行存在的障碍、最佳实践和未来可能采取的措施等问题。该报告详细介绍了区块链技术存在的技术难题和应用挑战，对南方国家而言是一份十分有价值的参考手册。

供应商和零售商之间相互脱节是数字农业产业面临的最大挑战之一。区块链可以提高农作物的可追溯性，改善农业收益。区块链分类账可以通过提供安全、实时的状态信息，帮助种植户了解农产品从种植到发货的状态。例如，消费者对有机食品的兴趣越来越浓厚，区块链可以帮助种植户提供食品供应链的认证材料，以满足消费者的预期，保障食品安全。阻碍区块链技术推广的主要因素包括：监管不明确、消费者缺乏信任、利益相关方之间缺乏合作、区块链孤岛（FAO and ITU，2019）。

Lin 等（2018）采用示意图阐述了一个专为可信赖食品可追溯系统开发的区块链（见图 4 – 3）。农场、农业加工厂、种植园、种植加工厂、物流公司、食品零售店和消费者都可以使用智能手机访问存储在区块链上的信息。企业资源规划系统和新的物联网系统也可以实现这一目的。

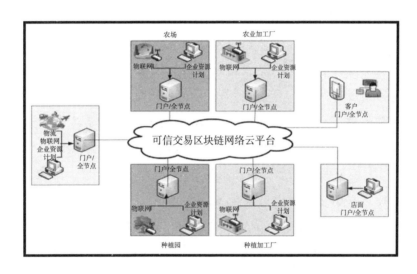

图 4 – 3 区块链网络云平台

资料来源：Lin 等（2018）。

区块链在企业和种植户中的应用十分广泛。为了掌握食品供应链信息并完成食品供应链搭建，沃尔玛利用区块链技术，实现了对墨西哥杜果果农、中国生猪养殖户合作方食品采购和销售过程的全程监控（Kamath，2018）。区块链技术还有助于预防食物中毒。印度国家转型委员会（NITI Aayog）联合古吉拉特邦纳尔马达谷肥料与化学品有限公司（Gujarat Narmada Valley Fertilizers and Chemicals Limited）建立了一个区块链解决方案，用于向化肥公司发放补贴（FAO and ITU，2019）。

Kamilaris 等（2019）、Bermeo-Almeida 等（2018）、Tse 等（2017）和 Lin 等（2017 年）全面阐述了区块链技术在农业产业中的应用。Tian（2016）通过射频检测和区块链技术，实现了农产品供应链追踪。这一流程有助于识别价值链上的不合格产品，保证农产品在整个供应链中的流转过程完全透明，对市场发挥出自身作用至关重要。Xie 等（2017）开发了一种追踪农业数据的双链式存储结构，用以确保数据和食品安全。Tse 等（2017）为中国建立了跨供应链的食品安全体系，以保障食品加工厂、中间商和消费者之间信息透明。Patil 等（2017）创建了一个温室栽培框架，实现了去中心化、维护隐私和安全功能。基于区块链和物联网的智能系统具有更高的可靠度，更加迅速高效，并具有可扩展性。为确保透明度、安全性、隐私性、高效率和整体可信度，Leng 等（2018）提出采用双链式架构来开发农业供应链系统。区块链技术还可用于收集农业和环境数据（Lin et al. 2017），根据国际标准，农产品必须符合透明度要求，因此，收集到的数据还有助于提高出口竞争力。

基于区块链和物联网技术的供应链可以保障粮食品质。巴西粮食出口企业商业网络（Grain Exporters Business Network）的成员就曾通过消除信息不对称、共享数据等方式，减少了商业伙伴之间的误解，从而提高了整个系统的治理效果（Lucena et al.，2018）。Carbone 等（2018）通过构建分布式超级分类账平台，在供应链管理中加入物联网技术，保障了市场上粮食生产、运输和分销过程的透明度和安全性。Papa（2017）建议将区块链技术应用于农业贸易领域，提供过程认证，简化利益相关方的工作内容，使交易过程更加透明，进而提高整体管理效率。

Bext360 针对非洲的小规模种植户，提供了一种综合移动机器人和区块链技术的服务。通过适当的称重、分类、质量评估、价格发现，

Bext360 实现了咖啡供应链的全透明化。全球各地有很多农业供应链项目，其中"原产地"项目为渔业产业提供了一种方案。它可以跟踪印度尼西亚产的黄鳍金枪鱼和鲣鱼从海洋一直到餐桌的整个流转过程，提高了产地认证的稳健性。该试点项目让东南亚的整个渔业行业取得了重大进展。在东南亚地区，为日本、美国、英国市场供应渔业产品的零售商有 200 家。

区块链技术可以有效实现产品产地认证的验证过程。Pipeline Foods 利用区块链技术，增加了有机食品的供应量，这给种植户带来了丰厚回报。不仅如此，它还为有机农产品种植户提供了以下机会：获取全面的生产数据、验证数据的准确性、与相关认证机构共享信息。Ripe.io 利用区块链技术实现了以下目的：跟踪农作物，提高农作物生产品质，让种植户、分销商、消费者掌握可靠知识。可追溯性有助于种植户向食品加工厂和粮食采购商提供高质量的农产品。IBM 技术公司开发的区块链，有助于精细化农业数据沿整个食品供应链传播。它通过一个可靠且值得信赖的网络，将生产商、加工商、分销商和零售商连接在一起。我们可以根据计算出的植被指数，判断农产品的产量和品质。通过预测农作物病虫害问题爆发的可能性，估算出病虫害对农田产量的影响（Periera，2019）。

区块链有助于种植户熟练掌握资产交换方法，体验实时交易和即时付款。在设置系统时，可以取消按季付款等付款方式，将支付给种植户的农产品收购款项摊平在一整年支付。Bart Digital 是巴西圣保罗的一家初创企业，它利用区块链技术为种植户提供了农业贷款解决方案。数字平台用户可以查看信息和在线文件、数字签名和文件分析。[①] 尼日利亚的 Agrikore 也是一款利用区块链技术开发的产品，它向种植户提供数字支付服务和客户关系管理解决方案。在 Cellulant 提供的技术支持下，Agrikore 还在一个平台上汇聚了种植户、农产品经销商、农业投入制造

---

① 资料来源：www. bartdigital. com. br/（2020 年 2 月 19 日访问）。

商、农产品承购商、银行家、商品交易所、仓单运营商和物流公司等多个利益相关方（Wangari，2018）。

在物流行业部署区块链技术，可以简化农业供应链中的配送服务。有了智能合约，种植户就可以绕开供应链中的中间商，避免出现不必要的延误，及时收回农产品的销售款项。WOWTRACE 是一家领先的区块链解决方案提供商，主要服务于越南杜果、巧克力和有机蔬菜生产商。它可以帮助客户克服农业供应链中存在的问题，如食品安全问题、供应链参与主体和消费者之间的透明度和信任问题（WOWTRACE，2019）。

物联网可以利用区块链技术，从质量控制的角度准确有效地监测土壤质量、灌溉和虫害问题，还可以利用传感器来跟踪检测仓库中农作物的质量。

Ghoorcom 是一家率先在中东地区实施区块链技术的公司，它可以跟踪水果和蔬菜等农产品从田间地头一直到人类餐桌上的整个流转过程。该公司的总部位于约旦，目前有 200 名种植户参与了该项目。通常情况下，在农作物生长季节，菜农和果农都需要申请高息小额贷款，逾期还款的问题时有发生。Ghoorcom 平台确保了种植户可以按时还款。中国的蚂蚁金服公司（Ant Financial）与拜耳作物科学有限公司（Bayer Crop Science）合作开发了一个用于追踪农产品的区块链系统（Meyer，2019）。HARA 是一家总部位于印度尼西亚雅加达的区块链初创企业，它主要负责收集和分析土壤、农作物健康状况、病虫害、农业栽培技术、土地所有权、谷物交易所等农业数据。Sero. ai 是一家越南公司，它将人工智能技术应用在农业产业。Sero. ai 利用移动数据在种植户与农业专家之间搭建起一座桥梁，通过分享人工智能采集的图像实时检测农作物病害问题（Misal，2019）。

国际半干旱地区热带作物研究所（ICRISAT）与印度区块链分类账技术公司（Eleven01）以及移动农业咨询服务商 KHETHINEXT 合作，共同致力于提高小规模种植户的农业生产率和农业收入（Kumar，2019）（见图 4 - 4）。

我们将专注于通过区块链技术为资金、供应链、收获后权益和土地持有等问题提供一个更加透明可靠的解决方案。

——Eleven01 首席执行官 Ausaf Ahmad（Kumar，2019）

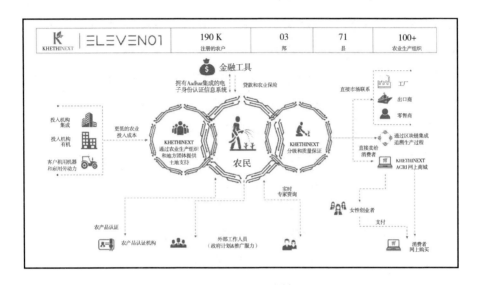

图 4 - 4 针对印度种植户的区块链

资料来源：Kumar（2019）。

4.3.2.2 性别数字鸿沟

如前所述，通过技术、计算机、移动电话和信息通信技术获取气候信息对农业产业至关重要。然而技术普及存在明显的性别鸿沟。南方国家男性使用数字技术的人数比女性多出近 2.5 亿（OECD，2018）。在非洲和亚洲，互联网使用率的性别差距分别为 25% 和 17%（OECD，2018）。在这些地区，女性的受教育水平普遍偏低，这一现象也加重了女性的弱势地位，是女性对数字技术掌握程度较低的主要原因之一。支持男女平等，让信息通信技术更多地惠及女性群体，这为创业企业提供了更多的创新空间。大量的研究证明，在信息通信技术政策中，增加性别维度的考量因素至关重要（World Bank 2017；OECD 2018；USAID 2018；Yonazi et al.，2012）。

在南方国家，农业劳动力群体中女性数量庞大，并且深度参与到农业价值链中。农业收入通常是女性唯一的收入来源。在所有南方国家中，女性占劳动力人口的43%（在拉丁美洲，这一比例为20%；在东亚和东南亚以及撒哈拉以南非洲地区，这一比例约为50%）（FAO，2018）。联合国粮农组织（FAO）的一项研究发现，对农村女性的投资可以改善整个家庭的粮食安全状况，从而增强国家的粮食安全（FAO，2018）。FAO（2018）估计，在农业领域赋予女性权利，可以将农业生产率提高20%～30%，让1亿～1.5亿人摆脱饥饿。

农业价值链上的信息通信技术平台可以为女性农场主、种植户和短工提供极大帮助。为了缩小农业企业中的数字性别差距，研究人员提供了以下建议。

① 提供廉价又方便的信息通信技术工具和服务；

② 在整个农业价值链中系统性地应用信息通信技术；

③ 培养女性和年轻人掌握技能（无论是作为农业企业信息通信技术产品的供应商还是生产商）。

FAO（2018）、APC（2010）以及Sey和Hafkin（2019）详细讨论了女性种植户和企业家在获取和使用信息通信技术服务方面所面临的挑战。在南方国家，女性在获取信息通信技术服务和移动电话方面，面临诸多障碍：收入低于男性、手机和信息通信技术设备价格昂贵、社会制约（例如男性担心女性购买手机会增加她们与家庭以外的其他男性的亲近程度）等。

在柬埔寨中部的巴雷地区，作为妇女赋权计划的一部分，柬埔寨乐施会（Oxfam）的合作伙伴妇女繁荣组织（Women for Prosperity）向女性捐赠了粉色手机。这是为了防止男性占用发放给女性的手机。"信息社会中的性别、农业和农村发展"（Gender，Agriculture and Rural

Development in the Information Society/GenARDIS）是一项资源项目，目的是支持在非洲、加勒比和太平洋地区开展可持续数字农业信息通信技术普及中有关性别问题的工作。为促使女性使用数字技术来管理农场，GenARDIS 采取了多项举措。"信息女士"指掌握科学知识的女性，她们通常会携带笔记本电脑、耳机和 U 盘，奔走在孟加拉国的农村地区，为种植户（特别是女性种植户）提供宽带服务，并向她们宣传网络知识。"信息女士"项目由孟加拉国当地的非政府组织 Dnet 发起，目的是教会女性使用笔记本电脑和上网，学习其他相关服务。Pallitathya Model、Oparajitar Ovijatra 和 Tara 等其他 Dnet 农村介入措施，均改善了女性成员获取信息的途径。[①]喀麦隆的 SB Mathur 基金会与农村地区的女性生产者合作，向她们提供更多移动宽带服务、信息档案和其他信息通信技术工具，以促进农业实现可持续发展。女性可以离线查看特定的农作物种植技术指导手册，相比上一年，她们的收入增加了近3%（APC，2010）。

对于女性种植户而言，她们还面临上网难、获取信息难、进入市场难等问题。"乌干达妇女网络"项目（Women of Uganda Network Project）提供了一个平台，在相关领域工作的妇女组织可以在这个平台上分享最佳实践、问题、观点和解决方案。"数字绿色"组织与位于印度钦奈的 M. S. Swaminathan 研究基金会合作，对女性种植户进行培训，在印度西部马哈拉施特拉邦农村地区推行最佳农业实践，并教会女性种植户使用清洁技术。在马拉维，小规模种植户最常用的仍然是无线电广播技术。马拉维的非政府组织农业国际广播电台（Farm Radio International）推出的"她的农场电台"栏目，与马拉维两个地区的20万种植户展开了合作。它为女性种植户提供了一个平台，让这些女性关注森林景观恢复问题。该平台已惠及布基纳法索、埃塞俄比亚、加纳、马拉维、马里、坦桑尼亚和乌干达的 200 万女性种植户（IUCN，

---

① 资料来源：https：//dnet. org. bd/page/programs（2020 年 1 月 22 日访问）。

2018）。女性可以利用互联网从布隆迪和卢旺达等其他非洲国家采购高质量的农作物种子，从而扩大农业网络和市场基础。

这些项目还可以为女性种植户提供教育和技术培训，帮助她们加入数字农业的发展大潮中。"妇女发展、自我推广与和平倡议"组织（IFDAP）对乌维拉地区识字水平较低的女性进行了信息通信技术技能培训。早些时候，女性使用信息通信技术在该地区是一项禁忌，但该项目改变了人们的观念（GenARDIS）。"妇女促进农业"（Women Advancing Agriculture）是加纳提出的一项倡议，旨在通过手机向女性种植户提供有关金融、计划生育、孕产妇保健、农业规划的知识与信息。居住在加纳北部农村地区的女性识字率只有29%，"妇女促进农业"倡议的干预措施提高了女性农业劳作者的福利。该组织还会定期举办研讨会，以帮助女性种植户学习掌握农业知识，2015年5月，约有180名女性参加了研讨会（Farmerline，2015）。

帮助女性种植户申请银行贷款的解决方案非常重要。在肯尼亚的农民和渔民群体中，移动金融服务取得了巨大成功（FAO，2018）。萨法利通信公司的M-Pesa在肯尼亚成年人中的覆盖率接近70%。M-Pesa可以减少肯尼亚男性对女性的干涉，增加女性的储蓄，帮助她们发现更好的商业机会（Ndiaye，2015）。研究人员曾针对维多利亚湖渔业开展过一项性别研究（White，2012），发现当地女性的生活状况发生了显著的积极变化。女性能够更好地存钱加工鱼类产品，支付大额经营开支。当地约有81%的女性拥有了更强的独立生存能力，支付机制还提高了社区成员之间的信任度（White，2012；Ndiaye，2015）。

4.4　通过公私合作、完善政策以及南南数字合作和三方数字合作，提高农业生产率

如本章所述，数字技术可以推动创新研究、创新发展，解决农产品

价值链中存在的复杂问题，譬如气候变化影响、病虫害、收获后损失、产品质量差、食品安全没有保障、农产品附加值低（FAO，2016）。南方国家只有通过完善农业创新体系、改善技术转让和技术应用方法，才能实现可持续农业发展和粮食安全目标。但大多数国家，特别是非洲国家，政府资源有限，专业知识缺乏，并不具备这项能力。因此，一种公私合作机制应运而生，这种机制有可能会推动非洲国家实现农业现代化，让可持续发展真正惠及小规模种植户。

南南合作和三方合作数字技术倡议可以进一步推动南方国家实现农业现代化。在农业产业领域，南方国家面临的主要挑战包括：不了解农业应用技术和应用措施、资金不充分、金融资源获取渠道有限、法律和监管框架不完善、组织能力和技术实力低下。

> 最近，我们……与美国约翰迪尔公司、尼日利亚农业与农村发展部开展了一项崭新的公私合作，未来五年，我们将部署10000台拖拉机。政府将推行一种即付即用模式，即先将拖拉机租给新车主一段时间，再以折扣价将拖拉机转卖给新车主。在合作期间，Hello Tractor 将作为项目实施合作伙伴，提供拖拉机监督、担保和评估支持。
>
> ——Hello Tractor 创始人 Jehiel Oliver（Foote，2018）

4.4.1 通过公私合作提高农业生产率

Hartwich 等（2007）将农业研究和农业创新领域中的公私合作描述为"一种合作机制"，"在该机制中，研究机构和私营企业会共享资源、共担风险，为畜牧业、林业和渔业等农业产业实现发展创新"。数字农业领域的公私合作会涉及政府机构、教育机构、上下游行业、非政府组织、咨询顾问和农民组织等多个利益相关方。而这些利益相关方的技能、实力、基础设施和金融资源各不相同（Moreddu，2016）。

研究人员曾针对南南合作和三方合作，对农业应用技术的潜在需求进行过分析。其中，16% 的国家需要其他农业系统，22% 的国家需要适应性强的农作物品种，22% 的国家需要季节性预测服务，16% 的国家需要以农民为主导的可持续农业，24% 的国家需要节水灌溉系统（UNFCC，2017）。在有关水、气候变化和农业等的倡议中，《联合国气候变化框架公约》（UNFCC）发现有 46% 都是聚焦于农业问题（UNFCC，2017）。

联合国粮农组织（FAO，2016）研究世界各地的不同案例，全面阐述了农业创新和农业技术转让领域的公私合作，这些公私合作都是为了解决具体的国家问题以及经济、社会和环境问题。FAO 将其分成以下四类。

① 开发和商业化改良性农业投入，如抗病虫害、适应气候变化、改良种子和植物品种；

② 开发和商业化小规模的增值技术，供中小型农业综合企业采用；

③ 激发对新设备或新技术的需求，包括农业机械、集成化的可持续耕作方法；

④ 推广公私生产者合作（4P），以增强农业产业发展研究的需求导向。

它们都强调公私合作的关键优势，即可以实现优势互补、降低农产品价值链上新技术开发和应用的风险。例如，在侧重开发和商业化改良性农业投入（例如，改良种子）的公私合作中，通常会涉及公共研究机构、私营育种企业、承包户（FAO，2016）。公共研究机构负责提供原种或改良技术；私营育种企业根据独家许可协议，负责原种培育，推广改良技术，以及商业分销；与此同时，承包户会根据与私营育种企业签订的种子回购协议生产种子。在这个链条中，任何一方都无法单独完成所有环节，公私合作实现了这种可能。最终，种植户可以低价购买改良后的种子，提高产量，增加收入和就业机会。在印度尼西亚、肯尼亚、巴基斯坦、泰国和乌干达，公私合作机制以及其他类似的合作形式解决了450个农民群体的就业问题（印度尼西亚），新增玉米产量1700万吨（肯尼亚），生产出优质廉价的谷物种子90000多千克（巴基斯坦）（FAO，2016）。

在致力于为中小型农业企业开发小范围应用的、有附加值的新技术并将其商业化的公私合作模式中，国家研究机构与中小农业企业（SMAEs）合作，解决阻碍农业生产率提高、限制农业产业竞争力的具体技术制约因素。FAO（2016）介绍了一个实际案例，在智利，国家研究机构开发出一种新的橄榄树品种，它能够适应智利边缘地区的气候条件，并在这些边缘地区生长繁殖。同时，国家研究机构还与中小农业企业合作引进了小规模橄榄油加工技术。公私合作完善了新价值链上的生产和附加值环节，提高了边缘地区的经济效益。最初，有三家公司采用了这项加工技术，后来增加到了47家。此外，这种合作模式还有助于提高种植户的种植技术、企业家的经商能力，增加就业机会。

在坦桑尼亚的甘蔗行业，曾出现过一个颇有趣味的4P模式（FAO，2016）。为培育适应不同甘蔗产区的高产甘蔗改良品种，克服甘蔗种植技术低效、灌溉系统不完善、病虫害管控不力等问题，坦桑尼亚甘蔗研究所（Sugarcane Research Institute of Tanzania）（政府）与制糖工业企业、甘蔗加工厂和甘蔗种植户（私营企业）之间达成了一项公私合作协定。在合作期间，政府提供研究基础设施、后勤和人力支持（工资），帮助甘蔗研究所开展研究工作。私人合作方通过一项特殊协定提供研究资金，即每生产一吨蔗糖，就从其价格中固定扣除1000坦桑尼亚先令。这项协定每年可为甘蔗研究筹集约15万美元研究资金（FAO，2016）。

强大的政府机构、完善的治理措施、健全的监管框架是成功设计并实施公私合作模式推广数字技术的先决条件，特别是在非洲等发展中地区。多数南方国家依然存在人力和机构能力薄弱等问题，我们必须通过全面的能力发展措施解决这一问题，其中包括改善国家机构和政府行政部门的数据和研究基础设施，通过知识平台和培训计划提高公共部门和农业科技企业的科学知识水平和科研能力，让小规模种植户多接触现代科技，用现代科技武装自己。例如，先正达（Syngenta）成立了联合国土壤领导力研究院（United Nations Soil Leadership Academy）以负责设计和实施可持续土壤管理政策。2010 年，MasAgro 与墨西哥农业、畜牧业、农村发展、渔业和食品部（SAGARPA）以及国际玉米小麦改良中心（CIMMYT）合作，向墨西哥小规模种植户提供保护性农业等相关建议（Bada-Sánchez et al.，2019）。国际水稻研究所（IRRI）与 Intertek 合作开发了水稻育种的遗传标记技术（IRRI，2018），这项合作扩大了公私合作模式中的参与主体范围，加快了水稻新品种的开发。

4.4.2　通过健全的政策和监管框架提高农业生产率

发展中国家必须加大力度，制定健全的政策和监管框架，为农产品行业的发展和大规模采用数字技术创造有利环境。例如向农业初创企业提供激励措施（如免税，提供土地和使用权保障、利息补贴、营销机会等）以加速实现粮食安全目标（如联合国可持续发展目标 2）。但在设计切实可行的政策方案方面，南方国家仍然面临可用数据不充分等重大挑战。

在非洲，针对企业制定健全的政策和有利的监管框架是解决非洲大陆青年群体数量激增、失业率攀升的有力办法。非洲各国政府必须抓住移动技术和数字平台快速扩张的机遇，提高互联网的普及率，增加数据开放存取的可获得性，设计出战略性政策和规划，抓住青年人口红利，沿农产品价值链开发创新技术。

4.4.3　通过南南合作和三方合作提高农业生产率

将针对部分南方国家开发的应用技术分享给其他南方国家十分重

要，想要实现这一点，就需要加强这些国家之间的南南合作，有意识地分享最佳实践。在南方国家，农民耕种的多数都是小块农田——面积不足两公顷的农田，它的粮食产量占南方地区总粮食产量的30%～34%，面积占总农业面积的24%（Ricciardi et al.，2018）。农场规模越大，农作物的多样性就越低，收获后损失就越大。

非洲和印度的农业系统类似（Khoury et al.，2016；Ricciardi et al.，2018），在共享数字技术应用方面具有相当大的潜力（IRRI，2014）。为了相互学习农业数字化经验，中国和非洲签署了多项明确合同（IFPRI，2018；MMP，2019）以支持非洲在2030年之前实现粮食安全目标。为了提高非洲粮食产区的农业生产率，中国应当向非洲的小规模种植户分享成功经验。这一点至关重要，因为农业生产率一直是中国农业实现增长的关键。

与农业相关的主要南南合作建议包括（IFPRI，2018；MMP，2019）以下几点。

① 针对气候变化适应技术，创建一个在线知识库；

② 提高对现有农业技术的认识；

③ 匹配现有的和新的资金渠道，以维持数字农业领域的南南合作和三方合作伙伴关系；

④ 在私营行业和非政府组织之间启动数字合作机制，确保这些合作机制能够获得政府和国际机构的支持。

三方合作是实现可持续农业的重要工具。其中，与南方公司建立合作关系的主要组织包括：印度、巴西和南非（IBSA）基金、美国国际开发署（USAID）、支持印度对非贸易和投资的国际发展部（DFID SITA）。国际农业研究磋商小组（CGIAR）正致力于实现在一个平台上分享来自不同国家合作伙伴的学习经验。在法国蒙彼利埃举行的一次研讨会汇聚了来自南方和北方国家的与会者。会上，他们共同讨论了如何提高机器学习技术在数字农业中的应用等问题（CGIAR，2019）。信息社会世界首脑会议（Internet Governance Forum）在 2005 年举办互联网治理论坛（Tunis Agenda for the Information Society，2005），旨在提供一个平台让各利益相关方都能参与重要的数字化讨论（United Nations Secretary-General's High-level Panel on Digital Cooperation，2019）。

4.5　挑战和前进道路

当前亟须在各个领域建立全球数字合作机制（United Nations Secretary-General's High-level Panel on Digital Cooperation，2019），这当然也包括农业领域。单纯的地方、区域和国家合作机制不能解决全球性需求，数字技术本身也存在特有的一系列挑战和风险（Jakku et al.，2018）。人们越来越关心收集到的数据是否准确，数据选项是否可靠以及是否可转移。存储和处理大量数据是一项要求非常严苛的工作。由于数据的盈利发生在公共领域，其互操作的特性为人们带来了新的威胁和挑战。在南方部分地区，由于缺乏充足的可用数据，很难设计出切实可行的政策。不仅如此，现有的数字基础设施也存在局限，需要不断更新。快速获得新技能、加强能力建设是一项不得不应对的挑战。

我们必须广泛听取发言权和参与度不高的小国、发展中国家、当地社区、小公司、妇女、青年、老年人和残疾人等群体的意见。机制复杂的数字政策解决方案往往效果又不尽如人意。为了让少数派利益相关方能够发声，我们需要花费大量时间，做大量工作。从技术开发到数据管理，数字世界的各个方面都需要不同的机构参与管理，机构可能会发现很难以一种相互协调的方式开展有效合作。

秉持道德观念有助于解决数字技术应用和推广所带来的许多复杂问题。联合国"全球脉动"计划（Global Pulse）和国际隐私专业人员协会（International Association of Privacy Professionals，IAPP）在 2018 年发布的报告《将道德观念纳入大数据和人工智能隐私框架》（*Building Ethics into Privacy Frameworks for Big Data and AI*）中，确定了构建道德框架的三大支柱：将遵循隐私和道德框架的可行方法概念化，在组织中培养数据道德领导能力，采用道德影响或风险评估工具来评估不同的道德方法。

在农业行业，我们最关心的是能否轻松获取私人农场数据。还有一个问题就是让小规模种植户也能使用无人机。操作非娱乐用途的无人机需要得到各国民航部门特许。为了让小规模种植户可以单独或集体以低成本的方式开展无人机作业，则需要制定相关法律。

非洲49%的数字农业（D4Ag）企业表示，人力资源培训不足是推广农业数字技术的一个重大障碍。28%的企业表示缺乏数字素养也是一个较大的发展瓶颈（CTA，2019）。Bardhan和Mookherjee（2011）指出，种植户不仅要掌握最新的农业技术信息，还要相信农业技术可以产生实际效益，同时还能够有效地运用农业技术。农业技术宣传资料大多采用外语，这也增加了它的推广难度（Misaki et al.，2018）。农业技术国家推广人员通常会设法消除数字技术的推广障碍，但规模化、可持续和整体影响仍然是我们面临的重要挑战（Rivera，Qamar and Crowder，2001）。

面对瞬息万变的市场环境，企业家必须构想出一种能够赢利的可持续商业模式，但目前这仍是一项艰巨任务，非洲企业仍倾向于规避风险。非洲的数字化经验表明，科特迪瓦、加纳、肯尼亚、卢旺达、塞内加尔等国家各自都面临一系列挑战（CTA，2019）。农业农村技术合作中心（CTA）对439家数字农业（D4Ag）企业进行了调查，跟踪调查了上述国家390种有效数字农业解决方案和120位农业企业领导人。主要发现有：数字农业是一个相对年轻的行业；它的覆盖范围正在扩大；70%的企业实现了创收，80%的企业拥有多种收入来源；数字农业的市场渗透率为6%；这些国家还在农业技术、数字农业支持、农业加工、农业制造业等领域创造了就业岗位；女性种植户对农业数字技术的接受率较低，只有25%（CTA，2019）。

种植户利用市场批发价格信息的能力受买家本身就是债权人的限制，这可能会破坏已经建立起来的买卖关系。大规模种植户实现了数字互联互通，已经可以进入全球市场。在这个科技时代，在全球小规模种植户中推广普及数字技术能够让农业数字创新更具包容性（Karippacheril，Rios and Srivastava，2011）。为了提高农产品的可追溯性和质量，小规模种植户越来越多地向组织寻求帮助。例如，哥伦比亚国家咖啡生产者协会将无线射频识别芯片（RFID）应用在追溯咖啡质量、制定咖啡质量标准上。

在扩大数字技术应用范围的道路上，信任问题、透明度问题和利益共享问题共同构成了"三重困境"（Jakku et al.，2018）。其中影响最大的是信任问题，人们对数据隐私和数据安全的担忧与日俱增。作为物联网和区块链平台，如果全球的参与主体之间缺乏信任，多数数字倡议根本无法发挥作用。不仅如此，在数据共享、数据所有和数据使用等方面，还存在原则、权利和合规不确定等问题。不同利益主体的营利动机不同，其中最强大的一个动机就是独吞所有利润。种植户关心农场数据的共享以及第三方如何调整规则才能符合自身利益。对大多数种植户而言，共享农场数据的价值主张是模棱两可的。数据完全开放可能会危及国际合作，拟议的IGF Plus将通过制定适当的监管政策和监管规范来解决这些问题。

Ezezika 和 Oh（2012）讨论了利益相关方在非洲农业生物科技领域公私合作背景下所设想出的信任问题。作者对布基纳法索、埃及、肯尼亚、尼日利亚、南非、坦桑尼亚和乌干达的8个农业生物技术项目的利益相关方进行了调查。在定义信任的访谈中共出现了6个主题：诚信、交付、能力、相互关系、透明度和人道主义（见表4-2）。近31%的受访者认为，最好的政策是诚信，信任是解决数字农业领域公私合作问题的关键。

表 4 – 2 非洲农业产业的利益相关方之间的信任主题

主题		每个主题的受访者回复比例(%)
诚信	不伤害他人	31
	合作伙伴必须诚实正直	
	在困难时期帮助他人	
	与人交往诚实守信	
	与人真诚交往	
	历来都具有诚实可靠的美誉	
交付	交付结果符合预期	21
	坚持交付达成一致意见的成果	
	满足适当的期限要求	
	产品和技术生产者都取得了良好效果	
	达成协议,以确保问责制	
能力	信任个人或机构的能力	19
	有能力有效地履行职责	
	研究人员提供的数据必须以科学为基础	
	这项技术必须证明对终端用户有效	
相互关系	合作伙伴必须有统一的愿景和目标	14
	合作对双方都有利	
	共同协作	
	在合作中,利益均等,相互理解	
透明度	充分披露和讨论与合作有关的问题	13
	不留秘密(即所有事情都要公开)	
	定期发布信息	
人道主义	代表目标社区,提供服务	2

资料来源: Ezezika 和 Oh (2012)。

在文献中,我们还发现了一些在农业检疫和植物检疫行业采用公私合作所面临的挑战:经济方面(合作伙伴的贡献不平等、资金限制、资金用途监管不善);愿景方面(无法就共同愿景达成一致,目标不明确弱化了不同利益相关方的承诺,政治动机、腐败、利益冲突,在落实过程中会牵涉额外负担）；表现方面（复杂的运作机制，落实过程迁延，难以解决问题、难以找到共同点，利益相关方之间沟通不畅）（Moreddu，2016）。

联合国秘书长数字合作高级别小组（United Nations Secretary-General's High-level Panel on Digital Cooperation）确定了与 Ezezika 和 Oh（2012）中全球数字合作研究类似的价值观和原则：在合作过程中，相互包容、相互尊重、以人为本、于人类繁荣有益、透明、协作、无障碍、可持续、和谐（United Nations Secretary-General's Hign-level Panel on Digital Cooperation，2019）。在秉持这些价值观的基础上，政府、私营行业和非政府组织应当设计出一种平衡机制，既不会过度监管，也不会自由放任。一些为构建全球数字框架而提出的解决方案大多针对公共领域。联合国提议的"互联网治理论坛＋"（IGF＋）由咨询小组、合作加速器、政策孵化器、观察站和求助台组成。咨询小组由具有不同背景的成员组成，负责监督"互联网治理论坛＋"的整体运行。合作加速器负责协调各机构针对共同利益采取的行动。政策孵化器是政策的摇篮，负责确定现有规范和法规能否填补空白。观察站和求助台负责接待数字政策及相关问题的咨询请求，确定未来政策。联合国秘书长是统筹机构，负责协调多利益相关方的行动，制定规则，充当召集人，划定辩论和讨论范围，制定规范，帮助成员国释放增长潜力，对成员国在网络安全、仲裁和争端解决方面的表现进行排序（United Nations Secretary-General's High-level Panel on Digital Cooperation，2019）。互联网治理论坛信托基金（Internet Governance Forum Trust）将为联合国技术特使和相关团体的全面运营提供资金。

欧盟数字农业平台（European Union's Digital Agriculture Platform）在欧盟共同农业政策大框架下的经验值得我们借鉴。[①]该平台由跨文化

---

① 资料来源：https：//ec. europa. eu/digital-single-market/en/news/eu-member-states-join-forces-digitalisation-european-agriculture-and-rural-areas（2020 年 4 月 1 日访问）。

员工团队组成，主要负责协调全球利益相关方的行动。它的主要任务之一是制定数字单一市场战略。目前，单一平台正在开发过程中，为欧洲农村地区的种植户提供获取人工智能、机器人、区块链、高性能计算、物联网和5G技术等信息的渠道，以改善民生问题和提高农业部门竞争力。欧盟在数字市场战略下采取了一些措施，例如，建立一种合约性质的网络安全公私合作关系，提出欧洲云计划，制定重点信息通信技术标准计划，在公共服务领域强制实施欧洲互用性框架，限制不合理的产品和其他地理封锁。[①]

4.6　结论

对南方国家而言，保障全球粮食安全仍然是一项重要挑战。当前的新冠肺炎疫情更加凸显出了南方国家的脆弱性，特别是当封锁导致粮食供应中断时。同样，新冠肺炎疫情不仅促使南方国家提升数字技术水平，也揭示出数字技术基础薄弱的国家更容易受愈演愈烈的经济困难和经济动荡的影响。事实上，近年来，快速涌现的数字技术已经大幅推动了南方国家的农业发展，提高了南方国家的农业生产率。当今的数字创新已经颠覆了南方国家和全球各地的农产品系统。区块链、物联网、人工智能、3D打印、虚拟现实、增强现实、传感器、无人机等颠覆性技术正在开启第四次工业革命。

本章探讨了机器学习等各种技术在南方国家农业产业中的具体应用，重点介绍了一些值得借鉴的优秀经验，并指出了未来需要解决的一些复杂情况。本章讨论的所有技术都有各自的优点，但也都面临一些特有的挑战。一个关键障碍就是建立对技术的信任，尤其是在需要共享隐

---

① 资料来源：如欲查看与此主题相关的更多资源，可登陆：https：//ec. europa. eu/digital-single-market/en（2020年4月2日访问）。

私信息的情况下。

保存如此庞大的数据量需要我们改进现有技术并升级数字基础设施。公私合作可以被视为一种满足农业领域日益增长的数字技术应用需求的解决方案。但南南合作和三方合作也不失为一种解决方案，这些对学习、分享和支持农业系统的可持续变革至关重要。南方国家需加大合作力度，包括尽力扩大、修订和正式化现有合约。

我们必须再次重申，为了创造新的技能组合，更新现有的劳动力技能，能力建设一定要与技术增长同步进行。此外，为了提高农业生产率，应对南方国家的粮食安全挑战，各国还应当建立一种依托于支持性政策、强大机构、先进技术、现代化能力和良好治理措施的合作框架，还要持续加大对南方各个国家和地区数字创新和共享创新的重视程度。

第 5 章

数字金融服务转型
与南南合作和三方合作的新思路

Manuel F. Montes 和白澄宇

过去十年，金融技术（又称金融科技）迅速成为发展中国家的重要议题。本章探讨了金融科技对发展中国家带来的挑战，以及金融科技对南南合作与三方合作的重要性。

5.1 引言

金融科技是技术和金融服务的交叉领域。近年来，金融科技发展迅速，以至于很难列出一份该领域所涉及技术的完整清单。这些技术不仅被应用于传统的金融行业，也被应用于传统金融行业以外的各种金融行为体和机构（它们或与传统金融行业合作，或与传统金融行业形成竞争关系）。传统银行业拥有大量的实体资产，其交易成本高、业务难以开展，而且利润偏低。偏远地区的情况尤其如此。此外，没有开立银行账户的人们在系统中缺乏信用记录，传统银行很难对这些潜在客户的风险进行分析，并向他们提供服务。金融科技在提供服务的过程中，可以积累潜在借款人的信贷价值信息[①]，从而打破通常将这些借款人排除在融资渠道之外的信息壁垒。在业务过程中所获得的信息，可以帮助金融科技公司改善风险管理、降低成本。通过将交易场所从实体网点转移到线上平台，数字金融大大降低了交易成本。此外，金融科技和大数据也打破了信息不对称，改变了数据收集和分析方式，这些均有利于金融行业进行风险管控，从而扩大金融服务范围，让更多偏远地区的客户获得服务。最直接的例子是消费和供应链融资服务。大数据分析系统可以帮助金融机构对过去缺乏金融信用信息的客户进行风险判断和信用评估。供应链运营需要及时筹措营运资金，以满足运营需要。鉴于此，金融科技利用已经收集的相关业务的信息，使得金融科技在支持信贷需求方面明显领先于传统银行。

金融科技企业和去中心化金融平台使得金融交易能够独立于传统金融机构进行，这些企业和平台正在对传统的银行和证券交易所提出挑战。金融交易的数字化促进了信息共享并嵌入征信系统。快速、开放的信息处理推动了利率市场化的进程，并促进了竞争。然而，金融科技同样面临挑战，特别是与传统金融监管相关的挑战，这些挑战带来了新的风险和隐患。例如，大数据的使用导致对客户数据的过度收集和出售，并引发了人们对个人隐私和安全的担忧。

本章将就传统金融领域之外的一些创新和颠覆性进展进行阐述。

5.1.1 全球南方的金融科技创新如火如荼

金融科技的应用以及随之而来的市场和社会变革，对全球南方产生了广泛而又深远的影响。事实上，在发展中国家占主导地位的亚洲，金

---

① Agarwal 等（2020）利用美国金融科技公司的收集数据，分析了这类企业的信息优势。Agarwal、Sumit、John Grigsby、Ali Horta çsu、Gregor Matvos、Amit Seru 和 Vincent Yao，"Searching for Approval" 27341 号工作报告，国家经济研究局，马萨诸塞州，剑桥，2020年6月（2021年3月30日从 www. nber. org/papers/w27341 检索）。

融科技的引进和应用范围之广，已经使得相关人士认为亚洲正在引领金融服务创新的步伐，其进展远超全球北方（Ruehl and Kynge，2019）。

非金融科技企业通常依赖于实体基础设施。金融科技企业不需要固定电话或计算机局域网，而是基于移动电话运营，移动电话基础设施建设所需的投资要少很多。由于金融科技能够为偏远地区的供应商和消费者提供服务，因而在发展中国家得到了大力发展。此外，金融科技成本较低、对基础设施的需求少，很容易面向个人和小型市场进行零售，这些优势同样也推动了金融科技在全球南方的发展。例如，作为一个大型新兴经济体，印度拥有数百万的消费者，他们对金融和零售服务的需求较小，通常不能为供应商和生产商提供规模经济，但借助金融科技，他们的少量需求仍然能够得到满足。

5.1.2　金融科技对于扶贫的潜在作用

由于其增长动力的本质，人们认为金融科技有望解决南方国家普遍存在的贫困问题，就如20多年前人们期望小额信贷能够推动政策调整、吸引捐助者并促使资源进行重新分配，从而缓解贫困一样。虽然金融科技确实可能缓解贫困，但把金融科技作为扶贫的有效方法并进行推广可能为时过早。有关小额信贷对于缓解贫困的作用的长期研究表明，这种方法能否发挥作用，在很大程度上取决于是否存在一个"充满活力和稳定增长的正规行业"（Vasudevan and Raghavendran，2019），因此小额信贷不可能作为一种独立的反贫困干预措施取得成功（Cull et al.，2009；Bateman and Chang，2012）。

因此，以扩大对资产贫困人口的金融服务为中心的干预措施，需要有一个稳步增长的整体性（正规）行业。虽然许多南方国家非正规行业的体量相当之大，但从家庭层面来看，这种行业本质上只是一种应付机制，以解决正规经济未能解决的就业机会机会不足、劳动力市场不充分等问题为目标。向这一行业引入新的金融服务的前提，是该行业有创建新企业的可能，从而创造生计和利润来偿还小额贷款。如果正规行业不断发展，新的企业就能够随着整体经济收入增加而实现自身增长。如果缺乏一个强大的正规经济，小额信贷和新的金融服务不太可能成功，甚至在许多情况下，还会造成债务负担。过去，小额信贷往往变成资产贫乏者的一种应对工具，他们将贷款用于在家庭出现紧急情况时的生活开支，而不是用于启动新的经济活动，创造新的收入来偿还贷款（贷款的目的）。当用于紧急开支时，贷款被用到了那些不能产生额外收入的支出，还款方式于是变成了出售其他流动资产或借入到期还本付息金额。

随着移动电话的普及以及移动支付成为可能（以及其他新的可能性，如帮助农民了解城市农产品的价格），许多预测认为南方国家将直接进入以第四次工业革命为中心的产业发展阶段。肯尼亚是一个典型的例子。在肯尼亚，移动电话对金融服务的最大贡献是，在这个绝大多数消费者还没有银行账户的国家引入了移动支付系统。根据世界银行的全球普惠金融指数，撒哈拉以南的非洲地区约有34%的成年人拥有银行账户。2016年，在拥有银行账户的人群中，只有12%的人使用移动支付服务。在肯尼亚，金融排斥现象非常普遍，偏远地区无法使用银行服务，银行也几乎没有为这些地区的居民提供过金融服务。由于绝大多数肯尼亚人（主要是农村人口和低收入者）没有被现有的银行机构所掌握，所以小额信贷机构和小额信贷储蓄联盟"占了上风"。因此，当移动支付公司M-Pesa被引入肯尼亚，不需要电话线也能办理银行业务时，这个国家的银行业发生了革命性的变化。

专栏1　拉丁美洲的金融服务

关于拉丁美洲的研究为解决长期以来一直困扰传统金融部门和小额信贷部门的无账户消费者的金融服务问题打开了窗口。美洲开发银行（IADB）在拉丁美洲进行的调查发现，"接入成本高、利率高、缺乏为用户提供有价值的产品和服务以及用户体验混乱是导致金融业成为用户最不喜欢的行业之一的主要原因"（IADB，2018）。

在该地区企业中，90%是中小型企业，它们难以获得信贷，主要是因为这些企业缺乏信贷历史或流动性。美洲开发银行报告称，事实上，71%的"千禧一代"宁愿去看牙医也不愿与银行打交道，他们中的大多数人并不知道他们的银行和其他银行有何区别。因此，据美洲开发银行估计，拉丁美洲和加勒比地区约有46%的成年人（2.1亿人）没有银行账户。

5.1.3　金融和金融科技在发展战略中的作用

金融科技是一种可在开发项目时使用的新工具，但需要避免将金融科技本身视为一种发展策略。金融科技有可能使阿富汗、肯尼亚、尼日利亚和南非等一些南方国家在提高劳动力积极性、正规经济参与率，以及提升较贫困地区经济领域的金融服务、市场、设备和技术等方面的水平上取得重大且可能是永久性的进步。人们认为，这些发展目标十分重要，成功发展后自然会实现这些目标。直到最近，人们仍然不认为由政府负责建设国内外市场属于发展政策的内容，他们认为创造市场是充满活力的私营部门的职责（Mazzucato，2014）[①]。金融科技最近的经验表明，通过金融科技应用的稳步扩展可以直接促进这些发展成果的实现。

金融科技的发展及其所产生的影响取决于其所赖以生存的整体经济基础。这一技术可以很容易地复制和扩大现有的经济结构，而无须实施任何转型发展变革。这一技术有时甚至会增加一些问题，如减少住房供

---

①　Mazzucato（2014）提出的"创业型国家"是一种与之相反的现代观点，这种观点认为政府有责任创造市场来促进经济增长和多样化。

应和正规行业的工作机会。最近的一个例子是纽约的餐厅送餐（送到家里）业务，这可能是世界上同类业务中发展规模最大的。Bromwich（2019）将这一行业描述为可能是一场"新的饥饿游戏"，他描述了纽约的家庭外卖大多是在"幽灵"厨房，而不是在真正的餐馆里制作出来的。这种新的商业模式可能意味着实体餐馆中高薪工作机会减少。这种模式正在美国西海岸重现，优步的创始人是其中重要的投资者之一。共享食物的烹饪和运送可以降低消费者和生产者的成本，但除此之外，这种业务模式与转型和发展变革无关。

国际劳工组织（ILO）指出，就零工经济而言，"大多数平台并未根据现行劳动法对正在开展工作的员工实施员工保护，因为工人主要是作为独立的合同方受雇的。虽然其中一些人可能是合法的个体经营者，但在其他情况下，他们可能被错误分类以逃避就业法的义务"（ILO，2018）。当大型企业渗透到金融科技活动中时，类似的政策和监管困境也随之出现，例如，Airbnb 在北方国家的城市地区影响了当地居民获得负担得起的当地住房的方式。

相比之下，在印度尼西亚，向工人提供午餐可提升该企业实现扩张和获得信贷的可能性（Ruehl and Kynge，2019）。在雅加达郊区，"饭篮子皇后"摊位向光顾摊位的客人供应以蕉叶包裹的鱼和蔬菜。摊主决定与 Grab（总部设在新加坡的类似于优步的约车和食品配送公司）签约，成为 Grab 平台午餐外送商家。她骑着摩托车穿梭在拥堵的街道，把午餐送到那些通过手机 App 订餐的客户手中。通过这个过程，Grab 积累了关于这个摊位扩张的信息。Grab 的金融合作伙伴，一家名为 Ovo 的公司，向摊主提供了 3562 美元的贷款，以帮助摊主在第二年开设一个新的摊位。这种与金融科技的转型和发展相关的演变，正在亚洲许多地区的小企业中迅速蔓延。

在有关肯尼亚 M-Pesa 粗放式增长模式的早期研究中，人们认为，金融科技为发展中国家提供了一条道路，因此发展中国家可以绕过工业化进程，并避免与包括制造业在内的前三次工业革命的进展发生冲突。Juma 讨论了为什么在移动通信如此发达的今天，"跨越式的发展在很大程度上仍然没有实现"（Juma，2017）。移动革命几乎没有促进更加广泛的工业发展，也没有对非洲创新政策产生什么影响。Juma 认为，希望落空的原因是，这种技术虽然应用于服务业，但是如果没有相应的制造业来支持服务业需求和供应的增长，这一转变是不可能实现的。如果进口手机在国内使用的每一次增长都涉及一定比例的外汇支付，那么南方国家仍然必须找到一种方法，从其国内生产的出口产品中赚取额外的外汇。M-Pesa 为消费者和小企业主提供了一种工具，帮助他们降低经济活动的成本。但是，M-Pesa 并没有创造可以其收入来偿还贷款的经济活动。M-Pesa 的增长使得这类活动能够更快地增长，但它并不能直接带来这种增长。尤其是对小企业来说，虽然它们承认 M-Pesa 能够使增长速度更快，但是增长的驱动力并不是 M-Pesa，而是经济的整体增长。正如肯尼亚等经济体周期性危机的历史所显示的那样，消费者和小型企业部门对整体经济下滑的感受最为深刻，而且这种感受往往是永久性的。在非危机时期，如果 M-Pesa 金融服务的成本超过了可获得的其他金融服务的成本，那么它的金融设施将阻碍而非促进经济增长。

尽管金融在政策层面中的作用可能存在很多混淆，而且结构性变化已将金融体系的作用重新定位为在"金融化"过程中主导实体部门，但从确保实体经济的可持续发展、提高实体经济的生产力这个层面上讲，金融是为实体经济服务的。不然，实体经济的增长将不能满足金融业自身发展的需要（Montes，2019a）。

Montes（2019a）解释说，尽管几十年来对传统金融放松管制，但实物投资和新经济活动并未因此而扩大融资。相反，对传统金融业放松管制的结果是催生了许多主要以其他金融资产的短期资本收益为导向的金融行业。这意味着实物投资和扩大业务的融资方案必须支付高利率，才能与金融投资相竞争。国际金融化使得贷款成本超出了那些无法将其未来收入证券化的大多数人群的承受范围，如实体经济中新的生产服务企业的创业者、国内小额借款人和没有信用记录的人。作为大多数国家一个传统行业之外的行业，金融科技向这些非主流企业提供金融服务，包括无担保贷款①。

对全球南方而言，重要的是要认识到金融科技在发展中的作用，以及政府在面临发展挑战的大背景下如何促进这一作用的发挥。南南合作和三方合为这方面的努力提供了巨大的可能性。虽然所涉及的基本技术存在共性特征，但南方国家所处的金融科技的应用阶段却不尽相同。金融科技应用经验方面存在的这些差异源于许多领域的差异，包括以下几个方面。

①所沿袭的企业进入和退出的合同规则，特别是来自非精英家庭的新的创业者；

②政府支持和监管的最新记录以及正规金融部门起主导作用的最新记录；

③除了其他纯粹的经济因素外（如收入分配），各种就业方式和工作状况（无论劳动者是企业家本身，还是承包商、雇员、兼职人员、全职人员、少数族裔或拥有合法工作许可的人）；

④潜在经济增长。

这些差异反过来又为各国提供了各种经验教训。发展中国家可以从中提炼、分析和分享，以促进金融科技行业的发展。目前必须重申的一件事是，如上所述，南方国家正在为金融科技创新和增长制定策略，但在未来可能会被与全球北方国家签订的自由贸易协定中新的国际义务所限制，如《全面与进步跨太平洋伙伴关系协定》（CPTPP）。

金融科技确实为扩大和加强南南合作提供了一个开放和富有成效的

---

① 本文讨论的中国经验本身就证明了这一作用。关于美国对这一作用的研究，参见 Jagtiani、Julapa 和 Lemieux（2017）。

领域。CPTPP①的第 14 章介绍了两项新的国际义务：①禁止政府要求将从本地经济收集的数据存放在国内服务器；②禁止要求公开民间进行国际货物和服务贸易的特定的源代码。与南方国家的潜在竞争对手和初创企业相比，这些限制强化了发达国家现有国际平台公司和供应商巨大的技术和商业优势。

本章其余内容由以下几部分组成。第 2 节审视了中国在金融科技方面的尝试，并以此为例说明稳定增长的经济体如何引入金融科技，进而实现有机增长、促进宏观经济的发展、改善偏远地区的生活条件。第 3 节讨论了金融科技带来的挑战。第 4 节探讨了南南合作应对金融科技带来的发展挑战的潜力。最后提出了一些建议。

5.2　中国的数字金融创新

专栏 2　中国西部地区的农村电商

如果你来到中国西部地区的一个偏远山村旅游，当你需要饮料的时候，你可以打开山村的电子商务网站，用手机扫一扫二维码，即可购买饮料和食物。你可以看到销售点正在销售当地各种新鲜的特色农产品。如果你想买一些带回家，但又不想随身携带，且手头没有足够的现金，你可以扫描二维码下单付款。几天后，当你回到家时，产品会被送到你的家门口。这是中国现代化的一个场景。电子商务和数字金融的创新和发展使这一切成为可能。

数字金融正在改变中国的金融生态，并正在影响中国的经济发展和社会生活。它不仅提高了传统金融机构和业务的效率和便利性，而且还

---

① 2018 年 1 月 15 日从 https：//www.mfat.govt.nz/en/trade/free-trade-agreements/free-trade-agreements-in-force/comprehensive-and-progressive-agreement-for-trans-pacific-partnership-cptpp/comprehensive-and-progressive-agreement-for-trans-pacific-partnership-text-and-resources/获得。

改善了服务。中国数字金融（又称互联网金融）（Xie and Zou，2012）的创新和发展主要体现在数字支付系统、互联网信贷、数字保险、数字财富管理、众筹、大数据征信系统和主权数字货币等领域。

新的金融科技扩大了有效金融服务的覆盖面，促进了中国的金融普惠（重要的社会目标之一）发展，并对金融体系产生了巨大影响。过去，由于地理和经济的局限性，贫困农户和微型企业很难获得资金支持。传统的银行系统需要通过实体分行来提供服务，而在偏远地区开设银行分行为分散的农户提供服务并不可行。传统银行很难向金融市场的下层市场提供下移式服务，因为小额贷款甚至微型贷款会带来规模不经济。而更重要的是，缺乏能够对大规模交易进行批量处理以及对大量的客户进行风险分析的相关工具。虽然传统银行无法发放小额贷款，但金融科技公司可以在日常运营的过程中，利用它们电子钱包交易所积累的信息发放小额贷款。

5.2.1 中国数字支付带来的创新

中国建立了大规模的数字支付和信贷系统。数字支付能够让用户使用线上金融服务，而且无须设立实体分支机构。互联网和移动支付系统的快速发展提高了小额支付的便利性。它改善了小额信贷发展所需的支付基础设施，并鼓励发展小额储蓄、小额信贷、小额理财和小额保险。如今，人们可以在满足信用标准的前提下，在网上申请几百元到几万元的小额贷款。支付服务是其他金融活动的起点和入口，因此第三方支付机构通过支付系统而获取用户及其数据，并由此进入信贷、保险、理财等金融业务领域。

基于移动支付的第三方支付机构和二维码技术是中国最具创新性的数字支付方式。第三方支付是指非银行机构在保证自身信誉和能力的情况下，独立或与银行合作创建的支付平台。中国最早的第三方支付平台是首信易，它是首都信息发展股份有限公司于 1999 年推出的在线平台（Bei and Li, 2017）。2002 年，中国银联解决了多银行接口问题，实现了跨行在线支付。目前国内最成功的第三方支付平台是支付宝和微信。

支付宝是阿里巴巴电子商务业务的一个分支，其创建于 2003 年，旨在解决淘宝电子商务平台上买家和卖家之间的信任问题，类似于信用证提供的服务。当时，银行不愿意为网上小额交易提供信用证。而且如果交易双方没有在同一家银行开户，银行间支付会比较麻烦。为了增加在线交易的便利性，改善在线用户的体验，阿里巴巴为用户设立了预付虚拟账户，推出了通过预付资金池实现跨行结算的信用中介支付模式，并开发了一套针对碎片化小额交易的支付结算系统。支付宝系统大大提高了网上交易的安全性和便利性。这一创新很快得到用户的认可，并推动了淘宝平台快速发展，进一步扩大了支付宝系统的流量和资金池。

为了促进支付服务市场的健康发展、规范第三方机构支付服务行为、防范支付风险、保护当事人的合法权益，中国人民银行制定了《非金融机构支付服务管理办法》，该方法自 2010 年 9 月 1 日起施行。截至 2015 年底，中国人民银行已发放 270 张第三方支付业务牌照。第三方支付业务牌照允许第三方支付机构开展互联网支付、预付卡发行和受理以及银行卡收单业务。但由于一些违规行为造成了一定风险，中国人民银行已经暂停发放牌照。

随着智能手机的广泛普及，阿里巴巴在 2012 年推出了支付宝钱包，这是支付宝的移动应用程序。2013 年，另一个第三方支付平台——微信支付也诞生了。微信支付依靠强大的社交网络平台属性，基于人与人之间的紧密联系，推出了信贷、消费、理财等日常生活方面的服务。用户只需将银行卡与微信绑定并完成身份认证，即可将智能手机变成通用钱包。

二维码支付是一种非接触式的数字支付形式，对包括中国在内的经济体和社会产生了巨大影响。在二维码支付方案下，商家可以将账号、商品价格等交易信息编辑成二维码，通过扫描二维码，客户可以用商家账户实现支付和结算。商家可以根据支付交易信息，如客户地址、联系方式等，进行商品配送，完成交易。二维码支付技术在网上支付和线下实体经济之间建立了非常方便快捷的连接，进而渗透到社会经济活动中的方方面面，如行政事务、医疗服务、交通运输、充值、文化生活等领域。

移动支付的应用场景正在迅速扩大，并迅速成为消费、旅游、电子商务、金融、娱乐等行业的重要环节。在中国，就像在世界上许多其他地方一样，人们可以不带钱包出门，只要携带安装有支付应用程序的手机即可。

传统金融机构网点和移动支付方式相结合，可以显著提高偏远地区获得金融服务的可能性，缩小金融服务的地理差距，从而促进南方国家金融普惠的发展。以下是中国互联网支付的两个案例研究。从中国和其他南方国家的经验中提炼出关键要素可对南南合作产生促进作用。

案例 1 通过应用服务获得客户——微信支付

微信支付是中国仅次于支付宝的第二大数字电商支付平台。腾讯在2005 年推出移动支付，其早期被称为财付通。2013 年，财付通与中国最大的移动社交网络服务平台微信（也由腾讯开发）合作，推出了全新移动支付系统——微信支付。

在推出初期，尽管微信拥有 2.7 亿月活跃用户，但由于微信支付场景不足，无法有效转换用户。2014 年 1 月，滴滴打车接入微信支付，随后大量其他线上线下商家连接到微信支付，最终让用户有理由使用该服务。但与商家签约仍不足以让微信支付成为主流。真正的转折点出现在 2015 年春节，当时，微信开发了一款名为"红包"的应用，通过微信支付发送"压岁钱"。2018 年春节期间，6.68 亿人使用红包应用收发压岁钱，更多的人被吸引而打开数字钱包，这导致中国移动支付在短时间内出现爆炸式增长。

此前，数字企业面临被称为"冷启动"的困境，当时数字企业需要找到如何说服客户将银行卡绑定到应用程序的方法。微信红包巧妙地解决了这个问题，当用户使用红包应用提取现金时，系统自动绑定用户银行卡。2015年春节后，微信银行卡绑定账户成功突破1亿（比支付宝积累同量用户所用的时间短得多）。

案例2　四川农村地区支付结算的创新发展

为了支持中国的脱贫计划，中国人民银行成都分行在四川全省推动基本支付服务全覆盖，特别是对三个偏远地区进行覆盖。该行首先提高传统设施普及率，如自动取款机和服务点，最终增加移动支付平台。

过去，绵虒镇及周边村庄的居民必须前往另一个镇的银行分行办理业务，来往费用约为30元，时间需要一个多小时。2011年，中国人民银行帮助中国农业银行汶川县支行在当地一家商店设立了取款服务点。该服务点现已升级为综合金融服务站，配有监控电视摄像头、保险箱、验钞机等设备。该服务站还提供移动支付和小商户渗透模式（现在四川省的所有乡镇都设有服务站）。入驻平台后，小商户可以接入其他移动支付系统，如银联、微信支付、支付宝等。为了鼓励更多商户使用，中国人民银行阿坝州分行开展了远程检查项目，通过财政补贴和奖励，降低了运营维护成本、提高了服务效率、激发了偏远代理商户的积极性。这些措施促进了平台的持续有效运行。

雨洪店（Yuhong Store）店主代雨洪（Dai Yuhong）先生表示："村民们来我店里买东西，同时他们还可以办理提现、汇款等业务。一个月内，系统处理了150多笔交易，不仅为村民提供了方便，也有利于我的店铺业务保持稳定。"据中国人民银行阿坝州分行负责人介绍，自2012年以来，该服务站共处理了1.3万笔交易，为农民节省了约20

万元。

10多年来，中国人民银行成都分行投入1亿元建设了8万多个此类服务点，覆盖四川省所有行政村，有效弥补了农村地区金融网点的不足。社保、医保、水、电、气等公共服务的便捷支付，进一步提升了中国这一地区银行业的普惠性。

来源：本案例研究来源于《金融时报》（2020）。

5.2.2　互联网信贷业务概述

从低收入人群和小微企业的角度看来，个人信贷服务规模小且分散，而且交易成本高。从信贷提供方的角度来看，这种信贷服务信息收集成本高、存在信息不对称问题，导致风险不确定。此外，信贷市场的逆向选择效应①、道德风险②和抵押品的缺乏，使得传统金融机构难以为这一类消费者提供有效的金融服务。尽管一些成功的小额金融机构通过集体借贷或收集社区个人信息等方式解决了这些问题，但由于需要大量人力投入，交易成本较高，借款人仍必须承担高额融资成本。小额金融机构要实现商业可行性和社会绩效的双重目标并不容易，而这两个目标可以实现贷款人和借款人的双赢局面。为了实现可及、可负担以及业务可持续的普惠金融，需要进一步创新，不断降低信息获取成本和交易成本。

由数字技术推动的金融创新正在帮助解决上述许多问题，数字普惠金融已成为全球普惠金融发展的趋势之一。以下几方面金融科技的进展

---

① 逆向选择效应是信息不对称带来的问题。市场中，如果一方能利用比另一方更多的信息，以牺牲另一方的利益来获利，那么该方便倾向于同另一方达成协议。这与道德风险密切相关。在信贷市场上，这就是挑选风险高于平均水平的潜在客户的过程。

② 道德风险是指一方没有真诚地签订合同或提供了关于其资产、负债或信用能力的误导性信息的风险。此外，道德风险也可能意味着一方有动机冒不寻常的风险，在合同达成之前竭力赚取利润。

推动了这一趋势的发展。

①互联网和移动通信正在缩小金融服务的地理差距,在线交易使物理距离不再成为障碍。

②随着数字通信的普及,经济和社会活动正在向线上转移,因此互联网会生成和记录越来越多关于人类行为的信息。如果抛开法律问题和隐私限制,在线获取信息的成本极低,公司可以在短时间内用极低的成本获取大量数据。

③随着计算机处理速度不断提高,计算机可以惊人的速度进行大数据统计分析,这有助于金融机构通过人工智能进行风险识别和评估。

④计算机程序可以处理大量的小微交易,而人工则难以做到。

⑤云计算技术可以实现信息采集、存储和传输过程扁平化,提高金融机构信息系统内部的管理效率。

⑥数字图像、数字视频、指纹识别和人脸识别等技术可以在线处理远程身份认证、文档认证等交易程序,降低交易成本。

⑦上述技术的结合可以创造出全新的金融业务模式和更有效的风险管理方法。

总之,数字金融可以有效降低交易成本和风险管理成本,突破传统金融的服务边界,进一步渗透到社会金字塔底层,真正实现普惠金融所倡导的商业可持续性和社会绩效的双重目标。

5.2.2.1　银行信贷业务数字化

使用数字技术提供信贷服务被称为网络借贷。按客户分类,互联网借贷可分为小额贷款和中小企业贷款。按资金用途可分为商业贷款、消费贷款和个人及家庭综合贷款。提供者包括银行、非银行金融机构,以及 P2P 借贷平台、众筹平台等新参与者。

目前,中国几乎所有的银行都不同程度地应用了数字技术来发放小微型、中小型企业贷款。各类银行都提供网银和电话银行服务,大部分银行都开通了手机银行,客户更容易申请和偿还贷款。数字技术应用到了贷款申请、审批、贷后管理和追偿的全过程。

这些技术进步通过以下几种方式改善了银行服务，提高了银行的竞争力。

①银行开放在线申请和审批服务以缩短流程、减少中介机构、降低时间成本。很多小微贷款产品的审批时间已经缩短到了三至十天，有时甚至只需要一天。

②银行通过电商平台、电信运营商、用户数据、供应链财务数据、银行卡使用数据等渠道获取客户行为信息。通过大数据监控风险，银行可以有效管控风险，提高贷款质量。

③网上银行和手机银行使得大多数银行能够为客户提供循环贷款，客户可以随借随还，降低利息成本。

④部分科技能力强、数据资源大的大型商业银行创建了大数据评分卡系统，大大提高了贷款审批效率。该系统还使用数据分析为客户构建定制产品。

⑤银行通过持股或合作的方式与电商平台对接，并利用电商平台作为获取客户和产品推广交付的渠道。电商平台提供的数据也被用于开发和提供场景消费金融①服务和供应链金融服务。

5.2.2.2 中国传统贷款公司和小额信贷机构（非银行部门）的数字金融

在中国从事借贷业务的非银行金融机构包括金融公司、金融租赁公司、商业保理公司、典当行等。此外，中和农信等一些非营利小额信贷机构也从事贷款业务。

金融公司主要有几大类。第一类是由私营部门成立的传统线下贷款公司。传统线下贷款公司由于机构实力较弱、数据不足，难以自主开发金融科技。这类公司倾向于与金融科技公司和电商平台合作，以获取它

---

① 场景消费金融将消费信贷与食品、服装、住房和交通等日常消费紧密结合起来。金融机构根据消费者的提款申请和支付授权，直接发放贷款资金用于特定商品或服务的消费。

们的技术和数据，甚至将自身的一些业务外包给金融科技公司。

第二类金融公司是基于供应链服务的金融公司，它们对供应链的核心企业进行投资。基于供应链的金融公司凭借其母公司在供应链支付结算中的核心地位，以及供应链上的物流和资金流信息，向供应链的上下游企业和最终消费者提供支付、贷款、投资等金融服务。这些公司利用互联网、移动通信和大数据等数字技术进行分析，以提高效率和风险管控能力、降低成本，并为供应链上的企业和个人提供更方便快捷和更优惠的服务。

第三类是由 BigTech 投资的网贷公司，有时被称为"互联网巨头"。这些互联网巨头拥有庞大的金融资源、强大的技术开发能力、庞大的数据资源和天然的互联网业务模式。

非营利小额信贷机构主要活跃在农村金融市场，为农民提供普惠金融服务。它们只是提供最基本的金融服务，以中和农信为代表（案例3）。

中国从事贷款业务的非银行金融机构中，规模最大、最活跃的群体是小额贷款公司，这是一种在省级注册并受省级监管的特殊金融公司。小额贷款公司在商业模式和规模上与传统贷款公司有很大不同。截至2020年12月3日，中国已注册的小额贷款公司有7118家。这些公司只能使用自己的资本和有限的杠杆来发放贷款。它们没有能力与银行竞争，通常从事高风险的个人次级贷款和银行尚未提供服务的小微型企业信贷。为了能够在困境中生存和发展，这些小额贷款公司有很大的动力使用数字技术来改善它们的信贷管理情况、降低成本、管控风险和拓展新市场。由于小额贷款公司自身很难独立开发自己的金融科技系统，第三方服务提供商参与其中，使小额贷款公司成为中国数字金融领域最活跃和最具创新力的机构之一。例如，江苏省政府成立了一家名为江苏金农股份有限公司的金融科技公司，该公司为小额贷款公司开发了一个免费的在线管理信息系统。该系统可以帮助这些公司进行风险管控，并通过在线评估小额贷款公司的业绩向其提供再融资服务。

案例 3　数字技术在农村小额信贷中的应用——中和农信

中和农信项目管理有限公司是一家提供农村金融服务的社会企业。其前身是中国扶贫基金会（一家慈善基金会）的小额信贷项目部。2018 年，中和农信的英文名称由 Zhonghenongxin 更名为 CD Finance。中和农信的客户主要是农村地区的中低收入家庭，这些家庭过去很难从银行机构获得贷款。中和农信依靠中国人民银行授予的特许金融权利开展业务。在获得国际金融公司、TGP、红杉资本和蚂蚁金服的融资后，中和农信在全国范围内向 8 家拥有贷款牌照的小额信贷公司进行了投资。截至 2019 年 10 月，中和农信的服务覆盖了中国 20 个省份，客户超过 44 万，贷款余额超过 15.8 亿美元，每个客户的平均贷款余额约为 3500 美元。

在 2013 年之前，中和农信以传统方式经营其信贷业务，包括上门提供现金服务（风险大、运营成本高）和基于个人电脑的信贷管理制度，信贷款员需要实地考察并返回基地上传所获得的数据，这造成信息滞后。这种业务模式的风险管控全部落在了分行，总行不参与贷款审批。中和农信于 2013 年启动信息管理改革试点，目标是提高操作规范性、简化工作流程、提升工作效率和加强风险管控。2015 年，中和农信完成了全国所有网点的整体信息系统升级。

2018 年，中和农信推出了中和金融服务应用程序，覆盖全国 300 多个县 100 万农民，这标志着中和农信数字战略实现了需求侧的突破。该应用程序由蚂蚁金服开发，蚂蚁金服是中和农信的最大股东，拥有中国顶级金融科技团队。该应用程序利用了大数据风险控制、机器学习、人工智能等金融科技技术，可以有效优化流程、提高效率、降低成本。同时，该应用程序与中和农信业务形成互补，提高了服务的能力和效率。利用身份认证和人脸识别技术，农民在 10 分钟内即可获得信贷额度为 2000~30000 元的贷款，无须担保或抵押。农民在家中即可完成从贷款申请到通过智能手机、平板电脑或其他终端转账的所有流程。

截至 2019 年底，中和农信应用程序用户已达 200 万人，其中 144 万人申请了信用额度，60 万人成功获得了信用额度，成功率为 41.7%。信贷的平均使用时间为 104 天（CD Finance，2020）。

中和农信正在逐步消除企业的现金需求业务，转而通过银企直连和网上银行系统开展集中支付。信贷员使用的移动应用程序也颇具创新性，可以自动识别身份证和银行卡信息，从而实时上传客户数据。总行风险管理部门参与贷款审批流程，实时审核各种文件的合规性，因此风险得到全程控制。对个人贷款，中和农信利用进程间通信（IPC）技术对个人客户的还款能力进行评估。

资料来源：CD Finance（中和农信）2018～2020 年执行简报。

5.2.2.3　BigTech 的金融创新

一些大型的互联网电商平台和社交网络平台充分利用它们享有的技术、数据、交易渠道、资本优势以及政策优势等涉足金融业务。许多平台都以数字支付为切入口，渗透到各种金融服务领域，如储蓄、信贷、保险、投资、财富管理等。这些平台通过金融服务的扩张，巩固和加强了市场地位和影响力，形成了覆盖许多商业领域的大型商业集团。一些公司将其金融部门从母公司中剥离出来，发展成为一个综合性的金融机构。比较有代表性的公司是中国的阿里巴巴、蚂蚁金服、腾讯集团和京东集团。

案例 4　电商小额贷款——阿里小额贷款

阿里小额贷款是基于电商平台向小微企业提供在线小额信贷服务的典型案例。阿里小额贷款是中国阿里小额贷款公司开发的一条产品线，于 2010 年 6 月由阿里巴巴和其他投资者共同投资成立。阿里小额贷款公司是中国第一家向电商领域小微企业提供金融服务的金融公司。2014 年，一家名为网商银行的互联网银行成立，该银行采用了阿里小额贷款公司的信贷服务模式和产品。该银行由蚂蚁金服集团投资设立。蚂蚁金服集团是一家从阿里巴巴分离出来的金融业务实体。截至 2018 年 12 月，网商银行和阿里小额贷款公司已为 1300 多万家小微企业提供了贷款服务，贷款累计超过 2 万亿元。

　　阿里小额贷款提供两种不同类型的贷款服务（见表 5 - 1）：淘宝和阿里巴巴。前者提供个人对个人（C2C）和企业对个人（B2C）的贷款服务，后者提供企业对企业（B2B）的贷款服务。本案例重点研究淘宝贷款。淘宝贷款主要面向阿里巴巴电商平台、天猫、淘宝、聚划算的卖家。淘宝贷款分为订单贷款和信用贷款，金额均在 100 万元以内。淘宝订单贷款根据卖家店铺已发货但买家未收到的实物交易订单金额提供信用额度。贷款到期时，系统会自动还款。淘宝信用贷款根据店铺综合经营情况提供信用额度，不受当天订单量的限制，不需要抵押物或担保。信用额度可以多次使用，还款灵活。此外，天猫平台的高端商家也可以通过线下支票获得高达 1000 万元的贷款。淘宝的贷款没有地域限制，全部在线完成并通过支付宝发放，基本不涉及线下审核。贷款发放时间最短时只需 3 分钟。

表 5 - 1　阿里小额贷款的两款淘宝产品

产品类型	贷款条件	优点
信用贷款	• 无担保，无抵押。 • 通过综合评估申请人的信用状况、信用风险和信用需求来评估授信额度。 • 额度 5 万 ~100 万元，贷款期限六个月。 • 日利率为 0.06%，累计年利率为 21%	不受地区限制、推广性强、发展潜力巨大
订单贷款	• 基于卖家店铺已发货，买方未确认实物商品交易订单金额，系统给出信用额度，由于订单贷款采用了自动还款，因此，订单贷款实际上是订单质押贷款。 • 日利率为 0.05%，累计年利率约为 18%。 • 最高限额 100 万元，贷款期限 30 天	提高资金利用率、降低运营风险

　　资料来源：Li：《从阿里小额贷款看大数据金融模式在小微贷款领域的应用》，中国民商法律网，2015 年 2 月。

淘宝使用阿里巴巴、淘宝、天猫电商平台积累的海量交易数据作为风险控制的依据，因此不需要贷款抵押或担保，业务采用线上模式，覆盖贷款申请、审批、发放、贷后管理等全过程。需要申请贷款的客户可以登录阿里小额贷款首页，在线提交贷款申请表。阿里小额贷款收到贷款申请后，调查团队会使用信用记录、同行比较、库存变动、会计信息、非财务评价、征信报告、银行对账单等信息，分析客户在阿里巴巴B2B、淘宝C2C、天猫B2C等平台上的交易记录。在某些情况下，阿里小额贷款公司通过外包机构对贷款申请人的信息进行线下核实。

对于贷款审批和发放，阿里小额贷款采用违约概率模型来评估线上商家的信用评级。根据商家的信用评分和担保情况，确定授予的信用额度、利率和期限。如果贷款获批，客户与阿里小额贷款进行网上签约，将法人的个人银行卡和支付宝账户绑定。通过个人实名身份认证和支付宝认证后，确认发放贷款金额。

在贷后管理中，通过使用线上商家的交易信息和财务报表信息监控贷款的使用、商家的运营效率和贷款还款的及时情况。这被称为监控评分模型和催收评分模型。阿里小额贷款采用等额本息还款方式，客户通过银行卡将还款金额转入支付宝的定期支付虚拟账户。或者，若支付宝虚拟账户中的余额足够，则由支付宝支付系统自动扣款。如果客户提前还款，阿里巴巴收取本金的3%作为佣金（这笔费用似乎反映了意外交易会产生额外的管理成本，但传统金融公司通常能够消化这一管理成本）。逾期付款的则按逾期期间正常利率的 1.5 倍计算利息（The Reseavch Group of Digital Finance Research Center of Peking University，2017）。

2014 年 2 月 20 日，阿里小额贷款公司披露了"水文模型"①，这是一款基于互联网和大数据的新的放贷模型。水文模型是阿里系列小微企

---

① 水文模型是模拟水文现象的数学模型。在实验室中，对流域的水文数据进行分析，并形成可以重现和预测的数学模型用于检测和预测流域的水文现象。中国将这项技术用于防洪。

业的分类和分层商户数据库。水文模型的学术定义是指通过数学模型来表征自然系统和模拟水文现象。例如，在一个城市的水文管理中，水文模型可以帮助政府的防洪部门预测洪水风险并做出决策。

阿里小额贷款解释称，在信贷业务的背景下，水文模型有两个重要的含义。一是依据更详细的数据完善风险管理，减少特殊因素对信用判断的影响。第二个含义与业务计划和产品销售有关，水文模型可以预测小微企业的经营趋势和资金需求。通过计算店铺的数据变化和其他类似店铺的数据变化，系统可以识别顾客未来的变化，判断店铺未来的融资需求。比如，2014 年 11 月 11 日，一家手机销售店的销售额达到了 300 万元，远远高于平时。如果只看这个特定时间的数据，就会对业务做出错误的评估，并且可能会为这家店铺批准不适当的信用额度。但是，如果将这些数据插入到水文模型中，就可以查看这家店铺在不同时间和季节的经营变化以及同类店铺的数据，从而对该店铺有更全面的了解（钱箐旎，2014）。

综上所述，阿里小额贷款与阿里巴巴、淘宝和支付宝的基础数据紧密连接，通过大数据云计算，了解客户的网络行为和互联网信用，在此基础上开展小额信贷业务。阿里巴巴的大数据系统汇集了小微企业的现金流、增长状况、信用记录状况、交易、销售增长、仓库周转、投诉纠纷等数据。阿里小额贷款系统利用这些数据，对客户的 100 多项指标进行计算和分析，对企业提供的财务数据进行定性分析和定量评估，最终形成信用评估标准。此外，阿里小额贷款引入一些外部数据与客户的数据进行匹配，如税费、电费支出等，形成一套独特的风险控制标准，建立纯量化的放贷模型。

5.3 金融科技带来的挑战

南方国家（尤其是亚洲国家）代表着金融科技革命的前沿。有人认为，亚洲的金融科技比世界其他地区领先 12 年（Ruehl and Kynge，2019；引自花旗银行亚太区企业银行资本市场和咨询主管 Jan Metzger），而非洲和拉丁美洲是金融科技的扩张领域。

在非洲，由于人们对肯尼亚引入的 M-Pesa 兴趣激增，基于移动的支付系统已经扩展到了其他国家。移动货币、在线支付处理、贷款和投资等领域的初创企业推动了金融科技的发展。Kaseem（2019）认为，这种发展不一定是"颠覆传统金融服务"，而是"填补地方金融服务行业存在的巨大空白"。非洲 66% 的成年人口没有银行账户，普惠金融似乎成了非洲金融科技的主要推手。与之形成鲜明对比的是，金融科技在亚洲的发展受到金融科技应用所带来的零售和服务业可能的发展机会所驱使，这是一种自发式的推动。自 M-Pesa 于 2007 年成立以来，肯尼亚的金融普惠率从 2006 年的 27% 上升到 83%。

在西非，移动支付的规模是当地银行的 13 倍（Kaseem，2019）。在加纳，移动电话公司 MTN 在 2018 年的首次公开募股中筹款超过 2 亿美元。大型国际信贷公司纷纷拓展非洲业务。Visa 和 Stripe 向尼日利亚在线支付公司 Paystack 投资了 800 万美元，万事达卡（MasterCard）向另一家尼日利亚初创支付公司 Flutterwave 投资了 2000 万美元。尽管按照国际标准，这些投资规模并不算大，但其反映出投资人对非洲的兴趣与日俱增。Flutterwave 与阿里巴巴签署了一项合作协议，使非洲出口商能够向阿里巴巴的 10 亿用户出口商品。最后一项是证明这一规则的例外，该规则强调在亚洲，金融科技的立足点并不是普惠金融本身，而是促进商业活动的增长。

中国公司一直积极参与非洲的创业活动。尼日利亚支付系统领域的两家领先的公司 OPay 和 PalmPay，已获得总计 2.1 亿美元的中方投资。人们认为，中国投资者的投资策略有两个：一是尝试在非洲复制支付宝和微信的成功；二是快速获得资本收益，寻求大规模 IPO 或被一家大型全球支付公司收购。第一种策略取决于非洲正规行业所决定的经济增长

（支撑中国金融科技发展的因素）；第二种资本收益策略是主流国际金融体系采用的惯常投资策略。

在非洲，人们认为，部分监管规定抑制了金融科技的增长。而传统金融部门一直支持这样的监管规定，如尼日利亚规定，申请设立金融科技的初创企业必须满足较高的最低资本投资要求（至少 27.5 万美元）。传统银行当然也要受到最低资本要求的约束。问题在于，金融科技公司是否也适用同样的监管规定。金融科技公司使用智能手机通话记录、通讯录和全球定位系统数据作为数据输入，以确定信用价值、迅速提供信贷渠道。此外，越来越多的证据表明，使用智能手机贷款形成的个人债务激增。Kaseem（2019）认为："随着贷款应用程序争夺市场份额和利息收入，人们担心这些应用程序会在不经意间将用户推向负债和糟糕的消费选择。"

在拉丁美洲和加勒比地区，金融科技企业也出现了同样显著的增长。2018 年，IADB 和 FINNOVISTA（金融科技行业协会）发起的一项调查发现，在 15 个拉丁美洲国家中，共有 703 家金融科技初创企业。一年后，该地区 18 个国家出现了 1166 家金融科技初创公司（IADB and FINNOVISTA，2018）。同一份报告显示，703 家初创企业中有 85 家已停业；然而，同期又出现了 548 家新设初创企业。从国际范围来看，拉美的金融科技初创公司数量位于中位水平。

根据 IADB 与 FINNOVISTA 报告（2018），金融科技领域的主要活动包括：数字银行、众筹、企业财务管理、个人财务管理、财富管理、付款和汇款、贷款、评级、身份识别和防欺诈、保险，以及金融机构的企业技术开发。支付和汇款是亚洲金融科技增长的重要领域之一。人们认为，金融科技的发展可能取决于传承的社会结构、财富和收入不平等状况。与以支付和汇款为主导的亚洲情况不同，拉丁美洲地区金融科技增长的服务是高收入群体所需要的服务，而不是小企业和初创企业所需要的服务。因此，拉丁美洲的金融科技公司似乎集中于为该地区的高收入群体提供服务，而在亚洲，增长主要来自小企业和消费者，其中许多位于偏远地区。

南方国家必须认识到，金融科技行业的未来将以全球金融端的并购和重组为基础，而从全球来看，北方国家将占主导地位。2019 年，美国支付公司 First Data 和 Fiserv 公司进行了最大的并购重组（Sraders，2019）。从绝对意义上来讲，这一趋势还将继续。南方国家本身的并购重组已经加剧，南方国家需要制定合适的政策以保护它们在这一不断增长的领域的利益，并确保符合维护外部宏观经济稳定、金融发展和一系列具有国际竞争力的本土私营企业（这对任何发展中国家的长远发展都至关重要）增长的目标。

金融科技不仅涉及企业对消费者的交易，还涉及企业对企业的交易，而且这种交易仍呈上升趋势。企业对企业的交易打开了支持初创企业和私营部门商业活动的多样化渠道。很多初创企业的规模都很小。例如，在亚洲，工作日为劳动者提供午餐为小型企业提供了商机。通过数字化的配送和支付，这种小型企业便可得到扩张（Ruehl and Kynge，2019），并最终获得为配送服务企业提供的贷款。

商业企业和个人需要营运资金时，金融科技不仅能够扩大融资规模，更高效、更及时地提供融资，而且还可以推动基础设施建设，实现在全球范围内远程供应劳动力。一些南方国家（特别是孟加拉国）已经成为全球信通技术服务的主要出口国，这主要通过其居民的自由职业活动实现（Zaman，2019）。这当然包括计算机编程和网页设计，也包括税务筹划和搜索引擎优化（就后者而言，尼日利亚拉各斯的 Wild Fusion Digital Marketing Agency 就是一个例子）。一些发展中国家在网页设计服务和计算机编程方面具备竞争力。事实上，北方国家的许多公司正在将大量编程工作外包给印度、尼日利亚、菲律宾等国家。

虽然这些活动并非金融科技的核心，但这是发展中国家在国际传播其金融科技的一个渠道。在城市地区提供方便的互联网接入，为全球南方的人们带来了广泛的工作机会，如孟加拉国和尼日利亚。南方国家必须监督和促进的金融科技经济活动的范围非常广泛，预计未来还会进一步扩大。虽然大多数金融科技的应用最初是提供给基于互联网（后来是基于手机）的订单和配送系统，但这些应用已迅速扩展到移动银行服务和贷款处理服务。金融科技服务从最初的电商预付款模式、迅速演变为为提供消费品的企业提供金融服务。虽然一开始，电商严重依赖预付款余额，但通过从客户的经济交易中收集到的个人和企业数据，电商已可以快速做出贷款决定。这一点正在颠覆传统金融业。

保险市场将成为金融科技信息优势带来颠覆性影响的下一个领域。有了个人数据，金融科技公司基本上可以通过区分投保人来提供具有竞争力的保险费。在大多数传统的金融部门中，保险市场是长期融资的重要来源，并受到公共监管。目前，金融科技的大多数保险在数量上还不占优势，但当这一数量变得足够大时，这些业务将成为金融行业的主要活动之一。在传统的金融领域，保险公司在其保险持有人的保费投资领域受到严格监管。对保费投资额的监管最终必须适用于金融科技的提供商，因为如果这些提供商破产，可能会产生系统性影响——比如 2008 年美国国际集团（AIG）在金融危机中几近破产。以金融科技为基础的保险公司的价格歧视能力也使传统保险公司处于不利地位，这可能意味着传统保险公司将迅速失去市场，输给以金融科技为基础的保险公司，或者这种模式也将成为传统保险公司的标准。问题在于保险公司投资资金的标准监管方法是否适用。这种新的保险模式极有可能导致保险公司所习惯的对金融市场的长期投资规模缩水。

5.3.1 发展中国家发展金融科技的要素和条件

在孟加拉国、中国、印度和东南亚地区，金融科技的发展一直都很引人注目，而在全球南方的许多其他地区，金融科技的发展则参差不齐，甚至停滞不前。在亚洲，自1986年以来，近800家公司获得了风险投资或私募股权融资，其中包括266家中国的初创企业，190家印度企业，以及183家（包括印度尼西亚的44家和新加坡的86家）东南亚的企业。当创业者并非来自传统的金融行业时，金融科技的出现最为迅速。这一点在前面章节中强调的中国经验以及亚洲许多其他国家的经验就是例证（Ruehl and Kynge，2019）。相反，以南非为例，南非发现M-Pesa类型企业的消费者群体增长缓慢。可能导致这一现象的原因是就服务和技术创新而言，南非的传统金融业具有全球竞争力。据估计，70%的南非人在银行有存款（Tshabalala，2015）。

非洲和拉丁美洲的金融科技正在发展。这种发展的主要趋势是利用金融科技所带来的更快的处理速度和更低的成本，提供传统的银行服务。非洲金融科技快速发展的路径，显然是将服务扩大到目前没有银行账户的人群。在拉丁美洲，金融科技突出的创新包括保险的数字化分销、提供资产管理自动化算法和在线共同基金（包括股票市场的投资工具）。财富管理领域的金融科技初创公司提供了"简化投资组合配置的平台：这些平台将消费者的画像与他们的目标以及与金融工具相关的风险进行比较"（IADB and FINNOVISTA，2017）。

事实上，金融科技所涉及的核心技术对于传统金融公司快速且准确无误地进行后台操作至关重要。现有的金融公司已经整合了这些技术，但在应用这些技术来扩大客户和业务方面则进展缓慢。金融科技的发展不是建立在扩大业务和获得金融服务的问题上，而是需要在零售层面进一步解决获得商品和服务的问题。互联网服务为广泛展示商品（如家具和电器）和服务（如运输和食品配送）提供了基础设施。金融科技所要解决的问题是如何在更大的范围内零售这些商品和服务。

从历史来看，零售服务一直是一个重要的行业，但发展政策往往忽视这一点。19世纪90年代，美国目录订购业务公司Sears，Roebuck and Co.①，通过将零售商品配送到偏远地区的融资风险内部化而迅速崛起（Emmet and Jeuck，1950）。在中国，类似的金融科技经验始于一种风险较低的模式。中国的金融科技公司并没有采用 Sears，Roebuck and Co. 将融资风险内部化的做法，而是向用户提供预付余额（基本上一开始就是吸收存款，公司可以此收取购买费用），然后发展为为零售活动提供融资，再发展为为消费者提供融资；类似的情况也发生在东南亚国家。

在英国国际发展部（UK's Department for International Development）资助之下，M-Pesa 支付系统于 2005 年启动，目的是扩大获得金融服务的渠道。M-Pesa 最初只是一种扩大普惠金融的手段，这一点与亚洲的金融科技公司不同，后者最初的目的是消除零售服务扩张的障碍。M-Pesa 的业务最初是从向移动电话供应商购买通话时间开始的，这实际上使它成为一项预付服务，附加的功能使用户能够转移余额和提取现金。M-Pesa 最初的目标用户是参与小额信贷活动的人。M-Pesa 的运营商并不具有银行的法律地位，不能吸收存款。然而，通过使用转账和提款功能，M-Pesa 用户可以购买通话时间、存取款、通过一些银行的账户进行转账、将余额转给其他 M-Pesa 用户、支付账单，并在一个名为 Mshari 的虚拟账户中储蓄。各种服务提供商根据交易种类和交易规模收取交易费用。

与之前的小额信贷一样，M-Pesa 也被证明能够减少贫困和改善性别不平等。Suri 和 Jack（2016）提出，M-Pesa 通过移动支付、推动客户从农业转向商业帮助 19.4 万名肯尼亚人摆脱了贫困，其中很大一部分是女性。② 然而，M-Pesa 贷款和类似的系统（Bill and Melinda Gates Foundation，2013）都出现了成本较高的问题。这些较高的贷款成本归因于各种因素，但主要是由于移动支付提供商缺乏竞争。2009 年，肯

---

① 后因金融工程驱动的操作而破产（Parramore，2013）。
② 这些结果出现了方法论问题（Bateman et al.，2019）。

尼亚的传统银行业寻求对 M-Pesa 进行调查，毫无疑问，这是由于其业务对现有公司造成了竞争压力。调查发现 M-Pesa 的财务状况良好，这符合少数享有商业垄断地位公司的情形，现有的这些公司可以相应地调整其收费模式。这种受监管的垄断结构是传统金融体系结构的翻版。在传统金融体系中，对过度增长、进入和风险承担进行了限制，而这一点也被证明是确保银行体系金融稳健的重要监管政策。

就发展中国家各自的金融科技政策而言，各国需要回答以下两个问题：①需要什么样的政策和公共活动来促进金融科技的稳定和安全发展？②如何将金融服务的中断和相关服务的扩大纳入有关当局的监管之中？

如果金融科技主要面向经济增长乏力或不稳定的经济体，向无银行账户者提供支付服务和基本金融服务，而这种增长乏力或不稳定是结构性改革速度缓慢所致，则金融科技基本上是在为传统金融公司认为成本过高或利润不高的人群提供服务。在这种情况下，为了确保金融科技公司自身的财务维持能力，政府当局不得不允许金融科技公司的服务价格上升到更接近传统金融公司对具有类似信用记录的客户征收的价格。这就是小额金融在许多增长缓慢的发展中国家的演变过程（Vasudevan and Raghavendran，2019）。另外，如果整体经济稳定且高速增长，则金融科技公司的信息优势使其非常适合面向经济强劲增长的经济体，向无银行账户的人群及初创企业提供融资，就像中国的做法一样。

最近的成功经验表明，以下政策有助于促进金融科技在全球南方国家的发展。

①政府的首要责任是稳步扩大互联网接入，提供可靠的电力和其他基础设施服务。金融科技的相对效率和具有竞争力的成本结构、为扩张而收集信息的能力，以及在不同的市场间进行协调的能力，在很大程度上依赖于这种整体性支持。尽管有很好的成功案例，但由于消费者、生产商和销售商没有可靠的电力来源，南方国家（其中很多地方还没有

实现电气化）在这个不断发展的领域处于相当不利的地位。南方国家必须认识到中国的金融科技创新者可以依靠这些基本服务，包括充足的道路网络。如果基础设施不到位，金融科技便不可能成为减贫和转型变革的有效途径。只有基础设施到位，金融科技才能提供巨大的机会。

②在北方国家，绝大多数商业知识产权由公民个人和民营企业拥有。注册的金融科技知识产权也是如此，尽管中国在数字和非数字注册方面正在迎头赶上。由于这种不平衡，南方国家的政府必须为金融科技公司获取软件和源代码提供便利。通常情况下，政府会要求强制执行软件的私有知识产权所有权。在大多数情况下，软件和操作系统不能申请专利，也不受保护。此外，禁止政府要求披露与从国外进口的设备和程序有关的源代码已成为一种时尚，例如《全面与进步跨太平洋伙伴关系协定》（CPTPP）第 14.13 条的规定①。南方国家的政府应该避免接受这类禁令。无法获取源代码存在商业安全方面的问题，当本地用户无法获取这些代码时，外部黑客可以随意终止或修改程序的运行。因此，为了保护金融系统，在本地使用的程序和设备应能够获得用户和消费者的源代码，各国政府应当为其社会获取数据集，特别是为从本国人口中收集数据提供便利。从消费者行为和数据挖掘中收集的大型数据库往往储存在北方国家，因为这些国家拥有优越的资源，这给南方国家带来了特殊的挑战。这些数据集的所有权状态（或者它们是否可以被私人拥有）也仍然没有得到解决。这些数据集在机器学习方面具有巨大的商业价值，可以提高软件质量、增强本地金融科技公司的竞争力。

---

① 《全面与进步跨太平洋伙伴关系协定》（CPTPP）是 2017 年亚太地区 11 个国家达成的自由贸易协定，于 2018 年 12 月 30 日生效。CPTPP 以涵盖 4.95 亿消费者和全球 13.5% 的 GDP 而闻名。正因如此，该协定约定的标准将更容易输入世贸组织。该协定还设置了在其他自由贸易协定中未曾出现过的新章节，即电商。在该章中，第 14.13 条规定"任何一方不得要求转让或查阅另一方的人所拥有的软件源代码，作为在其境内进口、分销、销售或使用该软件或包含该软件的产品的条件"。一方是指任何一个缔约国。正文中解释了与此项禁令的经济空间有关的主要价值。

③政府可以推动高校和研究机构开展促进金融科技建设的研发活动。同样，北方国家资助研究活动，并且支持高校开展研究。尽管南方国家的公共财政有限，但这些国家必须找到支持研究的方法。

④在成功的案例中，政府为金融科技的初创企业提供空间，让其介绍自己的服务，并在市场中测试其商业模式的可持续性。政府没有必要为初创企业提供直接补贴（通过完善可靠的基础设施间接提供补贴除外）。政府也应避免过早地对其金融业务实施监管，包括许多现有企业建议的监管。适用于劳工权利和纳税义务的条例属于不同类别，对于这些类别，政府、现有公司和金融科技初创企业应共同努力，对现有法规进行有效调整。到目前为止，南方国家还没有出现值得注意的监管创新案例。这样的案例均出现在北方国家，如对于优步司机是独立承包商还是受劳动保护的雇员存在法律和监管争议。

5.3.2　将金融科技融入主流经济和金融领域

以往经验证明，金融科技的扩张对主流金融的地位已形成了明显的威胁。在一些成功的领域，政府和监管机构采取了宽容的态度，允许金融科技应用激增。人们认为，传统金融公司对来自金融科技的竞争持抵制态度，要求政府限制金融科技的活动。2010 年，中国人民银行对非金融机构支付服务实施了一项牌照制度，允许金融科技在该制度下发展，但将其与适用于传统金融领域的监管制度分离。截至 2015 年底，中国人民银行发放了 270 张第三方支付牌照，此后，为了应对所发现的违规行为，中国人民银行暂停发放第三方支付牌照。金融科技活动在不断扩张和扩散，这是无法更改的事实，各国应设法将该行业有效地纳入其经济和发展之中。金融科技促成的经济交易改变了消费者的行为，也改变了小型私营企业的经营性质。

虽然，传统金融行业的公司在为财务健全的企业或富人提供服务和处理贷款方面拥有丰富的经验，但在为无银行账户的个人和小企业

（包括这一行业的初创企业）服务时，它们处于明显的劣势。即使是小额信贷公司也发现，为非常小的企业提供金融服务会导致内部的行政程序成本上升。已有案例研究还展示了金融科技公司如何能够以较低的成本获取并积累有关个人和小型企业支付习惯和信用价值的数据。因此，传统金融行业的公司在这个细分市场处于明显的劣势。一方面，它们认为为这些客户提供服务的成本太高。另一方面，对大多数政府来说，这些客户的融资需求是重要的，从政策角度来看也是关键事务之一。

公共政策必须找到一种方法来弥合金融科技公司和现有金融行业之间的差距。现有金融行业的公司负有监管责任，如参加存款保险、了解客户和反洗钱，而金融科技公司不必满足这些要求。金融行业的监管机构必须对较大的金融科技公司进行监管。以中国为例，监管机构已经停止向金融科技公司发放牌照，因此，现有金融科技公司对监管活动负有责任，但不是法律强制的责任。公共政策不能保证所有（甚至是很大一部分）金融科技公司都能够生存或发展壮大。但是，将金融引入新的行业以及技术创新对发展中的经济体具有重大价值。各国政府首先必须确保采取行之有效的方式，将金融科技的固有风险与主流金融行业隔离开。虽然应鼓励传统行业将其服务扩展到目前仍未涉及的领域，但重要的是它们的影响力不能过度延伸到为不断增多的金融科技活动提供服务或资源。

公共政策必须促进本地经济活动的开展，以及金融科技和传统行业客户的数据积累，以管控系统性风险。为此，金融监管当局必须要求获取金融行业所有公司的数据，尽管它们对这些数据的监管方式不同。确保可在当地获取数据至关重要，公共当局应避免做出国际承诺，禁止按照世贸组织和自由贸易协定的建议在本地存储金融数据。

在南方国家中，阿根廷、巴西、中国、哥伦比亚、印度、印度尼西亚、伊朗、马来西亚、尼日利亚、越南和委内瑞拉制定了各种限制性规定，要求将数据存储在国内服务器中，这对金融监管尤为重要。更值得注意的是，很少有其他南方国家这样要求。此外，公共政策制定者应能够保护自身政策工具以进行政策调整和监管。即使服务提供商不是位于公共监管范围内的企业实体，金融科技也尤其容易受到以下情况的影响：提供金融服务、系统性漏洞和汇率漏洞。虽然本节认为，对金融科技实施不同于传统行业的监管十分重要，但国内当局必须保持政策执行并对企业行为体实施处罚的能力，即使这些行为体位于海外。因此，要求金融科技公司在当地注册并在当地设立机构至关重要。

5.4 南南合作与金融科技

5.4.1 在多个国家和司法管辖区开展金融科技业务

虽然金融科技在南方国家发展迅猛，但关于金融科技在解决发展挑战方面的作用，目前尚无人探索，也没有形成相关的理论。金融科技将持续发展这一点毋庸置疑，但金融科技作为发展政策和策略的一部分，其作用需要由南方国家政府和从业者结合其在全球范围内的发展状况，及其在整体数字经济中的发展状况来确定。目前，主要是主权国家和大型国际私营企业在助推金融科技的发展。

尽管如此，发展中国家之间确实存在跨境业务，因为许多使用金融科技的公司在多个国家，特别是在次区域地区开展业务。Grab 就是一个众所周知的例子，Grab 是一家优步式的新加坡约车和食品配送公司，在东亚经营业务。Grab 还涉足食品配送和城市交通服务。随着金融科技公司的发展，Grab 及其子公司也在迅速发展成为金融服务公司。与世界其他地区一样，东亚各国也采用了各种各样的方法来对公共交通实施监管，更不用说对金融科技公司本身的监管了。例如，通过意向性的南南合作协议，东亚各国可建立一个针对这些监管的协商机构，这将大大促进这些金融科技公司在当地子公司的业务发展，拓宽它们的服务渠道。

对于服务不足的地区，南南合作咨询机构可以推动区域投资者设立新的服务实体。

5.4.2 全球南方参与制定国际法规和标准

关于是否需要对数字技术实施监管，确保其不会损害社会和民主的目标这一问题，有关各方进行了一场激烈的辩论[1]。世界贸易组织和经合组织制定的关税、法规和贸易规则，往往对总部设在发达经济体的大公司更为有利。与此同时，非洲国家正在协调它们的谈判立场，以应对全球北方关于全球数字企业待遇规则的提议。北方国家最重要的提议包括将目前生效的临时市场准入和关税暂停协议永久生效。北方国家的提案还旨在禁止世贸组织的成员国要求将从本地公民收集的数据保存在本地服务器中，并要求公开本地使用的应用程序的源代码。

这些提案的国际合法化可能会对南方国家政府监管数字公司及其活动的能力，以及从其运营中获得公共收入的能力产生深远影响。印度和南非单方面对其管辖范围内的外国数字公司的部分交易征税，违反了经合组织对税基侵蚀和利润转移项目（BEPS）的禁令，该禁令针对的单边措施的有效期截至 2020 年底。BEPS 项目计划在 2020 年完成数字公司税务处理提案，由于缺乏协商一致的意见，需要进行更多的公众协商，这项工作被推迟了。2021 年 7 月 10 日，G20 峰会财务部部长对 6 月 13 日由 G7 康沃尔（Cornwall）公报所设定的全球最低企业税率达成一致意见。一系列研究表明，特别是对南方国家而言，这些提案可能会对收入产生巨大影响（Banga，2017；OECD，2019；Makiyama and Narayana，2019）。值得注意的是，经济合作与发展组织（OECD）和世界贸易组织（WTO）都不是联合国的专门机构，其默认做法是确保

---

[1] 关于这次辩论内容的例子，见联合国发展筹资问题机构间工作队《2020 年可持续发展筹资报告》。其中专门有一章（第二章，第 15～21 页）讨论了金融科技带来的机遇和陷阱，包括金融监管问题（https：//developmentfinance. un. org/fsdr2020）。

所有国家在制定规则时都有发言权。

鉴于全球南方在金融科技领域取得的重大进展，建议南方国家在南南合作框架下，在谈判中形成协调机制，并参加对其有影响的论坛，特别是经合组织、世贸组织和联合国的论坛。南方中心①正在为发展中国家在世贸组织就数字经济进行谈判提供技术支持。南方中心还每年召开一个发展中国家税务和行政官员的年度论坛，发展中国家最近通过该论坛就数字公司的税收待遇政策进行了相互协商。二十四国国际货币事务政府间小组（G24）在数字公司的税收待遇方面设计了一项更有利于发展中国家利益的提案。

应扩大这种努力，并设立专门的小组委员会解决发展中国家对影响金融科技的规则的立场问题。发展中国家之间的协商活动可以帮助它们在国际货币基金组织、世界银行和区域金融机构等其他场合表明自己的立场，因为在许多情况下，这些机构所形成的成果违背了发展中国家的利益。作为南南合作的一项事项，同时为了降低成本，南方国家应考虑建立专家委员会（由发展中国家的专家组成，由发展中国家控制），就数字经济的当前和未来问题向这些机构提供建议（Montes，2019a、2019b）。

5.4.3　南南合作推动金融科技发挥发展工具的作用

金融科技为全球南方提供的最重要的机会是，它的传播有可能改变市场和经济交易的性质，从而加快经济增长并实现快速减贫，特别是促进小型初创业的发展（Suri and Jack，2016）。南南合作可以用来推动作为一种发展工具的金融科技实现更快地发展。现实情况是发展中国家对金融科技的接纳程度非常不平衡。重要的经验教训（无论是成功的还

---

① 根据南方中心的官网，南方中心是一个"发展中国家的政府间组织，旨在帮助发展中国家将它们的努力和专门知识结合起来，以促进它们在国际舞台上享有共同利益。南方中心是根据 1995 年 7 月 31 日生效的一项政府间协定设立的。其总部位于瑞士日内瓦。"

是失败的）均"有案可循"。作为南南合作的一项事项，主要的南方国家可以加强努力，通过技术合作向其他发展中国家宣传它们的方法、软件和监管框架。

非洲的经验（特别是肯尼亚的经验）表明，金融科技可以向没有银行账户的人快速提供服务。拉丁美洲的经验（尤其是巴西和乌拉圭的经验）强调了金融科技能够为财富管理提供便利，并能够将数字技术应用于标准的银行业务（IADB and FINNOVISTA，2017）。东亚和东南亚的经验凸显了金融科技在促进小型实体企业和服务业扩张方面的潜力。

当然，尽管存在许多相同经验，但在金融科技领域的建设经验和可能性方面，每个南方国家都有自身独特的情况。当拥有大量金融科技行业的国家向本地区其他国家和其他全球南方分享经验时，接受国必须结合自身的情况做出适当的决定，并设计最适合本国的发展道路，充分利用金融科技提供的技术和市场发展优势。

5.5 结语

金融科技为发展中国家无银行账户和资产匮乏的人群提供了扩大业务的机会。在促进实体部门活动增长领域内，金融科技的增长最为迅速和强劲。正如上述示例所指出的，金融科技在中国的发展是创新之举，值得关注。金融科技作为扩大中国普惠金融的一种工具也在继续发展，但与其他发展中国家相比，其发展速度相对较慢。

本章指出了金融科技发展面临的一些挑战。首先也是最重要的是实体行业即正规行业正在稳步增长。这种考虑是基于金融科技扩张的风险可能与小额信贷（以前被认为是减贫的有效方法）经历的许多问题（包括过度负债）相同。其次，是政府正在制定政策寻求将金融科技纳入其一揽子发展工具包。有人提出，当金融科技在数量上对一个国家还未产生重要影响的时候，政府应禁止对金融科技实施标准的金融监管。因此，建议南方各国政府应对金融科技最终会变得重要做出假设，当局应尽早进入尚未制定政策的领域。

从南南合作和三方合作的角度看，金融科技的发展时机已经成熟。南方国家间可分享相关技术，因为其中许多方法非常适合发展中国家的情况。全球南方金融科技政策空间受到的国际限制主要来自世贸组织和经合组织对金融科技公司设定的标准和监管规定，这可以通过发展中国家之间更密切的磋商和更协调一致的行动来加以改善。

第6章
数字医疗和南南合作与三方合作

Olalekan Uthman，Kelley Lee

6.1 引言

数字医疗是数字技术在医疗领域的运用。根据世界卫生组织（WHO）的定义，数字医疗是从电子医疗（eHealth）这一概念发展而来的，是指"使用信息和通信技术为医疗和医疗相关的领域服务"。而移动医疗（mHealth）是电子医疗的一部分，被定义为"使用移动无线技术为医疗领域服务"。近年来，数字医疗的范围不断延伸，可视作"涵盖电子医疗（包括移动医疗）和新兴领域（如在大数据、基因组学和人工智能中运用高级计算科学）的一个笼统术语"（WHO，2019b）。简言之，数字医疗包括医疗行业和相关技术在内的各个方面。

各种数字技术在医疗领域得到了广泛应用，包括医疗健康研究（如数据的收集和共享）、临床护理（如诊断、临床处置和术后随访）、公共卫生实践（如疾病监测和健康促进）以及医疗系统的运行和管理（如信息系统和财务管理）。数字技术有望给上述医疗领域带来革命性的影响。

　　在过去 30 年中，公共部门和私营部门大力投资医疗相关的数字技术，投资速度逐渐加快，投资规模和范围不断扩大。这一现象产生的主要原因是 1980 年代以来微处理器芯片（微芯片）的发明和商业化，推动了计算机技术的高速发展，提高了信息和通信技术的能力，降低了成本。相关技术迅速应用于医疗领域。医疗领域需要管理规模庞大且形式不同的数据（如研究数据、病历、预算），数字技术为生成、存储和共享这类数据提供了更好的方式。

　　随着微处理器容量呈指数级增长，以及宽带技术（如电缆、卫星、数字用户线路）收发数字数据量的增加，数字通信技术在医疗领域开启了全新的应用场景。一个最为突出的例子是远程提供临床护理，即"远程医疗"，远程医疗的兴起是为了以最具成本效益的方式扩大服务范围（Nesbitt et al.，2012）。自 2000 年代中期起，移动技术的快速发展和普及激发了许多领域的创新，如诊断、监测和健康促进，这些领域统称为移动医疗领域（Waegemann，2016）。价格低廉的移动技术网络在全球的普及，打破了基础设施的限制，并以更低的成本为服务不足的群体提供服务。随后，从 2010 年代中期开始，数字技术计算能力的不断提升，进一步带动了许多新技术在医疗相关领域的应用，如大数据分析（使用定性和定量技术分析大量数据以探索趋势和模式）、信息学（应用数据优化决策和行动）、人工智能（利用计算机系统完成通常需要通过人类智力完成的任务）和信息物理系统（采用基于计算机的算法来控制或监督系统内的机制）。

　　与医疗相关的应用包括生物信息学（收集和分析复杂生物数据的科学，如基因密码）、精准医疗（为不同的患者提供定制化的医疗服务）、智慧医疗（利用新一代信息技术改造传统医疗体系，使其更加高效、便捷和个性化），以及在新冠肺炎疫情期间使用信息物理系统和人工智能追踪接触者（Agrawal，2019；Tian et al.，2019；Guttman，2020）等。这些应用正在改变医疗健康研究、临床和公共卫生实践以及医疗健康管理和服务。

这些进步被统称为第四次工业革命，主要是由高收入国家公共部门和私营部门的投资与应用推动的。许多人认为，数字技术给医疗领域带来的最大利益尚未在全球南方实现。很多人相信，数字卫生蕴藏着前所未有的机遇，能够帮助未得到充分医疗服务的群体获得更多、更好且负担得起的服务，特别是通过"跨越"传统基础设施的限制来降低医疗服务的成本（Burki，2018；Mitchell，Kan，2019）。2019年，发达国家和发展中国家每100名居民中使用移动蜂窝和移动宽带的用户数差距较小（分别为128.9∶103.8、121.7∶75.2）。因此，人们的兴趣主要集中在如何拓展、调整和应用新的数字技术，以解决尚未得到满足的医疗需求问题，以及推进全球南方下个世纪的健康发展目标。这种兴趣也反映在促进数字医疗发展的项目迅速增加上（WHO，2018a，2018b；Ngoc et al.，2018）。

本章旨在探讨数字医疗在推进发展目标方面带来的主要机遇，以及为实现潜在目标可能面临的风险和挑战。为此，本章重点关注与健康相关的联合国可持续发展目标，尤其是以健康为主的可持续发展目标3，以及在全民健康覆盖方面所做的努力——这是许多南方国家的重点医疗改革目标，也是世界卫生组织的优先目标（Darkoh，Sargent，2017；WHO，2019a，2019b）。首先，本章借助世界卫生组织的数字医疗干预分类，介绍医疗行业发展的主要机遇，并提供案例分析。其次，探讨在可持续发展目标下，南方国家拓展数字医疗的主要风险和挑战。最后，思考南南合作和三方合作在推动潜在机遇、缓解风险与挑战中可能发挥的作用，并得出最终结论。

6.2 数字技术推动医疗体系发展的机遇

1978年签订《阿拉木图宣言》[①]时，信息和通信技术刚刚兴起。那

[①] 根据世界卫生组织网站的介绍，"1978年的《阿拉木图宣言》是20世纪公共卫生领域的里程碑事件，它指出初级医疗保健是实现人人健康的关键"。

时，在医疗服务领域采用这些技术是十分复杂、昂贵且有限的，应用于智能手机、平板电脑和笔记本电脑等如今已普及的技术尚不存在。然而，1990 年，新技术——特别是互联网技术，开始产生革命性的影响。随着技术的不断进步，越来越多的行业开始应用新技术，进而渗透到社会生活的各个方面。新技术给医疗领域带来的价值提升尤为明显，它的出现使人们能够更有效地管理自己的健康，同时更精准地诊断疾病并监测政策对人口的影响。这些数字医疗技术深刻地影响了医疗服务的服务方式和医疗系统的运行方式。各国纷纷推出数字医疗政策（截至 2015 年，超过 120 个国家推出类似政策），彰显了各国致力于利用数字技术来推动可持续发展目标、推进全民健康覆盖和塑造初级医疗保健未来的坚定承诺。

今天，数字医疗已成为一个突出的实践领域，利用常规和创新形式的信息通信技术来满足医疗需求已司空见惯。2018 年 5 月，世界卫生组织成员国一致通过"世界卫生大会关于数字医疗的决议"，体现了对数字技术有望推动全民健康覆盖和其他可持续发展目标中健康目标的共识。该决议敦促各国卫生部"评估数字技术在医疗领域的使用情况……酌情优先发展、评估、实施、拓展和加强使用数字技术"。此外，该决议还要求世界卫生组织提供数字医疗领域的规范性指导，包括通过促进循证数字医疗干预措施。

在数字医疗的热潮中，项目执行往往呈现一个特点，即缺乏对项目利弊证据的仔细调查。对数字医疗的热情高涨，还导致短期项目的激增和数字工具的多样化，但其对卫生系统和人类福祉的影响，人们则知之甚少。世界卫生组织贝拉吉奥电子医疗评估小组（The WHO Bellagio eHealth Evaluation Group）的共识声明中尤其强调了这一问题，在开篇即表示"为促进健康和减少健康不平等，有必要对电子医疗进行严格评估，以提供证据并促进技术的适当采纳和使用"。尽管数字技术在加强医疗系统方面的创新作用已得到认可，但与之同等重要的是要评估数字技术的切实效果，确保此类投资不会不当地挪用替代的、成功的非数字方法的资源。

电子医疗档案、智能手机、智能手表、电子医疗处方、人工智能、电子学习以及其他现有的数字技术，在提升患者安全水平、增强健康教育意识、培养专业医疗人员和赋权患者及其家庭方面发挥着至关重要的作用。全球南方最能从医疗健康领域的数字革命中获益，这些国家可以利用数字技术减轻日益沉重的疾病负担，消除基础设施、运营环境和监管环境的主要障碍。然而，为实现数字医疗技术的前景，同时避免其潜在的缺陷，必须基于可持续、公平和包容的原则采用一套全面、系统的方法。众所周知，全球南方的公共卫生领域充满挑战。一方面，作为预防、诊断和治疗的医疗健康基础设施自身存在问题；另一方面，许多南方国家的医疗系统能力有限且状况不佳，支持提供医疗服务的能力不足。

面对提供医疗服务的鸿沟，数字技术大有可为，它能够将有限的医疗资源向需求最迫切的地区倾斜。近几十年来，尽管全球在艾滋病、疟疾等许多疾病的治疗方面取得了重大进展，但随着糖尿病、心脏病和癌症等慢性病的增加，全球南方的疾病负担依然过重。根据世界卫生组织发布的《全球非传染性疾病现状报告》，2016年，全球因疾病死亡的人数达5700万人，其中4100万人是由非传染性疾病造成的。而在2014年，非传染性疾病造成的死亡人数为3800万人，这意味着短时间内非传染性疾病造成的死亡人数增加了300万人。令人震惊的是，在非传染性疾病造成的死亡病例中，有78%的病例出现在低收入和中等收入国家（WHO，2021）。

这一令人痛心的事实表明，许多南方国家缺乏必要的基础设施，难以为公民提供基本的医疗保健服务。移动手机、移动应用、远程医疗、医用无人机和其他解决方案则大多能打破传统的基础设施和服务局限，代表着未来的发展趋势。事实表明，远程医疗已经能够有效替代传统医疗服务，特别是在难以获得专业服务的农村地区（Agha et al.，2002）。远程医疗之所以具备成本效益，主要有三个原因：①成本分摊，即充足的患者数量，以及不同临床用户之间共享远程医疗基础设施；②有效的患者效用和成功的临床会诊；③减少患者生产力损失所造成的成本，即间接节省的成本（Agha et al.，2002）。

数字技术对社会各领域产生了积极影响，包括农业、经济、教育和社会政治。数字技术改变了人们工作、购物和社交的方式，也正在以前所未有的速度改变着医患关系。在当前这个数字化迅猛发展的时代，随着科学与技术的融合，创新的数字医疗设备不断涌现，为健康和疾病的处理提供了更便捷、更准确的规范。这种融合跨越了广泛的技术和应用，包括患者监护、虚拟现实康复、医疗结果的准确预测、临床决策支持和可穿戴医疗设备等。数字医疗有望提高医疗服务的效率、改善医疗服务的可及性、降低医疗成本和提升医疗质量，并提供更加以人为本和个性化的医疗卫生服务，从而满足每位患者的特殊需求。

这股医疗改革之风正在吹向全球各地，包括全球南方。数字医疗为加强和改造薄弱的医疗系统以及降低从母婴疾病到慢性和传染性疾病的死亡率等各种问题提供了巨大的可能。移动手机和互联网的使用，意味着可以通过移动网络基础设施与偏远社区进行实时沟通，这在以前是无法想象的（Curioso et al.，2005）。此前只提供给部分地区或部分人群的信息，现已广泛提供给医生、卫生工作者和患者。在进行医疗检测时，也许只需通过一部手机、一台个人数字机器或一个网络摄像头即可完成诊断，这拓展了人们获得医疗服务的方式。在许多国家，公共部门和私营部门正在合作，通过社交网络和其他媒体平台提倡健康行为、协助患者监测护理情况、培训医疗工作者、追踪疾病暴发的根源、加强诊断和治疗支持（Mechael，Sloninsky，2008）。

目前数字医疗领域所取得的许多创新成果是非洲、亚洲和拉丁美洲社会企业家智慧的结晶。在全球南方，许多私营电信公司、非政府组织、学术机构和软件开发团队之间的合作正在促进改善人们健康和福祉的创新。部分技术创新已经成为现实，更多的突破即将发生，且这些创新在发展中国家率先发生，因为这些国家中阻碍创新的既得利益者较少。例如，一款名为 EpiSurveyor 的免费软件程序能够帮助肯尼亚的卫生工作者在手机上使用基于网络的数据收集工具，有效地追踪疾病暴发根源。这一软件已经被肯尼亚卫生部采用，但不太可能快速进入发达国家的市场。

源于南方国家的数字医疗创新形式多样。根据 2018 年世界卫生组织对数字医疗干预措施的分类，这些创新可以按照主要目标使用者划分为四类。

（1）用户：潜在或正在使用医疗服务的公众群体，包括医疗促进活动和接受医疗服务用户的护理人员。

（2）医务人员：提供医疗服务的医疗工作者。

（3）医疗系统和资源管理者：参与公共医疗系统管理和监督的人员，这类干预措施反映了与供应链管理、卫生融资和人力资源管理相关的管理职能。

（4）数据服务：包括为数据的收集、管理、使用和交换等活动提供支持的交叉功能。

用户干预的一个实例是加纳的社区卫生移动技术（MoTeCH）。MoTeCH 旨在缩小加纳卫生服务使用方面的差距，以降低产妇和新生儿的死亡率并改善孕妇和新生儿的健康。MoTeCH 推出了两个相互关联的移动手机应用——"移动助产士"（Mobile Midwife）和"护理应用"（Nurse Application），旨在为贫困农村地区的用户和医疗工作者提供服务。"移动助产士"通过语音信息，使用当地语言为孕妇和新生儿父母提供具有针对性、实效性和基于循证的重要健康信息。"护理应用"则帮助社区卫生站护士以电子方式记录患者接受护理的情况，确定需要进行重点护理的患者（包括母亲和新生儿）。使用当地语言推送语音信息是一项创新之举，规避了识字率低的问题，也使信息本身提高了可信度。另一项重要创新是，MoTeCH 的两个应用可以结合起来，为患者和护士提供交叉预约提醒服务。护士每周可以在手机上看到已过护理期的患者名单，并据此准备联络和出诊时间表，以最大限度地扩大护理的覆盖面。MoTeCH 的核心技术极具灵活性，并且开源许可，确保了加纳政府能够将此技术运用于新的医疗领域，如库存跟踪。

其他一些国家和组织也为基于用户的数字医疗项目制定了干预措施。在南非，Praekelt 基金会（致力于开发创新的移动技术解决方案）和开普敦大学正在合作建立和部署艾滋病防治平台。在印度，亚洲媒体实验室（Asia Media Labs）正在为社区卫生工作者和游戏系统开发数据收集支持工具，以促进行为改变。健康促进游戏化指的是一种学习体验平台，旨在吸引、会聚更多的人参与各种行为改变，提升他们的技能。游戏化有助于提高患者、学生和医生的健康素养，正应用于一些远程医疗项目，为病患、卫生工作者和普通民众提供教育培训。在秘鲁，卡耶塔诺埃雷迪亚大学（Universidad Peruana Cayetano Heredia）正在开展生物医药和健康信息学领域的研究与培训。在加纳，一款名为 m-Pedigree的程序可以通过手机识别和减少假药的使用。在卢旺达，一项名为 TracNet 的手机技术正用于帮助跟踪患者及其治疗情况。

在医疗服务提供者的干预措施方面，联合国儿童基金会（UNICEF）和乌干达卫生部针对医疗服务提供者的干预正在推出一种名为 mTrac 的电子医疗方案，该方案通过基于网络的数据聚合和分析平台，使用开源 RapidSMS 软件提供的短消息服务（SMS）对疾病、药品库存和医疗服务的提供情况展开实时监控。mTrac 的出现得益于电信基础设施的不断完善以及网络覆盖率和手机渗透率的快速提升。专业卫生人员和社区卫生工作者可以在自己的手机上按照卫生管理信息系统表格提交疾病监测周报和 ACT 疗法药品库存周报，且无须为此付费。地区卫生工作队、国家卫生部和其他国家利益相关者通过网络界面管理每周上传的信息生成报告，以促进规划和监测。此外，为加强社区监测，mTrac 还推出匿名免费短信热线，用于报告在提供医疗服务过程中出现的问题。

2010 年 8 月，世界卫生组织在喀麦隆推出了一项医务工作者干预措施。该措施采用信息通信技术，通过极具成本效益的战略，加强对流行病学的监测并加快对疫情的响应速度。该干预措施建立在现有的信息通信技术系统之上，移动电话用户不断增加，移动网络覆盖范围不断扩大，为在各级（包括转诊实验室）从事流行病学监测的卫生工作者建立了一个移动电话报告网络。计算机和无线网络连接中央和地区两级，并逐步推广至全国 10 个地区。在该网络内，电话通信 24 小时免费。高速互联网实现了中央级的 5 个决策服务点和 10 个地区卫生服务点的连接，促进了电子数据的传输。移动电话网络则有助于更高级别的卫生工作者和社区卫生工作者对监测人员进行疾病病例定义方面的指导，以提高病例检测和调查的质量。这些干预提高了流行病数据报告的及时性和完整性，改善了实验室工作团队和现场医生之间的沟通质量，从而缩短了响应时间，提高了样本测试的准确性。此外，通过移动电话网络和互联网传输数据的费用，比该计划启动前传统的地面有线传输方法节约了 30 倍。由于卫生工作者能够以电子方式传输数据，也减少了医疗工作者的外出需求，为他们留出了更多时间处理其他卫生保健问题。在菲律宾，移动医疗技术为农村医疗工作者提供了帮助。柬埔寨启动了湄公河合作计划，通过名为 GeoChat 的信息系统进行群组通信，并开通了一条热线，市民可以通过该热线报告疾病暴发情况（Mechael, Sloninsky, 2008）。

在医疗系统和数据服务的干预措施方面，南方国家开始采用数字医疗方案应对新冠肺炎疫情。在印度，就诊人数较多的三级转诊中心，如全印度医学科学研究所（All India Institute of Medical Sciences），已经启动远程医疗服务代替面对面的医疗检查。斯里兰卡卫生部为主动监测新冠肺炎疫情，开发了一款基于网络的地区卫生信息软件，用于采集来自风险国家的入境旅客信息。该新冠肺炎疫情监测系统能够采集所有入境口岸的人员状况、入境信息、患者症状和可能接触的人员，并将相关地区的信息发送给当地公共卫生官员。CommCare 是一个开源移动病例管理平台，供 70 万名一线卫生工作者使用。该平台通过连续的服务提供、商品供应链和患者信息传递来追踪用户。CommCare 允许非工程师构建和调整移动应用程序，用于追踪接触者、收集数据、提供决策支持、追踪用户、收发短消息和提供可视化的地图显示。利比里亚在早期埃博拉疫情期间建立了双向移动手机通信系统 mHero，该系统目前也用于应对新冠肺炎疫情。mHero 通过使用简单移动设备（仅提供通话和短信功能）将利比里亚卫生部与医疗工作者连接起来，为他们提供基本的短信服务，这意味着无须使用智能手机和平板电脑。

6.3　数字技术推进医疗发展的风险与挑战

上一节介绍了数字医疗为促进全球南方地区医疗发展所提供的广泛机会，以及相关的一系列技术和应用，本节将探讨为实现这些机会需要应对的潜在风险和现实挑战。这些风险和挑战将分为四个主题讨论，即项目管理、融资支持、社会公平以及伦理治理。南南合作和三方合作对帮助全球南方应对这些风险和挑战有着巨大的潜力，相关内容将在下一节讨论。

6.3.1　项目管理

大型基础设施项目（超过 10 亿美元的项目）由于体量大、复杂程度高，经常面临项目管理方面的挑战，导致成本超支和交付延期（Beckers et al.，2013；Garema et al.，2015；Shepherd，2017）。例如，巴西萨尔瓦多从 2000 年开始修建地铁，原计划于 2003 年实现第一段通车。经过多次延期后，一号线直到 2014 年举行世界杯足球赛时才实现部分通车，二号线在 2016～2018 年分段通车（Passos，2017）。鉴于大型数字医疗项目实际上是数字通信和医疗两个复杂系统的结合，因此极有可能面临相似的项目管理风险。高收入国家大型数字医疗项目未按时或未按预算交付的情况不计其数，有些甚至完全不顾时间表和预算，成为政府的"烂尾"项目或"烧钱"项目（Carvel，2006；Chadha，Llewellyn，2019）。在全球南方，许多小规模项目会同时进行，上述风险可能会增大。这些项目往往由外部发起（有时称作"试行"项目），对地方资源造成过重的负担。捐助方和投资方可能倾向于在短期依赖外部顾问和技术公司代表来设计和实施数字医疗项目，以达到商定好的预算和时间要求。在此情况下，能否培养本土的项目管理能力、能否与本土系统相适配，这些方面可能未得到充分的重视。Curioso（2019）指出，在拉丁美洲，数字医疗领域医疗专业人员的能力建设和培养是"最大的公共卫生挑战之一"。

开展多个数字医疗项目带来的另一个挑战，是国家和区域内以及国家和区域之间的努力分散或协同不足。特别是在缺少国家和区域层面数字医疗战略的情况下，会导致出现许多小规模、通常不相关的项目，这些项目的拨款经常受时间限制，且仅能为一个国家内的特定人群、特定应用或特定地区提供服务。这会导致工作真空或工作重叠、技术标准不兼容的情况，最终不能实现项目目标。例如，在移动电话革命的初期，乌干达出现了大量小规模的示范和试行项目，这些项目往往互不兼容且重复浪费，这一现象在当时颇为严重。如本章后文所述，减少全球南方项目管理风险的第一步，是在国家层面制定强有力的数字医疗战略，明确国家的数字医疗重点，并将此作为建设基础设施和培养本土能力的蓝图。

6.3.2 发展数字卫生的融资支持

据估计，为实现联合国可持续发展目标，还另需 2.5 万亿美元资金。这一融资水平远超全球南方的经济实力，也意味着若要实现与健康相关的目标，必须通过外部途径获得资金支持（Broom，2019）。为实现可持续发展目标，自1990年以来，捐助界一直在支持对包括医疗健康设施在内的基础设施进行投资（World Bank，1994），且自2010年以来投资规模大幅增加。以中国的"一带一路"倡议为代表，这些发展项目侧重于推动全球南方进一步融入全球经济。"一带一路"倡议计划于2017～2027年融资1万亿美元，主要投资于亚洲、非洲和欧洲近70个国家的交通、通信和物流（OECD，2018d），这将对全球健康行业产生许多隐性影响。与之类似的是日本的基础设施倡议，该倡议计划为亚洲和非洲新兴市场（包括孟加拉国、柬埔寨、印度和土库曼斯坦）的基础设施项目追加2000亿美元的投资（Shepherd，2017）。因此，全球南方的基础设施资产存量将有所增加，但在国家和行业之间分布不均（Gurara et al.，2018）。据估计，非洲国家预计每年仍需950亿美元的基础设施投资（Asamoah，2020）。

迄今为止，全球南方的数字医疗融资来自国内外的公共部门和私营部门。1995～2005年，尽管全球南方的电信投资支出占国内生产总值的比重有所提高，但Negash和Patala（2006）发现，其绝对投资金额仍不足以实现投资带来的经济效益。因此，数字医疗的外部投资渠道尤为重要，但如前文所述，外部投资往往规模较小、时间较短，并且资金多用于试点项目而非大型基础设施开发项目。当通过私人投资和发展贷款为后者提供资金时，换来的是部分或者全部国有资产的私有化，从而造成国家债务增加（Doh，Teegan，2003）。这些国家发展数字医疗的难点在于吸引足够数量和形式的融资，以促进实现更大的发展目标。这意味着需要重视限制潜在投资者参与的因素，并强化行政、监管和法律框架，从而确保投资能够切实地为本地需求服务。第4节将探讨如何通过南南合作和三方合作实现这一目标。

6.3.3 对健康和社会不平等的潜在影响

许多人寄很大希望于利用数字医疗的机会来消除全球南方在医疗方面的巨大差距，并减少这一地区健康和社会的不平等现象。本小节将再次涉及数字医疗的潜在好处，并突出不平等加剧所造成的相关风险，重点关注全球南方的数字技术由谁控制以及使用这些技术的目的是什么。

数字技术行业由"利用创造力、人才和数字技能，以电子方式采集、传输、显示数据和信息的制造业与服务业"组成（Canada，2018）。在全球范围内，该行业目前由少数大型营利性私营企业主导，其中医疗行业被认为是新兴的"利润丰厚的新垂直市场"（Canada，2018）。根据全球前 100 强数字化企业的可用数据及其市值（以 10 亿美元计），领先的 IT、硬件、传媒、数字零售和电信上市企业来自 17 个国家。其中，美国企业占据了榜单的近一半（49 家企业），且占据了前25 位（19 家企业）（Murphy，2018）。在此背景下，全球南方若试图投资数字医疗技术，它们大多成为市场的买家，这一市场由总部设在全球北方的营利性私营企业主导。这些企业由于各种原因在全球南方发展数字医疗，包括比竞争对手更早进入新兴市场、发展规模经济以及参与基础设施项目的大规模投资。

然而有证据表明，全球南方的数字技术企业凭借其服务大型国内市场的经验，已准备好成为全球数字技术的主要参与者。例如，中国和印度的互联网用户数量（分别为 8 亿人和 5 亿人）已经超过 37 个经合组织国家的总和（Chakravorti，Bhaskar，2018），并孕育了许多快速成长的企业，如中国的阿里巴巴和腾讯，以及印度的塔塔（Tata）。两国政府也提出加速数字化发展的宏伟计划。例如，习近平主席宣布了包括人工智能在内的中国数字技术发展的战略目标（Segal，2018）；纳伦德拉·莫迪总理启动"数字印度"这一国家计划，旨在将印度转变为数字强国（Government of India，2014）。在两国的改革计划中，数字医疗是一项重要内容。例如,有人指出,限制印度医疗行业发展的许多问题都可以通过现存的或正在开发中的数字技术解决。其中,一些创新成果还可能从根本上改变医疗服务,如帮助人们更好地获得服务、将常规任务自动化,以及通过分析患者数据提高护理决策质量(Kaka et al.,2019)。一些观察人士认为,全球南方的数字企业会更加适应健康平等的需求,也更有能力为所在地区提供合适的数字化技术,推动健康发展。

无论所有权归属如何,或者公共投资和私人投资之间的平衡如何,数字医疗领域依然存在健康和社会不平等的风险。这些风险取决于采用什么技术、出于什么目的以及最终由谁获利。一些批评人士认为,数字技术的广泛引入,将促使全球南方形成一种新的产业模式,这种模式寻求进一步将全球南方融入"支撑当代全球经济的特殊产业组织形式,即围绕全球价值链和全球生产网络的产业组织形式"(Phillips,2017)。在这种产业组织形式下,市场、社会和政治力量的不对称,造成了"巨大的社会经济鸿沟"。Kwet(2019)提出,随着全球领先的技术企业向新兴市场扩张,"数字殖民"现象随之产生,并催生了5种形式的统治。以南非为例,"在数字生态圈架构层面(软件、硬件和网络连接)的帝国控制",导致出现新的经济控制、对政治经济和文化生活的直接控制、侵犯隐私、大规模和有针对性的监控以及数字世界的精英概念。在此情况下,数字技术不太可能满足多数人的优先需求,并且可能转移非数字手段的稀缺资源(Bellagio eHealth Evaluation Group,2011),包括医疗行业的资源。

为促进减少而不是加剧或扩大全球南方的健康和社会不平等现象,数字技术必须首先注意将推动平等的目标纳入其设计中。例如,增加服务不足群体获得服务的机会,以及提升全民健康覆盖率。非洲国家的数字医疗技术可能会改善健康状况,但也可能进一步加剧已经扩大的卫生信息差距(Sheikh,2014)。正如 Brall 等(2019)所指出的,"只有当全体利益相关者,特别是数字医疗服务的提供者和监管机构确保设计和采取数字医疗干预措施……以促进所有人口群体的健康平等，才有可能通过这种转变实现公平的数字医疗"。

6.3.4　引导对数字医疗技术进行伦理治理

数字医疗伦理指的是遵循约定的伦理标准、专业原则和临床可靠性，利用在线和数字媒介开展与卫生有关的活动。尽管数字医疗伦理对数字医疗的发展至关重要，但相关规定要求少之又少（Brall et al.，2019）。医学伦理学家警告说，不要让"技术紧迫性"（Technological Imperative）凌驾于伦理之上。正如 Kluge（2011）所指出的，"远程医疗面临的问题不仅仅是技术问题，还包括价值问题，这些价值问题涉及医疗的本质、医患关系的本质以及信息专业人员的角色和责任"。Kluge（2011）还警告说，"一味地从实用主义的角度考虑问题，将会忽视具有法律含义的基本伦理问题，这可能会影响它的成功"。因此，随着数字医疗技术的开发和应用，对所面临的伦理风险和挑战的理解正在浮现。为此，需要尽早将伦理纳入数字医疗规划的各个阶段。特别是考虑到全球南方的特殊情况，更应认真思考数字医疗的伦理问题。

从全球南方的角度来看，数字医疗伦理主要有三个方面的问题需要彻底解决。一是数字医疗伦理应涵盖技术使用前、使用中和使用后的各个阶段。伦理考虑应确保技术获取的公平性和平等性。如前文所述，数字医疗技术的设计方式决定了该技术是阻碍还是推动了特定个人和人群的平等（按经济负担能力、识字率和其他因素划分）。符合伦理的做法意味着人们事先已掌握相关知识，能够对使用数字医疗技术的风险和好处做出知情选择。例如，使用者需要了解会产生哪些数据以及如何使用数据等问题，使用者还应有权给出相应的知情许可。如 Brall 等（2019）所述，"在自主性、知情选择和隐私权方面都涉及伦理问题，这些问题与数据的合理使用密切相关，个人应有权决定其私人信息的使用目的"。对于全球许多南方国家来说，它们在医疗行业面临"发达国家不曾面临过的剥削、非人化和缺少职业伦理"的历史遗留问题（Begum，2004），因此"设计之初即考虑伦理"非常重要。例如，必须明确约定知情许可、隐私权和共享利益等方面的规则，以此约束数字技术企业对卫生数据的商品化和商业化行为。

二是数字医疗伦理涉及所有利益相关者，包括"医疗和非医疗人员以及公共和私营组织"。在全球南方，利益相关者除了患者、医疗服务人员、研究人员、慈善机构、政府组织、保险公司和私营企业外，还可能包括健康发展机构、援助方和非政府组织。由外部推动的数字医疗计划还存在一个特定的风险，如 Brall 等（2019）所述，这样的利益相关者构成会造成治理问题，必须小心管理才能确保项目团队充分了解当地的情况和需求。尤其是在一些对医疗系统信任度较低的国家，数字医疗治理必须建立信任和授权（Peters，Youssef，2016）。

三是数字医疗伦理的技术问题（如互操作标准）和更广泛的治理原则（如透明度和问责制）之间的相互联系。在此情况下，治理涉及数字医疗技术能否按照约定好的原则、规则和流程在特定社会中运作，其中包括分配权力，就实现数字医疗系统设计和建设的总体目标做出决策，以确保互操作标准和监管机制监督此类技术的使用。

在全球南方，通过适当的监管机制解决有关数据所有权和数据安全的伦理问题尤其重要。为确保终端数据仅用于同意的目的，并防止违背伦理的数据使用行为（如政府监控或保险公司的筛查），需要建立卓有成效的治理体系。数字医疗技术在跨辖区甚至全球范围内收集、存储和传输数据的能力给全球南方带来了特别的挑战。例如，数字流行病学（或数字疾病检测）使用电子数据源实施监测，有可能提高疫情检测和响应的速度。自 2010 年起，印度开始实施 Aadhaar 系统，这是一个全国性的身份识别系统。该系统通过独特的 12 位数字标识和生物识别技术来整合多个领域的个人数据，包括电子医疗记录和健康保险信息。Aadhaar 系统能够提供更为精确和全面的健康统计数据，以支持医疗系统规划，并为印度 12 亿公民提供公共卫生干预（McKinsey Global Institute，2019b）。另一个例子是数字技术的使用使政府能够在发生疫情（如新冠肺炎疫情）时加强对接触者的追踪，并实施有关隔离和社交距离的规定（Huang et al.，2020）。

这为收集数字医疗数据，并将其与大数据相结合以应对全球重大健康挑战提供了重要机遇。然而，人们仍然担心，在突发公共卫生事件期间，政府对个人隐私的暂时性技术侵犯可能不会在事件结束后被取消（Bell，2020）。因此，必须建立一套清晰的伦理框架，以对数字医疗与大数据的整合进行治理。如何安全地储存这些数据？如何对使用个人数据给予知情同意？在什么情况下当局可以获得甚至绕过隐私规则获得这些数据？营利性的私营企业（如制药企业）在多大程度上能够获取这些数据并作为商业用途？Aadhaar 系统的强制性性质引发了人们对隐私、潜在错误（以及错误导致的被剥夺基本服务的权利）和欺诈风险增加等问题的担忧（Khera，2018）。

总而言之，从全球南方的角度看，监管机制需要认真解决上述问题，以决定谁有权获取数字医疗数据，以及数字医疗数据有哪些用途等问题，从而促进公平地获取数据，确保最大限度地提供卫生福祉并保护弱势人群（Kickbusch，2020）。

6.4 南南合作和三方合作在推动数字医疗中的作用

南南合作和三方合作可以通过多种方式协助各国把握数字技术机遇，推动健康发展，实现联合国可持续发展目标，更好地应对数字技术所带来的挑战。最重要的是各国应致力于制定国家层面的数字医疗战略，并与现有卫生系统和数字技术战略相结合（WTO，2020）。尽管大多数国家拥有各自的卫生和技术战略或政策，但拥有国家层面数字医疗战略的国家寥寥无几，且其中多数位于全球北方。因此，全球南方的数字医疗经验大多局限于小规模和由外部推动的短期项目。例如，由于对"试行"项目的失望，乌干达政府在2012年暂停了移动医疗项目，并要求今后所有的干预措施优先考虑互操作性、可持续性，并符合国家卫生部现有的网络法和数据要求（McCann，2012；PATH，2017）。国家层面的数字医疗战略将走得更远，从而确保技术的扩张与当地实际、需求和目标相一致。

南非的国家数字医疗战略（2019~2024年）是一种十分有效的数字医疗战略模式。该战略旨在"强化数字医疗治理结构，为信息系统的发展创建强大的综合平台，并与其他政府部门合作建立必要的宽带网络基础设施"（Republic of South Africa，2019）。这一战略基于南非更早出台的移动医疗战略，确定了数字技术在应对主要的医疗挑战方面的作用（Republic of South Africa，2012）。在卢旺达，国家层面的数字医疗战略规划处于早期阶段，但数字医疗发展十分迅速。该国实施了大规模的医疗改革，其中包括与外部合作引入为艾滋病治疗服务的电子健康记录（EHR）。卢旺达政府希望在医疗系统转型过程中扩大EHR的范围，从而在未来10年专注于数字医疗的发展。卢旺达尚未制定国家数字医疗战略，但正在积极寻求整合各种系统（Anon，2018）。

卢旺达和南非等国家在推进国家数字医疗战略过程中获得了宝贵的经验，这些经验可以同其他尝试制定类似战略的全球南方国家分享。通过南南合作和三方合作，各国在制定战略过程中汲取的经验教训，包括战略所需的核心内容、核心治理结构以及与国内外伙伴合作的最佳实践等，均可进行总结汇总（Labrique et al.，2018b）。尽管具体内容各不相同，但应将各国在制定一体化国家数字医疗战略过程中的步骤记录下来并加以分享。随着越来越多的国家参与制定数字医疗战略，将有机会发挥区域战略和区域间战略的优势，从而优化基础设施投资、提升规模效益以及实现数据和技术的共享。

南南合作和三方合作的另一个领域是可以共同推进针对全球南方的

数字医疗培训和能力建设项目。对数字医疗技术的投资要求对人力资源进行相应的投资。在医护人员、数据分析师、信息技术工程师以及其他必要的医务人员方面，全球南方存在大量的培训需求。然而，研究表明，相较于通过数字医疗培训建设地方能力，各国更注重发展技术基础设施和应用开发（Long et al.，2018）。尽管各国逐渐认识到数字医疗工作人员对于创建成功的数字医疗系统不可或缺，但在培训和教育方面的投资往往是次要考虑的因素。从全球来看，大多数数字医疗培训是由北方国家的机构提供的，许多培训内容与南方国家的需求和经验关联性不大。例如，Curioso（2019）指出，"在拉丁美洲，一个成功的数字医疗生态系统需要与文化相关的协作研究和培训项目……响应区域内所有利益相关者的需求"。一个设在全球南方的培训中心，再加上适当的课程和培训方式，对数字医疗的发展至关重要。它可以汇集各国的培训资源，以开发工具和方法，如技术评估、战略规划、风险评估、项目管理和数据分析。此外，还可利用这些资源来开发关键的培训内容，包括数字医疗和法律框架、伦理、数据治理、健康平等之间的关系等（Kim et al.，2017）。

通过南南合作和三方合作，可以推进全球南方的知识动员和分享，从而促进国家数字医疗战略和培训项目的发展。以移动医疗联盟为例，该联盟通过"分享工具、知识、经验和教训"，倡导利用移动技术改善全球健康（Devex，2021；Gerber et al.，2010）。另一个例子是皮尔法伯基金会（Fondation Pierre Fabre）于2016年发起的全球南方电子医疗观察站，该观察站为信息分享和互联互通提供了一个平台（Fondation Pierre Fabre，2020）。通过更加紧密的合作，有可能将这一平台从举办年度大会或提供定期项目资金，扩大到对有关培训和能力建设、研究、知识翻译和评估的综合项目进行更大规模的投资。更系统地对现有项目进行评估，更好地对现有项目的经验教训进行总结，从而使目前难以利用技术的方案能够就何时以及如何实施信息和通信技术做出明智的决定

（Lewis et al.，2012）。随着各国对数字医疗投资的扩大，共同制定和分享伦理准则、技术评估、治理和法律框架尤为重要。

鉴于数字医疗所需的投资规模较大，因此部分全球南方国家可以通过共享资源和基础设施来实现更大的规模效益和其他效益。例如，小岛屿发展中国家可以通过建立区域网络来促进数字医疗的发展，以满足国内的医疗需求和应对国内的医疗状况。成立于 2013 年的加勒比海公共医疗机构是全球三个跨国公共医疗机构之一，旨在通过资源共享发挥数字医疗和其他技术的优势（Hospedales，2019）。尽管在某种情况下，距离相近的国家更适合建立区域合作关系，但物理距离较远的国家如果存在一些相似的共性，也可以通过资源共享获取数字医疗技术的机会。

更紧密的南南合作和三方合作有助于改善全球南方国家的数字医疗融资水平。如前文所述，推动技术扩张以及在国家医疗系统中融入技术都需要大量财务投资，而为全球南方数字医疗项目提供资金的主要是来自全球北方的捐助方、研究方和技术公司。然而，近年来，许多全球南方国家正在建立融资伙伴关系。2018 年，亚太地区数字医疗领域的风险投资总额达到 68 亿美元（相比之下，美国和欧洲分别为 82 亿美元和 20 亿美元），投资者称之为"一个充满活力的生态系统"。这些投资包括印度尼西亚的卫生科技平台 Halodoc、中国的企鹅杏仁和越南的健康科技（HealthTech）生态系统（Koh，2019）。

6.5　结语

全球南方国家仍然面临严峻的健康发展挑战。尽管在过去 20 年里，全球南方国家已取得了整体进步，并且在联合国可持续发展目标的推动下持续取得了进步，但仔细研究即可发现，这些国家仍存在普遍的贫穷、边缘化、流离失所和环境退化等问题，这将持续阻碍当地的健康发展。由于对这些挑战未能引起足够重视，全球南方许多地区的医疗系统长期处于薄弱和资源不足的状态，因此缺乏相应的能力来减轻总体疾病负担和实现人人享有医疗服务的目标。卫生干预仍然无法满足当地需求，医疗服务也无法公平地提供给最需要的人群。为应对这些重大挑战，不仅需要对可持续发展目标做出总体承诺，而且需要为改善医疗系统做出持续努力。在这方面，数字技术有望为资源有限的全球南方国家提供更好的健康发展机会。

医疗服务数字化为医疗服务提供了更多的机会，也有望提高服务的透明度和增强服务的问责制。首先，数字化有助于促进基于循证的实践和减少错误，并提高诊断的准确率以及改善总体的治疗效果。其次，数字化能够促进用户赋权，使其更好地进行自我护理和做出卫生决策。再次，数字化可以用来降低医疗工作的能力门槛，从而帮助解决技能短缺的问题。最后，数字化可以简化流程、缩短等待时间和提升数据准确度，从而提高成本效益。电子医疗服务的广泛使用必须辅以一个涵盖法律和道德条件的监管环境，以确保数据隐私、安全和保密。通过确认什么样的数据是有效的，以及数据库建设的地点和建设的原因，并分享在此过程中遇到的信息和规则是至关重要的。通过收集相关指标、分析主要趋势，并就将电子医疗纳入国家医疗系统的规范给出报告，将有助于巩固各国的证据基础，为政策和实践提供指导。采用和推广使用数字医疗标准的国家有望通过可互操作的、更好的综合系统，打造成功的医疗行业。

加强与学术界、政府、行业和市民社会等主要利益相关群体在数字化相关活动方面的合作，可以促进公共卫生领域的创新性研究和发展，也有助于促进资源的分享。为避免医疗"人才流失"和确保医疗专业人员具备数字化能力，需要持续的专业发展和职业支持。通过具有针对性的网上学习项目，数字化本身还能显著改善医疗专业人员的培训方式。此外，在卫生工作人员较少的地区，数字化有助于提高医疗服务的效率。

数字医疗有机会像互联网和移动电话那样普及，届时人们在家里、学校和工作场所即可享受数字医疗服务。这些技术可用于提供卫生教育和宣传、监测慢性疾病和按需提供信息，从而提高医疗健康的质量、安全性和使用率。然而，数字医疗要促进可持续的卫生发展，就需要更多地对新兴技术的性质进行批判性的分析，确保全球南方更多并且真正地参与这些技术的开发和使用，同时对数字医疗技术进行强有力的和审慎的治理，从而确保这些技术用于公共利益而非私人利益。

数字化解决方案的开发者距离问题越近，其开发的解决方案就越有效，对面临相似情况的其他人也就越有借鉴意义。南南合作，尤其有助于推动开发文化适宜、可持续的数字医疗解决方案，并为类似情况提供经验教训。此外，南南合作也能够在全球层面促进公平和平等。

第 7 章
数字化与应对气候变化战略

Hany Besada　　李　京[*]

7.1　引言

人们认为，正确地创建和部署数字技术，对可持续发展能够起到推动作用。《2019 年指数级气候行动路线图》强调了数字技术（特别是人工智能技术）对到 2030 年底实现 15% 减排目标的变革性影响。[①]　然而，如果不能正确地创建和使用数字技术，就可能引发并加速气候变化。从根本上说，数字技术是不可持续的，因为它们会产生电子垃圾、增大电力需求和消耗稀有矿产，并且是全球二氧化碳的重要排放源（Unwin，2020）。鉴于数字技术对于环境健康是一把双刃剑，南南合作可以在减轻这些技术对环境的负面影响以及提升其应对气候变化的潜力方面发挥关键作用，这对那些数字化基础设施和服务投资不足的发展中国家尤为重要。

---

[*]　作者感谢 Ji-Seon Park 对本研究的协助。
[①]　《2019 年指数级路线图》是指数级路线图倡议的旗舰报告，概述了如何加大力度以实现到 2030 年将温室气体排放量减少 50% 这个目标的 36 个解决方案。指数级路线图倡议会集技术创新者、科学家以及公司和非政府组织人员，为其提供了交流的平台（https：//exponentialroadmap. org/about-us/）。

随着数字技术的日益普及，大量电子垃圾从北方国家运往南方国家，包括数个非洲国家、中国和印度。[①] 由于缺乏正规的电子垃圾回收工厂和电子垃圾管理系统，非洲国家已成为大量电子垃圾堆积的受害者。2015 年 12 月，中国率先垂范，耗资 2.33 亿美元（折合 15 亿元人民币），将广东省汕头市潮阳区贵屿镇一个臭名昭著的电子垃圾倾倒场改造成大型工业园区（Recycling Today，2015）。中国政府还加强了对非正规电子垃圾回收作业的管控，并禁止外国电子垃圾进入贵屿地区。这一经验为亟待制定电子垃圾回收法规和技术诀窍的非洲国家提供了参考。

此外，这些地区之间可以相互学习，建立起紧密的区域回收网络和废金属贸易，如在非洲国家之间实现精炼产业的规模化。在电子垃圾精炼厂和冶炼设施方面，尼日利亚很可能走在非洲前列，尤其是在其启动支持生产者责任延伸立法实施的全球环境基金项目"电子行业循环经济方法"之后（UNEP，2019）。南非是非洲大陆为数不多的最早拥有电子垃圾回收工厂的国家之一，也被认为是最有潜力牵头构建非洲国家间多边回收合作体系的国家（Zhang，2016）。因此，可通过南南合作来解决电子垃圾问题，这是数字技术带来的共同挑战，也是非洲面临的集体行动问题。

在防止数字技术对气候变化的负面影响方面，南南合作的另一成功实践是稀有矿产的开采。稀有矿产的开采对于大多数数字技术来说是必不可少的（一部移动手机包含了"元素周期表"中 1/3 以上的元素[②]）。智利

---

① 2016 年，联合国环境规划署（UNEP）发布的报告称，全球每年处理的电子垃圾近 6000 万吨，其中大部分是发达国家产生的，然后被运往了发展中国家。由于目前没有跟踪合法或非法电子垃圾运输的国际体系，全球高达 90% 的电子垃圾被非法倾倒。一些电子垃圾以"工作设备"的名义在国家间运输，这些设备一旦抵达目的地就会被处理掉。发展中国家由于缺乏支持电子垃圾环境无害化管理的适当政策，电子垃圾问题因此被激化。例如，非洲国家因缺乏正规化的回收工厂和加工企业而深受电子垃圾之害，导致电子垃圾成为整个非洲大陆环境的负担（Zhang，2016）。

② Jones, H.（2018）. Technology is Making These Rare Elements among the Most Valuable on Earth, World Economic Forum, http：// www. weforum. org/agenda/2018/08/from-cobalt-to-tungsten-how-electric-cars-and-smartphones-are-sparking-a-new-kind-of-gold-rush.

通过设立国家矿业事业单位——智利国家铜业委员会（Cochilco），以及引入多家外国私营采矿企业，成功地建立了一个充满活力的采矿行业。2017 年，智利和南非签署了《谅解备忘录》，根据该备忘录，南非不仅可以向智利学习小规模采矿技术和技能，而且可以学习与妇女参与采矿业有关的环境法规及最佳做法（International Mining，2017）。更多的此类安排可能对非洲国家有益，因为许多非洲国家正在被对单一矿产品的依赖（UNECA，2017）困扰，而且使用童工开采稀有矿产也是很多非洲国家存在的一个严重问题，尤其是在刚果民主共和国（刚果金）（Kara，2018）。

在开发数字技术应对气候变化的巨大潜力方面，南南合作的积极影响有望扩大。在南方国家，无论是农村还是城市都面临气候变化最严重的影响。农作物生产受气候变化的强烈影响，反过来又会加剧粮食短缺、营养不良和贫困。预计到 2050 年，非洲将有 3.5 亿~6 亿人会因气候变化而面临缺水问题。全球南方 90% 以上的城市位于沿海地区，因而容易受到海平面上升和毁灭性风暴的影响（Eco-Business，2016）。

然而，具有讽刺意味的是，南方国家易受气候变化的脆弱处境也为其提供了加强气候减缓和适应措施的机会，并获得了凸显南南合作重要性的经验。例如，斐济和巴布亚新几内亚等国家积极参加关于加强亚太地区南南合作灾害风险管理的国际研讨会。两国灾害管理从业人员的参会，使滨海湿地得以成功维护，同时自然的和已建成的基础设施得以加强，并使可持续管理的知识得以传播。哥斯达黎加的国家气候变化指标系统（National Climate Change Metrics System）旨在通过与其他全球南方国家分享其知识和经验，特别是在增强监测、报告和核查（MRV）能力方面，这种做法成功地帮助其过渡到增强透明度框架（ETF）的报告进程，从而建立了一个国际实践共同体。增强透明度框架是一个开源软件平台，其明确的目标是改进南南合作在减缓气候变化方面的实践做法。该平台包含对温室气体清单数据采集的自动化和流程改进，以及减缓气候变化行动注册表，还包括一个与区块链技术一起使用的国家碳资产注册表、一个气候融资注册表，以及一些建模和场景构建工具（Mora，2019）。其他南方国家可以通过共享这些集成了数据管理、气候报告、决策和公开数据的平台来获益。

本章将进一步探讨如何通过南南合作来充分发挥数字技术在应对气候变化方面的潜力。本章将分四个部分进行探讨：①遥感与地理信息系统；②减缓与适应气候变化；③可再生能源的转型和存储；④区块链应用。这四个不同研究领域的重要性在于它们能够支持应对风险和挑战的可行战略，并优化数字化提供的各种机会，从而支持全球南方的气候变化适应行动。这些技术领域能够通过提高利益攸关方在应对气候变化创新解决方案中的参与度、透明度和投入度，快速落实《巴黎协定》。

在本章中，通过最不发达国家和中高收入国家开展的一系列南南合作的成功案例，证实了这样一种观点，即南南合作是气候倡议的成功框架，应在金砖国家（被公认为气候行动方面的重要投资者）之外进一步鼓励南南合作。此外，本章还将讨论三方合作在应对气候变化方面的优势，以及三方合作如何弥补南南合作可能存在的局限。

7.2　遥感与地理信息系统

2013 年，《自然》杂志发表了一篇关于气候变化的文章，将卫星遥感系统（SRS）列为气候系统观测的重要组成部分。这种系统"通过卫星传感器远程获取有关地球表面、地下和大气层的信息"，使人类能够在不同的时空尺度上观察和监测大气、陆地与海洋。在传统的地面观测中，数据采集时间间隔固定、空间覆盖受限，而通过卫星遥感系统采集数据则不受范围限制且可持续进行，这有助于人类了解气候系统并改善气候预测。作为气候变化研究的一部分，卫星遥感数据对改进气象再分析产品至关重要。根据全球气候观测系统的观测，在 50 个基本气候变量（ECVs）中，有 26 个被认为显著依赖于卫星观测来获取。

随着卫星遥感技术的不断发展，地理信息系统（GIS）给改善气候变化研究、灾害应对、城市规划、农业发展和生态保护等带来了诸多利益。例如，研究人员使用地理信息系统来显示全球变暖导致的气温特高区域，可视化影响作物生长的因素，并考察气候变化和地表变化的相关性。地理信息系统是一种可以有效可视化气候状态与其影响之间相关性的有用工具，并能够以科学家和非专业人员都能理解的方式展示气候变化情况。地理信息系统也有利于减缓气候变化，因为地理空间工具和分析可加强监测系统。地理信息系统技术同样可用于利用绿色能源，如评估哪座建筑适合安装太阳能电池板，以及找到种植可持续作物的最佳地点，等等。

在发展中国家，对地理空间信息技术的需求是其实施可持续发展议程的一贯关切。对自然资源的有限利用和法律保护的不足，使得发展中国家在实现有效开发自然资源能力的道路上存在多重障碍和不利条件。此外，全球南方对技术进步和基础设施的投资有限，阻碍了在国家和地区未来发展战略中有效利用这部分技术。南南合作可以在加强现有机制和新的机制方面发挥重要作用，以推动合作发展倡议，进而提高解决这些问题的能力（Mohamed，Plante，2002）。

在遥感和地理信息系统技术领域，南南合作可以更加活跃。例如，中国在高光谱遥感技术方面的发展使新的应用成为可能，如能够尽快监测和发现小麦条锈病。小型高光谱数字相机系统已用于环境和农业监测。该系统支持根据不同的质量对不同地块的作物进行收割和加工，并确保作物生产的质量和价格。此外，该系统还支持通过监测和估算牧场质量来确保畜牧产品的质量和价格（Jiang et al.，2016）。令人鼓舞的是，基于与其他全球南方国家已经建立的关系，中国正在扩大这一领域的南南合作。

7.2.1　遥感卫星使用方面的南南合作

在全球南方，中国和印度在遥感技术和卫星技术应用方面发展最快。中国和印度已经建造并发射了数十颗遥感卫星，包括陆地、海洋和气象卫星。其中，有世界上最先进的卫星，如 2015 年发射的 GF - 4 卫星，该卫星能够获得空间分辨率为 50 米的遥感图像，这是迄今为止地球同步卫星的最高分辨率（Fu et al.，2019）。这些卫星提高了全球南方国家获取和应用遥感数据的能力，也增强了它们对自然灾害的应急反应能力。

南南合作在遥感技术的开发和应用领域取得了良好进展。例如，1988 年 7 月，中国和巴西签订联合议定书，同意合作研制一颗地球资源卫星。这一项目拉开了中巴空间合作的帷幕。1999 年 10 月，中巴联合研制的地球资源卫星 01 星（CBERS - 01）成功发射，这是两国的首颗传输遥感卫星。它突破了多项关键技术，形成了自主、可控、可扩展的模块化遥感卫星平台，为中国和巴西遥感卫星的强劲发展奠定了基础。随后，4 颗中巴地球资源卫星分别于 2003 年、2007 年、2011 年和2014 年发射升空并投入运行，为中国和巴西提供了 600 多万张图像。这些图像被广泛应用于农业、林业、地质、水资源、城市规划、环境保护和防灾减灾等领域。

中巴双方围绕 CBERS - 05 和 CBERS - 06 卫星的后续合作正在积极推进中。继 CBERS - 02 卫星成功发射后，2003 年中国和巴西共同宣布CBERS 卫星所获得的 20 米分辨率数据将免费提供给世界各国，从而惠及全球南方国家。目前，中巴地球资源卫星平台已全面建成，不仅在中国和巴西，在新加坡和南非也建立了地面数据接收站。该平台已为非洲、亚洲和拉丁美洲的南方国家提供了 50 多万张 CBERS 图像。

中巴两国计划加强合作，继续提升和扩大中巴 CBERS 的国际影响力，包括加强与金砖国家等的合作，让更多国家分享合作成果。中国和巴西正在合作推进金砖国家遥感卫星星座项目，并计划建立一个虚拟星座。该星座将包括 CBERS 卫星和其他遥感卫星，可以更好地满足金砖国家和其他国家的需求（China News Agency，2018）。

7.2.2　促进遥感和地理信息系统技术合作方面的南南合作

为了加快遥感数据在更多国家特别是没有遥感卫星的南方国家的应用，遥感数据共享机制和平台应运而生。2008 年，亚太空间合作组织（APSCO）成立，该组织共有 8 个成员国（孟加拉国、中国、伊朗、蒙古国、巴基斯坦、秘鲁、泰国和土耳其）、1 个签署国（印度尼西亚）和 1 个观察员国（墨西哥）。它为亚太地区内外的南方国家提供了一个共享资源（包括数据资源）的合作机制，促进了空间、科学、技术和应用的发展（APSCO，2020a）。该项目利用其成员国地理分布广泛的优势，促进成员国之间进行联合开发和研究，并优化成员国之间的合作活动。亚太空间合作组织为亚太地区建立了各种资源共享平台，包括数据共享网络、空间段网络、地面系统互联、地基空间目标观测网络、灾害监测网络、空间应用网络以及教育培训网络。

亚太空间合作组织还建立了空间领域的技术、政策和法律交流平台以及科学、技术和人事管理的知识共享平台。数据共享服务平台（DSSP）项目是其中最重要的项目之一，在 2008 年亚太空间合作组织理事会第一次会议上获得批准（APSCO，2020a，2020b）。该项目的目标是构建空间技术和应用数据共享平台，为空间技术和应用提供全面服务，最大限度地满足成员国、亚太国家和地区用户不同层次的需求。通过数据共享平台，成员国可以提高空间信息应用技术的水平，提升空间资源的利用能力。

随着 2012 年免费数据共享的推出，数据共享服务平台于 2014 年全面投入使用。成员国用户不仅可以向秘书处提出下载图像的请求，而且可以根据自身的具体需求（如应急反应）在协定框架内提出遥感卫星图像捕获请求。此外，还根据 DSSP 的数据执行了 2 个试点项目。已有300 多人参加了与 DSSP 有关的培训和试点项目。DSSP 为成员国提供了一种全新的方法，使成员国不仅能够获取遥感数据，更重要的是，还能够让它们从遥感应用中受益，以应对全球南方国家面临的许多特有的气候变化挑战。

中国－东盟遥感卫星数据共享服务平台是南南合作在数据共享方面的又一成功范例。该平台是中国－东盟科技伙伴计划的第一个项目，于 2012 年底正式启动。该平台让东盟国家可以通过应用共享获得来自中国的遥感卫星数据。共享服务平台包括北京数据中心、新加坡数据接收站和数据应用终端。新加坡数据接收站由新加坡国立大学运营，主要负责接收卫星数据并将数据传回北京数据中心。优越的地理位置使新加坡数据接收站能够接收覆盖东盟大部分地区的数据。加入该平台的东盟国家可免费获得专用数据应用终端设备。截至 2018 年底，新加坡数据接收站已接收和处理超过 15 万张 CBERS 卫星图像，支持东盟国家在农业（如产量估算）、水利、资源勘察、城市规划和灾害监测等方面的遥感应用，促进了该地区科学、技术和经济的发展（CRESDA，2015）。

除了数据共享外，人力资源开发方面的南南合作也对遥感技术及其应用发挥了重要作用。许多大学和机构，如亚洲理工学院（Asian Institute of Technology）、北京大学、武汉大学、联合国外层空间事务办公室（UNOOSA）空间科学和技术教育区域中心、联合国亚洲及太平洋经济社会委员会（UNESCAP）和亚太空间合作组织，都组织了遥感技术和应用研讨班，为全球南方培训了许多遥感技术人员，从而推动了参与国的遥感应用（Government of China，2013）。通过人员培训以及数据、知识和技术的共享，南方国家在遥感领域的技术水平得到了极大提高，缩小了与北方国家的差距。

7.3 减缓与适应气候变化

气候变化使气候系统更加不稳定，热量和水的分布更加不均匀。2007年，联合国政府间气候变化专门委员会（IPCC）发布了第四次评估报告，指出"自20世纪70年代以来，干旱发生的范围更广、持续时间更长且程度更严重，特别是热带和亚热带地区"，"在过去50年里，极端高温发生了很大变化，低温霜冻变得不那么频繁，而高温热浪则更为常见"（IPCC，2007）。

气候变化的影响是多尺度、全方位和多层次的。正面和负面的影响并存，但负面影响更令人关注。气候变化的主要负面影响包括冰川融化、海平面上升和极端天气事件（台风、暴雨、暴风雪、洪水、干旱等）。极端天气事件以及自然灾害发生的频率和强度不断提高，造成重大人员伤亡和经济损失。自然灾害是人类面临的共同挑战，也是可持续发展的巨大障碍。通过南方国家之间的伙伴关系，可以大大增强减缓和适应气候变化所做出的努力，如减灾机制。

减少灾害风险对落实《仙台减少灾害风险框架》、《巴黎协定》和联合国可持续发展目标发挥着越来越重要的作用。《仙台减少灾害风险框架》将增加对多灾害早期预警系统以及减灾信息和评估的利用作为其7个目标之一。减少灾害风险也成为消除气候变化负面影响的最重要的活动之一。防灾和减灾被认为是遥感应用最成功的领域。无论是为了预防与气候有关的自然灾害，还是为了减轻灾害的后果，数字技术均被视作强有力的灾害管理工具。

无论是在灾害发生前（减灾、备灾、预警和应急阶段）还是在灾害发生后（恢复和重建阶段），与灾害有关的数据都是不可或缺的。做出正确的决策是减少人员伤亡和经济损失的关键，而这完全取决于获得及时和准确的信息。然而，即使建立了地面监测系统，并在各系统和国家之间进行数据共享，这些系统有时仍可能不足以预防和减轻灾害。自然灾害，特别是灾难，经常破坏地面系统，包括监测、通信和交通系统。将新系统送到灾难现场可能很困难，这使得救灾指挥部在最需要信息时却无法获得必要的信息。遥感、卫星通信和全球导航卫星系统等空间技术的优势在于，它们在灾害中仍然能够发挥作用。遥感卫星可以提供广阔的观测范围、不受地面条件限制的可重复观测以及多星协同现实和多维动态观测。遥感被认为是防灾减灾最重要的信息技术之一，具有巨大的社会效益和经济效益。

卫星资源如果只依赖于一个国家或组织，则很难满足需求。在这方面，国际合作和资源共享（包括卫星、数据和处理能力）是必不可少的。通过基于卫星的减灾协作，不同的卫星资源显著提高了数据的可用性。协作监测可以降低灾害的风险并减轻灾害的影响，这种协作对自身没有卫星资源的全球南方国家尤其重要。目前，重大灾害遥感应急监测是卫星资源共享最活跃、最成熟的领域。卫星减灾合作机制正在不断探索、创设和完善。

目前有 10 多个卫星合作机制正在运行，并覆盖了全球。有的机制专门针对卫星减灾应用，有的机制则是卫星应用合作框架的重要组成部分。例如，亚太空间合作组织和地球观测组织（GEO）就国际层面空间应用的各个领域开展了合作，并将减灾应用列为其联合战略的一个重要组成部分（GEO，2020）。《亚太空间应用促进可持续发展行动计划（2018～2030 年）》将减少灾害风险作为第一要务。《空间和重大灾害国际宪章》（以下简称《灾害宪章》）和《联合国灾害管理与应急反应天基信息平台》（UN-SPIDER）都是为灾害监测而建立的卫星资源共享和信息服务机制（ICSMD，2020）。

2000 年 11 月 1 日生效的《灾害宪章》被认为是目前正在运行的最重要和最成功的政府间减灾机制之一。它授权用户向受灾地区免费提供卫星遥感数据，对灾害监测和评估以及灾害紧急情况监测的全过程都具有宝贵的价值。

案例1 《空间和重大灾害国际宪章》

《空间和重大灾害国际宪章》（以下简称《灾害宪章》）由17个（10个来自北方国家，6个来自南方国家）空间机构组成，第17个成员是DMC国际成像公司[①]（DMCii）。《灾害宪章》的其他16个成员包括德国宇航中心（DLR）、韩国航空宇宙研究院（KARI）、加拿大空间局（CSA）、美国国家海洋和大气管理局（NOAA）、美国地质调查局（USGS）、法国空间研究中心（CNES）、欧洲气象卫星应用组织（EUMETSAT）、欧洲空间局（ESA）、俄罗斯联邦航天局（Roskosmos）、日本宇宙航空研究开发机构（JAXA）、中国国家航天局（CNSA）、巴西国家太空研究院（INPE）、阿根廷国家空间活动委员会（CONAE）、印度空间研究组织（ISRO）、阿拉伯联合酋长国航天局（UAESA）、委内瑞拉航天局（ABAE）（ICSMD, 2020）。由于《灾害宪章》成员国都拥有遥感卫星资源，而且有几十颗卫星在轨运行，因此可以说《灾害宪章》拥有世界上规模最大、技术最先进的遥感卫星资源。

2021年初，《灾害宪章》迎来了第700次启动，协助各国（主要是全球南方国家）应对风暴、洪水、山体滑坡、雪灾、地震等重大灾害。《灾害宪章》为减灾活动和灾时决策提供了强有力的信息支持，并在减少受灾国的人员伤亡和经济损失方面发挥了重要作用。例如，2008年5月12日，中国四川省发生了强烈地震，造成严重人员伤亡和重大经济损失。通过启动《灾害宪章》等国际合作机制，中国国家减灾中心获得了12个国家24颗卫星的1000多幅卫星图像，为有效开展灾害监测

[①] DMC国际成像公司（DMCii）是一家为《灾害宪章》管理灾害监测星座的公司。该公司还根据合同出售卫星成像服务，并管理UK-DMC1和UK-DMC2等航天器的运营（详见维基百科）。灾害监测星座由阿尔及利亚、中国、尼日利亚、土耳其和英国5个国家的5颗卫星组成（Zhang et al., 2006）

和评估提供了支持（ICSMD，2020）。应急合作机制提供的卫星图像成为此次灾害的主要数据来源，并创造了单一灾害的历史纪录。

《灾害宪章》卫星在光学、红外和雷达波段工作。这些卫星可以在任何天气和任何时间运行并获得图像，为全球灾害应急监测提供了重要保障。《灾害宪章》设有一个值班办公室，提供24小时不间断的服务。授权用户可以通过会员国或联合国系统申请启动，获得从卫星数据到测绘产品灾害紧急监测全过程的应急服务。例如，非洲联盟首先与值班接线员联系救助；值班接线员确认非洲联盟的要求后，将信息发送给应急待命办公室；应急待命办公室根据需求和卫星资源制订计划，确定最适合的卫星和最合适的成像时间，并将任务分配给《灾害宪章》的相应成员；该成员根据应急待命办公室的计划制订卫星数据接收计划，接收和处理数据，并向最终用户提供卫星数据和测绘产品。

《灾害宪章》具有明确的议定内容、丰富的卫星资源和严格的操作程序，因此是世界上最重要的卫星减灾政府间合作机制。

除政府机构外，许多民间社会组织也在积极参与提供救灾数据服务，即使资源有限，也在救灾中发挥着重要作用。例如，创建于2010年的卓明灾害信息服务中心就是一个专注于为救灾提供信息服务的中国民间社会组织，该中心致力于解决救灾过程中的信息不对称问题，以提高救援行动的效率和质量。该中心的工作几乎完全依靠一个众包网络平台上的在线志愿者来完成。他们对情况的分析基于"危险—暴露—损害—需要—行动"框架，以及对决策者所需信息，特别是在时间有限、情况紧急但又不完全明了的状态下做决策所需信息的深刻理解。卓明灾害信息服务中心已应对了国内外100多起地震、台风、洪水、龙卷风、爆炸等灾害，如2015年尼泊尔地震、2016年厄瓜多尔地震以及2018年印度尼西亚地震和海啸等。

7.4 可再生能源的转型和存储

7.4.1 可再生能源转型方面的南南合作和三方合作

全球能源转型已经开始，但仍需进一步推动，以满足《巴黎协定》并实现联合国可持续发展目标 7——"确保所有人都能获得负担得起的、可靠的、可持续的现代能源"。世界经济论坛指出，南方国家正在经历第一次能源转型，其重点是通过要求公用事业公司从可再生能源中生产一小部分电力来促进可再生能源的使用（Tamhane，2020）。丹麦和德国等北方国家正在经历第二次转型，其中很大一部分能源来自可再生能源。第三次能源转型的重点是建设分散式电力供应基础设施。通过分散式电力供应创建更多的循环能源系统，从而为终端用户提供定制化的解决方案。

南南合作和三方合作可加速这种全球可再生能源的转型。鉴于南方国家之间较为相似的经济状况、地理条件和环境挑战，它们在技术上的密切合作可以帮助其获得必要的可持续能源技术。扩大南方国家获得可再生能源技术的机会，将有助于其加快可持续增长和发展的步伐。具体而言，南南合作在加强农村和偏远社区的电力供应和可持续能源供应方面发挥了关键作用。例如，尽管加纳的电力供应率达到了 81.4%，远高于撒哈拉以南非洲地区 24% 的平均水平，但由于社会经济困难，该国许多农村社区仍然缺乏电网供电（South-South World，2019）。

部署基于可再生能源的微型电网或其他离网技术，对提高一个国家农村活动的生产力可能会产生变革性影响。例如，贝宁、不丹和哥斯达黎加是由荷兰资助的三方合作的成功案例，其共同目标是努力发展低排放、气候适应能力强的社会，并提高公民的生活水平（UNFCCC，UNOSSC，2018）。贝宁、不丹、哥斯达黎加和荷兰之间的合作方案侧重于以下领域：可持续的旅游业，可持续的生产和消费、生物多样性养护和可持续利用，以及获得可持续能源和有效利用能源。例如，作为第四个领域的一部分，一个太阳能项目帮助贝宁一个远离主电网的偏远农村获得了负担得起的电力（CBD，2011）。哥斯达黎加团队在贝宁培训技术人员使用、安装、管理太阳能电池板和电池。作为政府努力的补充，该方案培训了3575名可持续技术人员与1513名通信和信息技术人员，共惠及477个社区。该方案对加强农村地区的电力供应和振兴当地社区至关重要。

此外，南南合作还可以通过提供制造、组装、安装、维护和修复可再生能源等服务，建立可持续的能源价值链。在制造业贸易日益扩大的全球供应链中，大型制造商获得了巨大收益，但是出口活动的附加值仍然很低（UNCTAD，2018a，2018b）。生产能力薄弱的南方国家常常陷于价值链底部的低附加值活动，这反过来又导致南方国家工业化进程推动不力、生产力增长缓慢，与北方国家的收入差距不断扩大。南南合作的实践侧重于区域层面的生产能力建设和结构转型，从而提升了南方国家的区域价值链（UNCTAD，2019a，2019b）。从长期来看，南南合作可以产生规模经济、创造就业机会，并促进南方国家经济的多样化和生产升级。在全球供应链中，南南合作带来的这些好处同样适用于可持续能源的价值链。拥有大量原材料供应的南方国家将可以进入价值链，但如果它们能够生产科技含量高的零部件，则可以创造更大的价值。例如，风力发电（如涡轮机）部件的制造需要复杂的技术（Connect Americas，2015）。通过南南合作，在南方国家培训更多具有高科技能力的本地分包商，可以帮助这些国家创造更大的价值。

此外，在向可再生能源转型的过程中，化石燃料储量有限的南方国家可以从减少燃料进口费用中获益。鉴于突发性地缘政治事件频发，能源进口国极易受到能源价格波动的影响。高油价会引发通货膨胀、削减消费者支出和增加经营成本，从而导致能源进口国经济低迷。

例如，小岛屿发展中国家严重依赖进口燃料满足其电力需求，同时面临气候变化的最严峻现实。为了提高抵御能力，佛得角群岛、库克群岛、斐济、圣文森特和格林纳丁斯、萨摩亚和瓦努阿图等 13 个小岛屿发展中国家宣布计划将可再生能源使用比例提高至 60% ～ 100%（IRENA，2019）。2017 年，印度政府承诺向这些国家提供 5 亿美元的赠款和 10 亿美元的软贷款。印度与小岛屿发展中国家之间的伙伴关系为一系列发展项目提供了支持，包括建立可持续海岸和海洋研究所、海洋生物学研究站网络和太阳能培训项目（United Nations Ocean Conference，2017）。

三方合作在可再生能源转型方面取得了显著成效。一个成功的例子是由丹麦政府资助、加纳能源委员会和中国科技部实施的为期 4 年（2015～2018 年）的"中国－加纳可再生能源技术转移南南合作项目"。

案例 2　中国－加纳可再生能源技术转移南南合作项目

中国－加纳可再生能源技术转移南南合作项目由加纳能源委员会和中国科技部实施，并由丹麦政府出资。联合国开发计划署（UNDP）驻加纳代表处协助中国和加纳政府审查了加纳的可再生能源政策和战略，并确定能力建设差距和潜在的投资机会。联合国开发计划署组织了一系列互访和企业对企业（B2B）对接活动，以便中国和加纳的私营企业能够挖掘投资机会。该项目的另一个内容是为加纳拟订可再生能源总体规划和可再生能源法。

加纳政府最大限度地降低能源生产对环境的不利影响，减少贫困并促进本国特别是农村地区的社会经济发展，并已经确定发展可再生能源是实现该目标的关键。2015 年，加纳的水力发电量已占总发电量的 43.2%（UNDP，2019）。然而，这些可再生能源项目只是作为短期项目或试点项目来实施。为了制定可再生能源长期发展的明确路线图，《可再生能源总体规划》确定了到 2030 年要实现的具体目标（UNDP，

2019)。

一是将可再生能源发电量从 2015 年的 42.5 兆瓦提高到 1363.63 兆瓦（并网系统总发电量为 1094.63 兆瓦）。

二是减少对生物质作为热能应用主要燃料的依赖。

三是为 1000 个离网社区提供基于可再生能源的分散式供电方案。

四是促进可再生能源产业的本地内容和本地参与。

在制定《可再生能源总体规划》的同时，该项目还着力于消除阻碍大规模开展可再生能源转移的技术和社会壁垒。在可再生能源转移中，加纳能够加强其培训设施并提高可再生能源转移研究人员和培训人员的能力。该项目与中国和加纳的本地企业建立了网络和伙伴关系。为了增强公众对使用可再生能源的意识，加纳开展了一项关于使用可再生能源产品成本效益的运动，并将可再生能源转移列入技术目录。

该项可再生能源转移项目的成功被视为联合国"人人享有可持续能源"（SE4ALL）倡议的主要推动力[①]，联合国这一倡议的主要目标是将可再生能源在全球能源结构中的份额提高 1 倍。

可再生能源领域的三方合作实践不仅仅限于国家层面，还鼓励地方层面的合作。可再生能源和能源效率伙伴关系在维也纳设立了相关机构，致力于推动南方国家的可再生能源和能效市场。2011 ~ 2013 年，该组织资助了印度、印度尼西亚和南非城市之间的南南合作项目（ICLEI，2013）。在印度哥印拜陀市的指导下，南非埃库尔胡莱尼市和印度尼西亚日惹市发现并意识到了可再生能源在提供更有效的市政服务方面的巨大潜力。日惹市建立了可再生能源和能效资源中心，以帮助提高电费支付的透明度，并向公众普及有关可再生能源的知识。2013 年 6

---

① 联合国"人人享有可持续能源"（SE4ALL）倡议由联合国秘书长于 2011 年发起，并设立了相关机构，与各国政府、私营部门和民间社会组织合作，以实现可持续发展目标7。

月，在日惹市举行的研讨会上，会集了来自三个城市的 50 名与会者，与会者分享了缩短学习曲线以减少能源使用和温室气体排放的经验（APNME，2013）。由于埃库尔胡莱尼和日惹这类"学习型"城市可能成为资源型城市，并向邻近城市推广经验，因此城市层面的南南合作和三方合作实践有望产生变革性的影响。

7.4.2 可持续能源存储方面的南南合作和三方合作

除了利用可再生能源发电外，南南合作和三方合作在能源存储方面也蕴含巨大的潜力。对于电力供应不稳定的脆弱电网、隔绝地区和脆弱环境（如全球南方的许多地方），可持续能源存储是一种前景广阔的解决方案，可以提高系统的灵活性。可再生能源具有可存储、响应快、低成本和易部署的特点，从而能够更好地存储。世界银行 2018 年支持南方国家能源存储部署的旗舰计划表明，可持续能源存储不仅对提高能源的可及性具有重要意义，而且对向更清洁、更稳定的能源体系过渡具有重要意义（IEA，2019）。该项目拥有 10 亿美元的投资以及其他资金来源，旨在实现"到 2025 年为 175 千兆瓦时的电池储能提供资金，这是目前南方国家安装的 4～5 千兆瓦时电池储能的 3 倍多"（World Bank，2018a）。

关于可持续能源存储，特别是在一块小小的锂离子电池中连续数小时存储大量能量，已经改变了南方国家人民的生活和工作方式。锂离子电池在全球南方国家经常用于农村电气化（EESI，2019）。锂离子电池与太阳能电池板配合使用，可使家庭和企业利用有限的电力为手机充电、使用电器以及为建筑物照明。而在以前，离网用户要么无电可用，要么依赖成本高昂的柴油发电机。

锂离子电池作为一种低成本、安全、高能的电池，其日益增长的需求可以通过以南南合作为主导的供应来满足。2019 年，印度和玻利维亚在南南合作框架下建立了发展合作伙伴关系。印度承诺向玻利维亚提供 1 亿美元的信贷额度，用于资助玻利维亚需要的发展项目，如采矿、空间、信息技术和"两洋铁路"（Bi-Oceanic Railway）项目。作为交换，玻利维亚向印度提供了碳酸锂，这对印度"到2030年至少30%的汽车使用电池"这一计划的实现至关重要（I am Renew，2019）。玻利维亚拥有900万吨锂资源，约占世界已知锂储量的43%。

南非锰产量高，并致力于研究和开发可持续能源存储，因此是另一个有能力通过南南合作和三方合作进入锂离子电池市场的国家。南非卡索得（Cathode）是世界上最大的锰生产商，而锰是生产锂离子电池的基本材料。据估计，截至2019年2月，南非的锰储量高达2亿吨（ESI-Africa，2019）。卡索得也曾是全球最大的电子级二氧化锰生产商之一，电子级二氧化锰是锂离子电池的关键材料，但生产这种电池的内尔斯普鲁特工厂已于2014年关闭。随着锂离子电池的日益普及，2017年，南非科技部和林波波大学启动了一个3000万南非兰特的锂离子电池前体试点工厂，再次启用内尔斯普鲁特工厂生产高质量的镍锰钴氧化物电池（UL，2017）。

2018年，美国能源部储能材料研发顶级机构阿贡国家实验室的专家访问了林波波大学，帮助其推进南非锂离子电池的研究和高效生产。高级研究员迈克·萨克雷为这一进程做出了重要贡献。萨克雷拥有开普敦大学博士学位，在1994年加入美国阿贡国家实验室之前，曾负责南非科学与工业研究理事会电池部门的工作。萨克雷发明了在锂离子电池中使用尖晶石氧化物（Venter，2017）。这类南南合作和三方合作能够吸引大量的关注和投资，并帮助玻利维亚和南非等国树立在锂离子电池行业的地位。

7.5 区块链应用

全球正在经历急剧恶化的气候变化，许多南方国家尤为脆弱。南南合作和三方合作在利用区块链方面的机遇可能有助于全球南方应对和适应气候变化。

正如《联合国气候变化框架公约》秘书处所承认的，区块链技术（或更笼统地说是分布式账本技术）的出现在加速气候行动方面显示出了巨大的潜力（UNFCCC，2018）。区块链引入了一种新的、创新的去中心化数据库形式，为数据和数字资产的安全交换与存储提供了可能。区块链主要是为没有第三方的点对点交易平台设计的，具有更高的透明度，同时利益相关者的参与度更高，投入也更大。在应对气候变化方面，区块链技术的有效应用主要可以概括为改善碳排放交易、促进清洁能源交易、加强气候资金流动以及完善跟踪和报告系统。

首先，区块链技术可以帮助解决碳排放交易存在的问题。在碳排放交易市场中，由于缺乏标准的测量协议，排放量很难得到准确跟踪。此外，由于自我报告不需要严格的核查程序，因此透明度有限。市场上大量的中介使交易过程复杂化，并产生高昂的交易成本。根据来自 Oracle 的 Infosys 报告，区块链为碳测量和基于标准化指标的报告网络提供了一个单一的平台，其中碳测量数据来自制造商已在使用的多个数据。该报告进一步证实，区块链能够帮助"供应链上的每一个合作伙伴，即制造商、供应商和分销商，以透明和负责任的方式与原始设备制造商（OEM）或零售商合作，以精确的测量和信用推动统一的碳生态系统"（Banerjee，2018）。这些数据对所有利益相关者都是可追溯、透明且实时可见的，这自然简化了碳交易流程。因此，区块链不仅降低了成本，而且提高了透明度和安全性（IBM Engrgy Blockchain Labs Inc.，2018）。

其次，区块链技术可以促进清洁能源交易。在新加坡，公司可以购买和出售代表风能和太阳能绿色能源生产单位的可再生能源证书（Goh，2018）。与碳交易类似，想要抵消非绿色能源生产的公司可以从其他生产过剩绿色能源的公司处购买可再生能源证书。通过在区块链驱动的系统上进行可再生能源证书交易，无须再通过某个机构进行统一验证，从而提高了透明度并降低了交易成本。可再生能源证书更易追溯，验证证书的成本更低，这也使能源消费者和小型生产商能够参与其中，可能有助于增加交易量。

再次，区块链技术能够帮助脆弱社区获得气候融资，而这些社区往往面临气候变化最严重的后果。据国际环境与发展研究所估计，来自专门气候基金的公共和私人气候融资中只有1/10（总计600亿美元）直接用到了地方层面的活动中（Soanes et al.，2017）。由于区块链不仅能使资金、土地和身份交易透明化，而且能保证投资所产生的影响，因此区块链可以成为增加气候融资并将资金直接提供给当地社区的关键工具。例如，Gainforest利用智能合约来激励亚马孙地区的小规模农户保护雨林。农户通过众筹从个人或机构捐赠者那里获得报酬，对指定的雨林进行3~6个月的保护。在遥感卫星验证了相关雨林的状态后，农户即可通过智能合约自动获得报酬。这些交易是高度透明的，因此受到捐赠者的信任，并促使捐赠者以"更聪明"的方式投资以支持当地社区。又如，加纳的比特兰（Bitland）利用区块链技术创建了一个透明的土地所有权记录。谁拥有哪块土地这种透明公开的记录拓宽了土地所有权人的融资渠道，因为他们可以证明自己的土地所有权，并通过土地所有权质押获得信贷（Greene，2018）。

最后，区块链技术可以用于改进温室气体排放和减缓气候变化行动中与气候有关的监测、报告和核查（MRV）。温室气体排放监测、报告和核查的目标是了解某个实体的排放状况，并以排放清单的形式进行报告。减缓气候变化行动的监测、报告和核查是指监测其执行情况，以评估温室气体和其他非温室气体的影响（WRI，2016）。区块链在监测、报告和核查温室气体排放以及减缓气候变化行动方面面临的挑战和潜力见表7-1。

由于区块链技术在推进气候行动方面的巨大潜力，南方国家作为世界上受气候变化影响最严重的地区，在利用区块链应对气候变化方面正

表7-1　区块链在监测、报告和核查温室气体排放以及减缓气候变化
行动方面面临的挑战和潜力

挑战	潜力
缺乏透明度	数据收集、报告以及参数组合的透明度提高,从而可以通过显示 MRV 相关参数的共享账本来对温室气体减排进行决策
成本高且不切实际	将去中心化数据库的优势与智能合约应用程序及物联网相结合,可以实现流程自动化,从而降低交易成本和交易复杂度
耗时	区块链技术和智能合约决策使得气候融资对投资更具吸引力;自动或实时的数据检查可使验证滚动进行
MRV 框架之间有限的数据交换(数据孤岛)	(根据联合协议)将 MRV 原始(主要)数据存储在区块链上,可以为连接各 MRV 框架奠定基础,并结束数据孤岛时代

资料来源：德国格塞尔沙夫特国际公司（GIZ）：《墨西哥气候工具区块链：排放交易与 MRV 系统》，2019，第 34 页。

在寻求更多的南南合作和三方合作机会。智利、巴西、印度、印度尼西亚和委内瑞拉等南方国家已大幅增加了对区块链技术的投资。截至 2017 年，中国申请的区块链相关专利数量已超过任何其他国家（Rogin，2019）。2018 年，中国国家开发银行与金砖国家签署了《区块链研究合作谅解备忘录》。截至 2018 年底，区块链市场规模为 12 亿美元，预计到 2025 年将增加至 397 亿美元（Statista，2021）。凭借如此巨大的投资规模，一些正在进行的成功的南南合作实践可以通过区块链技术的应用加以推进。

例如，中国北京和尼日利亚拉各斯两个大城市之间开展南南合作，旨在分享中国在空气质量管理方面的成功经验，并确定潜在的合作领域。事实上，该合作得到了世界银行环境和自然资源全球实践（World Bank's Environment and Natural Resources Global Practice）中污染管理和环境卫生多方捐助者信托基金（Pollution Management and Environmental Health Multi-Donor Trust Fund）的支持，可以作为三方合作的一个例子。在该信托基金的支持下，原中国环境保护部的两个代表团访问了拉各

斯，分享了空气质量管理，特别是京津地区空气质量管理方面的经验。由拉各斯州州长率领的尼日利亚代表团也于 2017 年 11 月访问了北京和天津，学习城市、地区和国家层面空气质量管理的政策方法（World Bank，2017）。

中国也可以引领南南合作，因为中国拥有 10 年的空气质量管理经验，换言之，即拥有 10 年的空气质量数据。中国非政府组织公共与环境事务研究所推出了一款名为"蓝天"的应用程序，中国公众可通过该应用程序实时查看空气、水质和当地污染源的数据，并对 9000 家污染企业的排放进行审查（Chen，2016）。这款应用程序不仅迫使企业对污染排放进行自我监测，而且有助于加强污染峰值检测，为儿童、老人和心肺疾病患者等易受空气污染影响的人群提供更准确的预警。中国分享的根据实时空气质量数据采取适当气候行动的成功经验，将有助于其他南方国家。对于那些空气质量监测系统薄弱的南方国家而言，学习区块链技术并将其应用于改善空气质量与影响公共实体和私营实体，可以加速这些国家自身的气候行动。

南南合作和三方合作可以帮助克服区块链技术应用在减缓和适应气候变化方面的一些局限。这些局限主要是缺乏固定的立法框架和数据隐私。由于区块链账本对每笔交易没有一个具体或明确确定的位置，因此目前区块链的立法框架分布在世界各地（WEF，2018c）。由于各区块链的司法管辖权归属不明，当实施区块链技术的不同实体出现监管和合规冲突时很难决定应该适用哪些法律。此外，应对如何处理存储在区块链分类账本上的个人数据进行仔细审查。在公共区块链网络下，很难控制个人数据的传输去向以及确定有权访问这些数据的用户身份。最糟糕的情况是，通过基于区块链的应用程序所收集的公民个人数据可能会被与政府合作的公司滥用、误用或出售（Guerrini，2016）。

南南合作、三方合作平台和相关的安排有助于建立协作、协调和标准化的气候治理框架，包括与区块链技术相关的框架。分享使用区块链技术应对气候变化的成功案例和挑战（如数据隐瞒和机密泄露案例），有助于其他南方国家将新方法与其国家区块链技术实施相结合。学习和借鉴其他南方国家使用区块链技术收集和报告气候数据的成功经验或失败教训，可以确保公民与国家之间数据的适当流动，并使这种流动与成功的透明度实践保持一致（Rough，2019）。一份由世界银行委托编写的报告认为，建立一个能够提高 MRV 标准的协作治理系统，有助于《巴黎协定》的实施。这种系统可以实现以下两点：首先，通过支持区块链的分布式账本，应用智能合约来提供透明和健全的规则；其次，通过协作治理系统，使 MRV 标准更有效地发展成为模块化、可兼容和可扩展的方法以及规则的整体系统（Clack et al.，2016）。

7.6 结语

全球气候变化的影响，特别是与之相关的自然灾害风险的增加，是人类面临的重大挑战之一。《联合国气候变化框架公约》下的 2016 年《巴黎协定》，强调了气候行动的紧迫性。在各种空间和时间尺度上，气候变化日益明显，极端天气事件的发生频率创历史新高，威胁着越来越多的地区和人口。对于全球南方国家来说尤其如此，这些国家亟须强化支持机制以采取有力的措施来应对气候变化。

由于数字技术能够获取和分析与气候变化有关的大量数据，人们正在利用各种数字技术来支持决策者实施适当的减缓和适应政策，以应对气候变化挑战。这些新的数字技术，如遥感、大数据、区块链和人工智能，增强了人们应对气候变化和灾害的能力。但是，数字技术只有在得到正确部署和使用时才能发挥作用。数字技术也可能因其自身的风险和局限性而造成危害，如缺乏数据隐私、治理不当和存在数字鸿沟。对此，可以充分发挥南南合作和三方合作的作用，通过分享技术、系统、数据、知识和经验，扩大数字技术的积极影响，从而最大限度地降低数字技术的风险。

南南合作在遥感和地理信息系统技术合作方面取得了重大进展，特别是通过该技术共享数据。自中国与巴西联合研制并发射中巴地球资源卫星01星（CBERS–01）以来，卫星遥感数据不仅在两国之间有效共享，而且为其他国家特别是全球南方国家提供了便利。2012年实施的"中国–东盟遥感卫星数据共享服务平台项目"是一个依托他国（中国）遥感卫星数据资源建立卫星数据共享服务平台的典范。遥感和地理信息系统技术的应用，对全球南方国家减缓和适应气候变化的作用也十分突出。通过向受灾地区共享卫星遥感数据，南方国家可以获得更准确、更快速的灾害监测和评估并从中受益。截至2020年，《灾害宪章》的20个成员国中有9个来自南方国家。《灾害宪章》展示了数据、信息、技术和知识共享是如何助力受灾国的减灾工作的。

在可持续能源的生产和存储方面，南南合作和三方合作明确表明，这些合作项目可促进农村和偏远社区获得能源，并为南方国家提供可持续的能源价值链和稳定的能源贸易。在可再生能源转型方面，三方合作引人注目，如由丹麦资助的中国–加纳可再生能源技术转移南南合作项目，以及由总部设在维也纳的可再生能源和能源效率伙伴关系国际组织资助的印度、印度尼西亚和南非城市间的南南合作项目。除了南南合作之外，一些拥有丰富自然资源和大量投资的国家也显示出南北合作的潜力。例如，南非是一个锰产量高且致力于研究和开发可持续能源存储的国家，可能成为锂离子电池市场的领头羊。

区块链技术具有促进碳排放交易和清洁能源交易的潜力，可确保向当地社区提供气候融资所需的投资，并改善与气候相关的温室气体排放和减缓行动的MRV应用。尽管区块链的应用尚未成熟，但成功的南南合作实践（如中国与金砖国家在改善空气质量方面的区块链研究合作）已凸显其重要性。此外，通过建立一个协作、协调和标准化的气候治理框架，南南合作和三方合作可以克服区块链在缺乏立法框架和数据隐私方面的局限。

上述各种地理区域的南南合作和三方合作的案例表明，许多国家都可以从利用数字技术应对气候变化的实践中受益。鉴于当前许多南南合作实践由全球南方国家中具有较高社会经济地位的金砖国家所主导，因此应谨慎对待和实践南南合作项目，以使所有参与者都能从中受益，特别是使那些资源较少的南方国家可以最大限度地利用数字技术。

第 8 章
南南数字合作和三方数字合作的动力与机制

刘倩倩　Andre de Mello e Souza

8.1　引言

过去 10 年间，数字技术的快速发展改变了全球经济的格局，重塑了人类社会活动。南南合作和三方合作在影响数字化发展进程的同时，数字化发展也反哺着这些合作实践。数字化为南方国家解决自身广泛的发展需求问题创造了新的机会。正如前几章的案例所示，数字化在农业、减贫、气候变化、健康、教育、金融以及对全球可持续发展具有重要意义的众多领域发挥着积极作用。

虽然数字技术加强了各国之间的通信和信息流动，也加强了全球互联互通，但当前南方国家的合作机制中数字技术的应用尚未得到充分体现，这被认为是实现 2030 年可持续发展议程的关键。如前几章的案例所示，许多通过数字化来促进可持续发展的试点项目和创新方案着眼于当地独特的经验和条件，其规模有限，仅适用于一个国家或地区，并没有被其他地方效仿实行。然而，要想帮助全球南方国家消除贫困并引发真正的变革，必须扩大数字解决方案的应用规模，并将其推广到发展水平各异的所有南方国家。因此，南南数字合作有益于探索在全球南方广泛应用这些创新方案的可能性。

在电子商务、跨境支付、电子政务和数字治理等方面，数字技术发展面临的诸多挑战单靠一个国家的力量难以解决，必须加强各国之间的协同合作，建立明确的技术标准，尤其是安全相关标准的国际治理结构，确保全球的技术应用在一定程度上协调一致。然而，南方国家的这一需求尚未得到充分满足（United Nations Secretary-General's High-level Panel on Digital Cooperation，2019）。只有通过南方国家与其他主要利益相关方，包括私营部门、基金会、开发银行和研究机构等的合作，才能建立有效和包容的全球治理结构与制度。这些结构及其推动的各项合作将凸显数字技术在贸易、税收、跨境数据流动、知识产权和就业领域的重要作用。在这些领域及许多其他领域，南方国家有自己独特的利益和需求，南南数字合作可以帮助它们在全球范围内发声和应对问题。

本章重点介绍数字国际合作。第2节强调了南南数字合作的重要性。第3节根据南南合作金融中心（FCSSC）和联合国南南合作办公室（UNOSSC）在2018年发布的《数字世界中的南南合作》报告，讨论了塑造数字化全球南方背后的一些关键动力。第4节通过部分实例，探索了推动南南数字合作的机制和途径。第5节和第6节给出了关于南南数字合作的结论和政策建议。

8.2 全球南方数字化新趋势

为什么需要推进南南数字合作和三方数字合作？有大量证据表明，数字经济的崛起和创新对可持续发展具有直接的推动作用。但这并不意味着数字化能够解决所有的发展问题，其同样存在缺点、挑战和障碍。下文将讨论数字化的四个新趋势，并指出南南数字合作的重要性和局限性：①南方国家正在寻求创新性数字解决方案以应对发展挑战；②南方国家发展数字技术并不一定能缩小贫富差距；③通过南南数字合作，南方国家有望实现技术"跨越"；④数字技术可以作为监测和评估南南合作的有效工具。

8.2.1 南方国家寻求创新性数字方案以应对发展挑战

数字化和数字经济不仅在全球北方迅速发展，在全球南方发展势头同样强劲，尤其是在中国和新兴经济体（见图 8-1）。目前，印度已成为全球最大的 IT 服务出口国。印度的五大 IT 巨头包括塔塔咨询服务（Tata Consultancy Services）、印孚瑟斯（Infosys）、威普罗（Wipro）、马衡达信息技术（Tech Mahindra）以及 HCL 科技（HCL Technologies）（Raveendran，2019）。在巴西，数字技术，特别是区块链技术，正以前所未有的速度发展。2019 年 9 月，巴西使用区块链技术签发了全球首份数字记录的出生证明（Wood，2019）。此外，根据《2019 年全球数字年鉴》发布的一项调查报告，南非有 10.7% 的互联网用户拥有加密货币，位列全球第一（Hootsuite and We are Social，2019）（见图 8-2）。泰国和印度尼西亚的加密货币拥有率则分别排在全球第二位（9.9%）和第三位（9.5%）。在印度，6.5% 的互联网用户拥有加密货币。此外，2019 年，非洲地区约 80% 的人口拥有移动电话（Hootsuite and We are Social，2019）。

数字化在全球南方的快速发展表明，南方国家在数字化和数字经济方面已拥有了自己的经验和方法，并致力于通过创新性的数字方案来应对发展挑战。相较于北方国家，南方国家的数字化创新经验往往更适用于其他南方国家，因为它们有着相似的发展背景和需求。这些南方国家可以通过南南数字合作，在数字技术转让、知识共享和能力建设方面开展富有成效的合作。

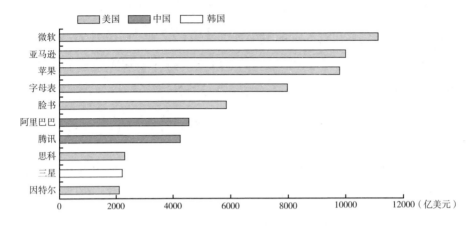

图 8-1 2019 年科技巨头的市场估值

资料来源：Wu et al.（2019）。

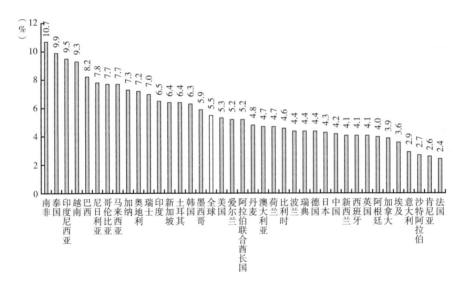

图 8-2 2019 年 1 月加密货币拥有率

资料来源：Hootsuite and We are Social（2019）。

案例 1 卢旺达数字转型中心

卢旺达政府通过下属信息通信技术和创新部与德国国际合作机构（GIZ）合作建设的卢旺达数字转型中心是本土数字技术的一个典型代

表。该中心为创新者提供了工作场所和全天 24 小时的高速互联网接入，并形成了集导师、大量硬件设备、最新软件于一体的生态系统，帮助用户将自己的前沿方案制作成原型，投入商业应用或进行进一步拓展（Kaliisa，2019）。

在健康领域，非洲数字医疗网络联盟致力于让非洲国家获得必要的资源和帮助，以打造强大的数字医疗体系。其提出的"数字医疗领导力计划"旨在确保非洲数字医疗的领导者，尤其是政府机构相关人员，有能力制订、管理和指导国内的各项数字医疗计划。该计划将以培训、辅导和支持的形式，系统连贯地开展能力建设，从而将数字医疗纳入常规课程内容和知识体系（African Alliance，2014）。

在农业领域，西非的几家创新型创业企业成功克服困难，对该地区最古老的产业进行了现代化改造。例如，Verdant 利用手机帮助提高粮食产量。这家初创企业通过简单的创新性移动技术为农民提供农业推广、市场信息、管理支持和金融等服务。Verdant 将农业价值链上的各个利益相关方和主要参与者汇聚在同一平台上，其中不仅包括农民、买家和农业产业，而且包括研究机构、捐助组织、政府和金融机构等。

同样，Farmerline 平台针对加纳的小农户，为其提供对接市场、金融、投入和设备服务。Farmerline 平台提供一系列供应链创新产品及服务，帮助与之合作的小农户和组织。作为一家农业科技企业，AgroData 致力于将数字技术应用于尼日利亚的农业。该公司专注于精准农业，创造性地利用空间数据以及经处理的农业信息和农业研究数据来支持和改善热带农业。Esoko 是企业、政府、非政府组织及其他组织与加纳和利比里亚农民建立联系的工具。其产品包括网页版和手机版应用程序、与农业相关的原创内容以及实地服务，能够满足客户营销、监控和咨询的需求（Adepoju，2016）。

然而，有证据表明，南方内部正在出现数字鸿沟——最不发达国家

在数字技术的开发和利用方面严重落后。在这些最不发达国家中，仅 1/8
左右的人口可以访问互联网，只有不到 1/5 的人口可以使用移动宽带，
因为互联网接入主要依赖手机技术。性别不平等的问题也逐渐凸显。目
前，这些国家的女性上网人数约为 1250 万人，而男性则有 1800 万人。此
外，在最不发达国家中，网速也是一个很大的挑战（OECD and WTO，
2017）。

虽然一些非洲国家在数字技术应用方面已进行了创新，但总体来
看，非洲对数字技术的吸收仍慢于世界其他地区。非洲拥有全球
13.4% 的人口，却只创造了 1.1% 的科学知识。全球只有 1% 的研发投
入用于非洲，非洲也仅拥有全球约 0.1% 的专利。要想加快创新步伐，
应对发展挑战，就必须推进和实施支持科研工作的数字政策。通过实施
区域技术转让以及增加对科学知识的开放获取，非洲已具备一定的能力
来开发、生产、制造和组装数字产品及服务，可以建立具有全球竞争力
的 ICT 服务部门和产业（African Union，2014）。让人欣喜的是，非洲
国家目前正通过多项协议努力改变科学技术领域进展缓慢的现状，将创
新性解决方案投入商业应用。其中，政府首脑和国家元首决定加大研发
投入至 GDP 的 1% 以上，并采用《非洲科技和创新战略》（STISA –
2024）。

8.2.2　南方国家发展数字技术并不一定能缩小贫富差距

总体而言，全球南方的不平等现象较全球北方更为突出。新兴经济
体保持了一个时期的强劲增长，使数百万人摆脱了绝对贫困。然而，增
长的红利并未平等地惠及所有人，收入不平等程度仍在加剧。在较大的
新兴经济体中，只有巴西大幅减少了不平等，但贫富差距仍是经合组织
国家的 5 倍左右（OECD，2017a）。

虽然这些新兴国家经历了迅猛且深刻的数字化改革，但各项指标均
表明，这些新兴国家仍存在全球最严重的社会经济不平等问题。根据

Unwin（2019）的说法，虽然不平等是 2030 年可持续发展议程的一个关注点，并且特别制定了可持续发展目标 10，但"在围绕可持续发展目标 10 召开的国际论坛上很少提到信息通信技术不平等的问题。有意思的是，在可持续发展目标 10 中，没有任何具体指标与数字技术挂钩"。这或许是因为，人们非常看重数字化对经济增长的驱动作用，即便是穷人也能以某种方式享用数字技术的好处（Unwin，2019）。但事实上，南方国家发展数字技术并不一定能缩小贫富差距。

当然，发展数字技术主要不是为了解决不平等问题。事实上，数字化同其他技术一样，在发展过程中往往会因为工作岗位被自动化和人工智能所取代，从而加深市场集中化趋势进而加剧不平等。因此，全球大型科技公司的所有者和股东会进一步积聚经济实力和财富。2017 年，乐施会发布报告称，8 个超级富豪拥有的财富，相当于全球较贫穷的一半人口拥有财富的总和，而其中 5 人的财富有很大一部分直接来自科技行业（Oxfam，2017）。

尽管如此，数字技术仍有可能促进更大程度的包容，缩小财富和机会差距。例如，世界各地的企业都会因电商平台而受益，但农村和偏远地区的小企业从中获益最大，从而促进了机会平等。过去因高昂的中介费而无法直接大批量出货的卖家，现在可以通过电商平台进行销售。例如，中国阿里巴巴集团旗下的淘宝平台已成为新兴经济体中交易量最大的在线市场。通过淘宝，茶农、家具厂商、行李箱制造商以及其他小厂商，即便来自偏远山村，也能以更低的成本、更便捷的途径与上海、北京甚至海外的客户建立联系（Wei，2019）。

此外，世界银行和阿里巴巴集团联合发布的《电子商务发展：来自中国的经验》报告指出，电子商务的发展有助于推动性别平等。虽然绝大多数线下创业者为男性，但该报告提供了大量实证支持，表明女性和男性从事线上创业的概率相当（World Bank and Alibaba Group，2019）。该报告并没有解释为什么电子商务更适合女性创业，但是指出，在江苏沭阳和睢宁，许多年轻女性从城市返乡后从事电商业务，其收入水平与之前持平，甚至更高（World Bank and Alibaba Group，2019）。

此外，金融科技还可以帮助小微企业解决融资需求问题。例如，阿里巴巴参股的蚂蚁金服根据现金流数据、在线客户评论和其他数字指标生成信用评分，再根据评分，向国内100多万个无法获得传统银行贷款的小微企业主提供无抵押贷款。对于成立年限较短的企业和年轻的企业家而言，借助金融科技获得信用贷款后，企业可以更加迅速地成长（Wei，2019）。

数字技术还有望直接缓解贫穷地区和富裕地区在教育资源上的不平衡。在全球南方，许多农村学校无力招聘并留住高素质教师，或为现有教师提供及时有效的培训。因此，农村地区的学生成绩往往比不过富裕的城市地区。友成基金会是一家非营利性组织，其说服了北京和中国其他大城市的顶尖中小学在课堂上安装摄像机，以便让贫困和偏远农村地区的学校通过在线视频来观摩课程。友成基金会的教育项目有效地缩小了中国部分贫困农村地区与富裕城市地区之间的教育差距（Wei，2019）。

此外，新兴经济体有望成为低收入发展中国家的数字增长中心，而这又将进一步推动新兴经济体的增长（UNOSSC and FCSSC，2018）。例如，2012年，巴西地理和统计研究所（Brazilian Institute of Geography and Statistics）、巴西合作署（Brazilian Cooperation Agency）、联合国人口基金（United Nations Population Fund）与佛得角、塞内加尔和南非的国家统计局合作，利用在上述三个非洲国家采集的电子数据，建立了人口普查参考中心。该项目利用了巴西地理和统计研究所在数据采集与人口普查方面的技术知识和经验。这些国家通过共用技术设备，即个人数字辅助设备（集计算、电话/传真、上网和联网功能于一体的手持设备）来收集数据。这一项目旨在响应各国对可靠数据的需求，以便评估政策、监测进展、确保国家机构的透明度和问责性（UNOSSC，

2016）。这也是三方数字合作的典型案例，汇集了政府和国际机构的资源，互为补充，推动发展中伙伴国家的数字进程。

8.2.3 南南数字合作以及南方国家的"跨越式发展"

数字技术为南方国家实现"跨越式发展"创造了无限可能。有了数字技术，这些国家就可能越过北方国家已经走过的一些技术发展的中间阶段。可以说，南方国家在技术应用方面享有后发优势。由于本就缺乏基础设施，再加上根深蒂固的既得利益，南方国家往往会迅速采用新的数字技术；相比之下，发达国家则需要循序渐进地过渡到新技术的使用。这种灵活性使得发展中国家从一开始就能针对新兴技术设计自己的政策、创新生态和基础设施，从而更快地向更高效的系统过渡，并让本国企业家尽早融入创新价值链（Yayboke，2020）。

例如，当美国还在普及智能手机支付时，移动货币已经在肯尼亚风靡了10多年。绝大多数肯尼亚人开通了移动支付功能，其中最为流行的是沃达丰（Vodafone）在2007年3月推出的M-pesa系统。M-pesa（在斯瓦希里语中，"pesa"的意思是"钱"）的影响力巨大，目前拥有超过3000万活跃用户，遍布10个非洲国家，可提供国际汇款、信贷、卫生医疗等多种服务。2016年，M-pesa全球交易达60亿笔，其中每分钟最高达到529笔。M-pesa也因其社会价值而受到赞扬。它不仅为小企业提供了机会，而且在减贫方面发挥了重要作用（Monks，2017）。

然而，许多南方国家仅靠自身的力量无法实现跨越式发展，因为它们所缺少的资源、基础设施、科技、技能和知识本身是无法被跨越的。此外，必须创造有利的监管环境。在应用各项技术之前，必须了解它们之间的互联互通性——如果不按照国际标准，做出了临时的、不一致的或不明智的应用决策，就可能导致方案成本高昂且兼容性差，从而无法发挥作用。因此，必须超越国界，着眼于发展区域性和全球性基础设施，帮助发展中国家之间及其与世界其他地区之间进行交流（Davison et al.，2000）。

此外，借助数字技术实现跨越式发展必须结合各地的具体情况、面临的挑战和现实的需求。例如，如果一座城市连安装交通信号灯或执行基本的交通法规都有困难，那么要想通过联网摄像头来改善交通管理则是根本行不通的。同样，对于能够从低劳动力成本中获得相对优势的发展中国家而言，自动驾驶汽车或先进的制造机器人并不是理想的投资选择（Yayboke，2020）。因此，要想取得成功，跨越式发展必须具备可持续性和长期性。

下一节将指出，发达经济体现有的援助方案无法在资金和技术上充分满足南方国家的数字需求。鉴于上文提出的挑战和问题，实现跨越式发展的最佳途径在于找出发展差距，然后思考如何利用新技术来缩小这些差距（Yayboke，2020）。因此，南南数字合作应以需求驱动为原则，在南北合作的基础上，进一步缩小差距。

8.2.4　利用数字技术来监测和评估南南合作

如何监测和评估合作实效是国际发展合作实施和管理中的一个重要议题。虽然发展援助委员会（DAC）与经合组织（OECD）成员国早在20世纪90年代就开始推动"发展有效性议程"，并且2005年的《巴黎宣言》中也强调了有效性问题，但南方援助国坚持认为南方的发展合作有其独特性，在监测和评估办法上不同于发展援助委员会成员国。数字技术可以有效地监测和评估南南合作的有效性，并解决上述问题。

近年来的一些创新性评估方法都用到了数字技术，这使得各方能更好地参与南南合作。例如，在众包模式下，大量用户经常通过手机和开源软件平台，积极地汇报或交流自己周围的情况。由此，数据采集的范围突破了传统评估方法的限制，并且能够获得传统方法难以收集到的敏感问题（如腐败）的信息。同时，众包能够围绕特定地点实时采集大量数据，但运行成本则低于传统的监测评估方法。它可以建立自下而上的直接沟通机制，以促进公民参与。在正确的机制下，众包数据往往更难造假，且不易被片面解读，因而有望提高独立性和可信度。此外，还可建立更完善的移动数据采集系统，通过调查的形式，向目标群体收集具体信息（Winderl，2013）。

例如，坦桑尼亚拟开发一个众包平台，以有效打击腐败以及滥用和挪用资金等问题。该监测评估平台通过关键指标来反映各个项目的最新进展，相关组织的任何成员都可以基于这些信息来监测和评估项目的进度。一项研究表明，该平台有助于提升项目的透明度、协同性和问责性，并有望激励各主体和利益相关方对政府及他方出资项目进行监测（Sanga et al.，2019）。

因此，我们采用新技术来实现监测评估的创新，从中不难看出，数字化不仅是南南合作的目标，而且有助于推动南南合作。如此，数字技术可以有效推动各行业及各模式下的南南合作，并促进更间接、更广泛的发展，而不仅仅是发展和使用这些技术本身。

8.3　数字时代全球南方的发展动力

根据 FCSSC 和 UNOSSC 发布的《数字世界中的南南合作》报告，南南数字合作的关键驱动力包括数字技术的变革和创新、政府放松管制、商业模式创新、消费者需求等。厘清全球南方数字发展背后的驱动力，有助于我们进一步探索促进南南数字合作的有效途径。

全球南方数字化发展的第一个动力来自数字技术的转型。从前文所示案例中可以看出，区块链、物联网、人工智能等现代技术的运用加强了南方国家之间以及南方国家与世界其他地区之间的数字互联。这些案例还表明，在数字技术的推动下，许多南方国家社会生活和社会服务（如教育和医疗保健）供给的方式正在发生深刻的变化。随着数字技术的进步，许多社交活动和社会服务活动发生在网络空间，而不再局限于传统的物理空间。

新冠肺炎疫情的肆虐凸显了数字技术在工作、学习以及商品、服务和信息获取方面的重要性。远程医疗、远程办公和在线教育的发展达到了空前水平。数字化可以生成与病毒有关的数据，也可以促进研究合作中的信息交流。同时，人工智能还被用于帮助确定治疗方法。远程办公和在线教育的激增加大了对 Microsoft Teams、Skype、Cisco Webex 和 Zoom 等网络会议软件的需求。据微软称，使用其软件进行在线协同办公的人数一周内攀升了近 40%。在中国，2020 年新冠肺炎疫情发生后，微信、QQ 和钉钉等数字办公程序迎来了流量高峰。此外，市场明显表现出向电商转变的趋势（UNCTAD，2020a，2020b）。数字解决方案、工具和服务的应用加速了整个世界向数字经济的过渡，同时也扩大了互联网覆盖与未覆盖地区之间的鸿沟（UNCTAD，2020a，2020b）。在新冠肺炎疫情防控常态化背景下，无法应用这些技术的国家将进一步处于劣势，其与数字化程度较高的国家之间的不平等程度也将加剧。

全球南方数字化发展的第二个动力来自南方国家政府制定的政策，这为数字化发展创造了开放友好的氛围。近年来，全球南方的许多国家，特别是新兴经济体，逐步解除了对数字经济和技术的管制。中国、印度、南非等发展中国家还积极鼓励发展数字技术和数字经济，并为此制定了相关政策和发展战略。

2018 年，南非科技部发布了未来 5～15 年的技术创新白皮书，其中阐述了南非的长期数字战略，即"帮助南非有效参与日益自动化和数字化的世界新秩序"（South African Government，2018）。白皮书建议加强数字和信息技术领域的研究与创新。印度政府启动了"数字印度"国家旗舰计划，旨在向数字赋能型社会和知识型经济转变。印度政府确定了九大增长支柱，包括宽带高速公路、普及移动连接、电子政务、e化人力资源和电子制造等（Government of India，2015）。《非洲数字化转型战略》（*Digital Transformation Strategy for Africa*）致力于在非洲大陆成功部署数字技术和创新成果，并为之设定了宏伟的目标。该战略指出，尽管非洲联盟成员国之间的配合较弱且政策改革力度不足，但大多数国家仍有望利用现有的信息通信技术（ICT）框架和政策。数字战略的综合实施框架正是建立在现有举措的多样化和该地区各机构的合作能力之上。该战略的一个核心是通过在各个国家、各个行业层层推进政策改革，从微观层面推动数字化进程。

全球南方数字化发展的第三个动力来自数字技术驱动的商业模式创新。正如2018年南南合作年度报告所指出的，区块链、物联网等创新数字技术正在改变传统商业模式，并取代现有产品模式。特别是平台经济已经成为一种新型的商业和产业组织模式（FCSSC and UNOSSC，2019）。许多发展中地区，特别是撒哈拉以南非洲地区，已经培育了众多创新型平台企业。除了M-pesa和Esoko，发展中国家还涌现了许多其他平台公司，如非洲的Jumia、Konga和Kilimall，以及印度的Flipkar（FCSSC and UNOSSC，2019）。这些位于全球南方国家的平台企业将形成网络效应（FCSSC and UNOSSC，2019），并形成更大的规模和价值。由此，它们又会吸引更多客户，进一步扩大规模。

全球南方数字化发展的第四个动力是基于客户需求的定制服务。大数据的广泛应用催生了许多定制化、个性化的商业模式和服务（FCSSC and UNOSSC，2019；Wang，2019）。滴滴出行是中国移动出行预订平台之一，它可根据客户需求提供定制化叫车服务。客户可以选择特定品牌的汽车和特定行车路线。京东和其他许多在线零售商为中国多个地区的客户提供"限时达"服务。在大数据分析的支持下，通过机器人仓库管理和物流优化管理，包裹可按客户要求，于当天或指定日期送达（FCSSC and UNOSSC，2019）。微医（WeDoctor）是中国的一个在线医疗电子平台，主要提供在线健康服务、在线心理支持和实时疫情报告。根据问诊内容，客户可根据自己的喜好选择某一医院或某一级别的某个医生。目前，中国的许多高级别医生居住在东部沿海城市，而通过互联网咨询，中国西部的数百万人也可以获得医疗服务（Yao，2020）。截至目前，微医已聚集了 7000 多名中国知名医生和医学专家，有超过 50000 名用户使用了在线医疗保健服务（Tencent，2020）。

8.4 如何推进南南数字合作

前文分析了数字化背景下推动全球南方发展的主要动力。本节将探讨如何促进南南数字合作，着重围绕四个方面展开：①数字基础设施的互联互通优先；②加强数字技术和能力建设；③为南南数字合作打通多样化融资渠道；④为跨境数字经济和电子商务提供政策支持。

8.4.1 数字基础设施的互联互通优先

数字基础设施互联互通是实现高质量数字化发展的前提。缺乏必要的数字基础设施，就难以推动数字经济的发展。对于许多南方国家而言，数字基础设施的联通性不足是限制数字化和数字经济持续发展的瓶颈之一（United Nations Broadband Commission for Sustainable Development，ITU and UNESCO，2019）。由于国内财力和能力不足，许多南方国家在数字基础设施建设上还存在巨大缺口。

确保可访问性是许多南方国家实现数字基础设施互联互通所面临的首要挑战。目前，全世界仍有超过 40 亿人未接入互联网，其中 90% 来自南方国家（UNDP，2019）。南亚的互联网普及率在全世界最低。2019 年，该地区只有约 1/5（21%）的人能够上网（见表 8 - 1）。

表 8 - 1 2017 ~ 2019 年部分地区的互联网普及率

单位：%

地区	2017 年	2018 年	2019 年
北美	89	91	94
澳大利亚 - 新西兰	92	91	93
欧盟	84	87	87

续表

地区	2017 年	2018 年	2019 年
欧洲(其他地区)	78	83	82
东亚	66	67	71
独联体	66	68	70
拉丁美洲和加勒比地区	58	60	68
中东和北非	59	62	63
东南亚	42	46	55
撒哈拉以南非洲	25	30	31
南亚	15	25	21

资料来源：Bikus（2020）。

与世界其他地区相比，非洲国家的互联网普及率处于较低水平。截至 2019 年 6 月，非洲的互联网用户人数仅占地区总人口数的 39.8%（见图 8-3）。在撒哈拉以南非洲，只有 31% 的人口能够上网（Bikus，2020）。这些数据远远低于全球 57.3% 的平均水平。非洲的互联网用户数仅占世界总用户数的 11.9%（Internet World Stats，2019）。根据联合国宽带促进可持续发展委员会（United Nations Broadband Commission，UNBC）、国际电信联盟（ITU）和联合国教科文组织（UNESCO）发布的《非洲数字基础设施计划》（*A Digital Infrastructure Moonshot for Africa*），到 2021 年，非洲需要增加约 11 亿上网人口，并且需要近 90 亿美元投资，才能使宽带普及率翻一番。

2019 年，拉丁美洲有 68% 的人口接入互联网（Chevalier，2020）。然而，2017 年，在该地区排名较靠前的两个国家中，只有 15% 的用户连接速度超过 15Mbps，而排名较靠后的国家中只有 0.2% 的用户达到这一速度。参考全球网络连接较发达的 10 个国家，其中一半以上的用户连接速度超过 15 Mbps（ECLAC，2018）。

在所有地区，城乡基础设施建设差距巨大。在全球范围内，农村的移动互联网普及率比城市低 40 个百分点（ITU and UNESCO，2019）。

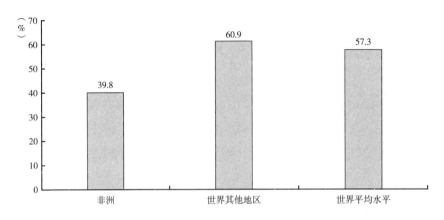

图 8 – 3　非洲及世界其他地区互联网普及率（截至 2019 年 6 月）

资料来源：Internet World Stats（2019）。

这一差距在非洲地区尤为显著，约达到 58 个百分点。在南亚，农村居民使用移动互联网的可能性比城市居民低 45 个百分点（ITU and UNESCO，2019）。同样，在拉丁美洲，城乡互联网覆盖率差异的平均值达到 27 个百分点（ECLAC，2018）。此外，数字技术的获取还存在惊人的性别鸿沟。女性在获取和使用数字技术方面普遍落后。女性上网的可能性低于男性。事实上，2018 年，女性上网比例比男性低 24.8 个百分点（ITU and UNESCO，2019）。因此，特别需要确保数字使用方面的性别平等。

除了用得上，还要用得起。在许多南方国家，互联网的使用费用居高不下。联合国宽带促进可持续发展委员会建议的目标负担水平是月收入的 5%（United Nations Broadband Commission for Sustainable Development，2018b）。然而，在非洲，2018 年购买一部手机和 500 MB 的流量平均需要花费月收入的 10%（Radcliffe，2018），这是联合国宽带促进可持续发展委员会所提出目标的 2 倍。在中低收入国家中，南亚是移动宽带用户负担最低的地区（Bikus，2020）。

许多南方国家意识到数字基础设施建设的重要性。近年来，以数字基础设施合作为重点的数字合作，逐渐受到许多参与南南合作的南方国家政府的重视。

非洲联盟泛非电子网络计划（African Union Pan African e-Network Plan）强调在非洲国家建设宽带基础设施，这是较早提出的解决非洲数字化落后现状的倡议之一，也是推进《2063年议程》的一项标志性提议。2009年，该项目以对非援助的形式获得印度政府资助（Pambazuka News，2009），旨在借助卫星网络将非洲联盟55个发展中成员国联系起来，共同利用和分享印度在远程教育和远程医疗方面的经验。目前，该项目已成为全世界地理覆盖最广的电子医疗和电子教育项目之一（South-South Galaxy，2020）。近年来，数字基础设施已成为中国和非洲大陆的发展重点之一，并被纳入中非双方的发展战略。中国的"一带一路"倡议与非洲联盟的《2063年议程》都涉及数字基础设施发展的问题。

中国也支持其他南方国家的数字化发展。2017年12月，中国与埃及、老挝、沙特阿拉伯、泰国、土耳其、阿拉伯联合酋长国6个南方国家共同发起《"一带一路"数字经济国际合作倡议》。根据该倡议，中国将与上述六国在15个关键领域开展合作，其中首要的就是扩大宽带接入。其他关键领域包括促进电子商务合作、支持互联网创新创业、促进中小微企业发展、加强数字技能培训、促进信息通信技术领域的投资、鼓励制定透明的数字经济政策、推进国际标准化合作等（Guo，2017）。

此后，中国又与16个国家签署了关于加强"数字丝绸之路"建设的谅解备忘录（Office of the Leading Group for Promoting the Belt and Road Initiative，2019）。2019年4月，中国在第二届"一带一路"国际合作高峰论坛期间举办了"数字丝绸之路"论坛。多家企业参与了数字化合作，其中中国电子传媒企业四达时代集团与尼日利亚国家电视台签署了《"万村通"数字化改造项目谅解备忘录》。

案例 2 "万村通"数字化改造项目

"万村通"数字化改造项目是 2015 年举行的中非合作论坛（FOCAC）约翰内斯堡峰会的成果，旨在帮助非洲村落接入卫星数字电视服务。该项目由中国电子传媒企业四达时代集团承建。项目启动前，许多非洲国家尚未普及电视，费用高昂是其中一个原因（初装费平均为 200 美元，每月收视费为 47～100 美元）（Zhou，2018）。"万村通"数字化改造项目实施后，共为非洲 25 个国家的 10112 个村落安装、接通了数字卫星电视（Zhou，2018）。

该项目为每个村落免费配备 2 套投影电视系统和 1 套数字电视系统，安装在学校、医院、村委会、活动中心等公共区域，可以免费收看至少 20 套节目。所有电视均配有太阳能装置，确保在村庄停电的情况下依然能够正常收看。此外，该项目还将以极低的价格，为每个村庄 20 户有电视机的家庭每家配置一台机顶盒，可收看至少 30 个频道的节目（Zhou，2018）。

根据中国政府的官方公告，截至 2019 年底，该项目已帮助数千个村庄看上数字电视（Wan，2019）。2019 年完工的"万村通"数字化改造项目见表 8 - 2。

表 8 - 2　2019 年完工的"万村通"数字化改造项目

日期	国家	惠及村庄（个）
5 月 10 日	加纳	300
5 月 24 日	卢旺达	300
6 月 13 日	赞比亚	500
10 月 9 日	尼日利亚	1000
11 月 14 日	喀麦隆	300

资料来源：Wan（2019）。

"万村通"数字化改造项目得到了非洲相关国家民众的高度评价。科特迪瓦信息媒体部部长 Sidi Tiémoko Touré 表示，"该项目有效地填补了科特迪瓦数字电视服务的空白，拉近了国民与世界的距离"（Wan，2019）。尼日利亚议员、联邦众议院信息委员会主席奥德本米·多昆评价道，"今天我们庆祝项目成功。这是对人民的投资，因为它关系到广大民众，可以帮助他们联通数字世界"（Onuoha，2019）。科特迪瓦西南部的伊基蒂州莫巴地方政府区域的一位族长 Oba Sunday Adewumi 指出，"该项目重新点燃了伊基蒂人，尤其是农民的希望"（Saliu，2019）。

中国与非洲之间最主要的区域合作机制——中非合作论坛——被视为南南合作的典范（Chinese Embassy in Nigeria，2018）。该论坛非常重视数字基础设施建设，并将其视为基础设施发展合作的重要内容。《中非合作论坛——约翰内斯堡行动计划（2016～2018 年）》[*FOCAC Johannesburg Action Plan*（*2016–2018*）] 提到了数字基础设施建设，指出"双方鼓励中国企业帮助非洲国家建设广播电视数字化播放系统，助力广播电视数字化，扩大非洲农村受益面"。4 年后，《中非合作论坛——北京行动计划（2019～2021 年）》[*FOCAC Beijing Action Plan*（*2019–2021*）] 又重申了数字基础设施建设的目标，提到新技术、智慧城市、反恐、骨干光纤网等议题。

8.4.2　加强数字技术和能力建设

数字能力决定了一个国家或个人能否很好地利用数字技术及其带来的机遇。数字能力大体包括两个主要方面：其一，获取、使用并受益于数字资源的基本数字素养；其二，就业和数字创业能力（United Nations Broadband Commission for Sustainable Development，2018a）。

联合国宽带促进可持续发展委员会制定了到 2025 年实现数字技能

的具体目标，包括以下几个方面。

（1）全球60%的青年和成年人至少应该达到可持续数字技能的最低水平。

（2）全球应有40%的人口在使用数字金融服务。

（3）中小微企业的无连接率应按行业降低一半。

（4）所有具体目标均应实现性别平等（United Nations Broadband Commission for Sustainable Development，2018b）。

要达成上述目标并缩小南北国家之间的数字鸿沟，必须且必然要进行数字能力建设。数字化进程会影响南方国家的劳动力市场。由于缺乏数字能力和数字竞争力，相对贫穷的南方国家企业常常受到发达国家企业的挤压。此外，南方国家的部分劳动密集型工作已逐步退出市场。由于自动化发展和自身数字技能的缺乏，许多工人将失去工作。与那些充分适应数字经济的人相比，数字能力较弱者在竞争中将明显处于劣势。

数字渠道不畅也会影响政府政策及公共服务的质量和效率。若数字渠道畅通，公务员、市民和企业应能迅速获取有用的信息，并有能力在网上履行各自的行政、法律和社会义务，以及利用互联网支付税款和其他费用等。爱沙尼亚拥有世界上最先进的电子政务体系：网上办税不到5分钟，全国99%的公共服务可以全天24小时在网上提供，且近1/3的公民通过互联网投票。

孟加拉国政府联合地方政府部门共同推出了"信息获取"（a2i）特别计划，致力于在最基层的政府行政办公室设立数字中心，"一站式"接入公共和私人服务资源。农村妇女、残障人士以及老年人等未得到充分服务的群体，无论是否具备一般或特定的ICT知识，都可以在数字中心获取重要的信息和服务。通常，数字中心与农民家的平均距离为4公里左右，而政府下设的街道办事处大约在20公里外，地区办事处更是超过35公里。有了这些数据中心，居民便能够迅速有效地获得自己需要的公共服务和私人服务。截至目前，共计5286个数据中心正在以更快的速度、更低的成本和更高的频率，平均每月向600万名未得到充分服务的居民提供150多种公共服务和私人服务。不丹、斐济和马尔代夫的政府及非政府组织机构也加入了a2i伙伴关系网，希望借鉴其成功经验，包括开展数字中心计划。目前，其他国家，尤其是发展中国家的政府机构和发展机构也在讨论在南南公共服务创新网络框架下复制这一模式的可能性（UNOSSC，2018）。

为提升公职人员的信息通信技术能力，东帝汶与印度尼西亚、韩国共同建立了三方合作机制。在对"中央及地方政府信息技术能力建设"项目的可行性进行一系列讨论和审慎调查后，印度尼西亚政府、韩国国际合作局东帝汶办事处、印度尼西亚共和国通信和信息技术部以及东帝汶公共事务部共同签署了一项合作协议。根据协议，印度尼西亚承诺动用本国预算，加强与东帝汶在信息技术领域的南南合作。同时，还对加强东帝汶公职人员信息技术能力的培训方案进行了可行性审查。2016年5月，韩国国际合作局印度尼西亚办事处前往东帝汶帝力进行实地调查，并讨论了韩国、印度尼西亚和东帝汶之间的南南合作事宜。除财政支持外，韩国还分享了电子政务方面的技术和经验。该方案耗资370万美元，于2013～2017年实施。三方数字合作项目之所以能够成功，部分原因在于各方都投入了自己的财力及/或实物资源。来自印度尼西亚和东帝汶的公职人员通过同行学习，将培训项目的成效发挥到了最大。印度尼西亚官员向东帝汶代表分享了其在与韩国开展电子政务系统双边合作时积累的经验和教训。30名东帝汶公职人员参加了此次培训（GPEDC，2019）。

在南方国家，如果不能掌握数字知识和技能，将错过数字经济带来的全部机遇。如前文所述，女性的数字素养和技能相对较弱。在许多贫困的南方国家，特别是在父系社会和保守型社会中，女性在接受正规教育方面无法得到与男性同等的机会。因此，女性往往不会使用数字技术，甚至连手机和互联网等基本的数字设备也不会使用。可见，性别数字鸿沟依然很大（UNCTAD，2018c）。根据经合组织的数据，2018年，全球使用智能手机和移动互联网的女性比男性大约少3.27亿人。智能手机的女性用户比男性用户大约少26%。这一差距在南亚和非洲分别达到70%和34%（OECD，2018b）。

同样，在就业市场上，数字化对南方国家女性的影响也可能大于男性。根据国际电信联盟（ITU）2019年的一份报告，女性大量参与的日常事务和劳动密集型工作往往容易受到数字化和自动化的影响（ITU and UNESCO，2019）。在大多数南方国家，科学、工程和技术领域的女性研究人员比例较低，仅为10%~40%（UNCTAD，2018c）。在计算机专业毕业生中，女性仅占少数，而且比例还在逐年下降。科学、技术和创新领域的女性企业家和决策者的比例也很低（UNCTAD，2018c）。所有这些数据均表明，活跃在数字化领域的女性人数严重不足。

随着能力建设在南南数字合作中的重要性日益凸显，联合国各机构可以为南方国家发展数字技术和能力建设提供关键性帮助。联合国各机构能够很好地协调和调动政府、私营部门、民间社会组织、其他国际组织、学术界和技术界的资源。联合国体系内的各个机构为南南合作提供了政策、项目和制度支持。近年来，联合国各机构，特别是国际电信联盟、联合国贸发会议、联合国教科文组织及世贸组织，在南南合作及三方合作的数字化能力建设方面发挥了积极的主导作用。

在政策层面，联合国宽带促进可持续发展委员会设定了数字联通目标，以指导到2025年的全球数字发展。国际电信联盟、国际劳工组织和联合国教科文组织制作了一个数字技能工具包，为全球南方的政策制定者和其他利益相关方提供实用信息、示范和分步指导，以培养国家数字技能（ITU，2018b）。

在制度层面，2018年7月，联合国秘书长成立了数字合作高级别小组，旨在挖掘数字合作方面的先进做法以及机遇、差距和挑战。该小组由马云和比尔·盖茨共同担任联合主席，由来自世界各国政府、私营部门、学术界、技术界和民间社会组织的 20 名成员组成。2019 年 6 月，该小组发布了题为《相互依存的数字时代》　（*The Age of Digital Interdependence*）的报告，呼吁通过更广泛、更深入的合作，确保人人享有数字未来。该报告提出了五条建议：①建立包容的数字经济和社会；②增强人力和机构能力；③保护人权和人类自主性；④维护数字信任、安全和稳定；⑤加强全球数字合作（United Nations Secretary-General's High-level Panel on Digital Cooperation，2019）。

　　私营部门也在数字能力建设中发挥了关键作用。例如，中国科技公司阿里巴巴参与了全球南方的数字能力建设。2017 年 7 月，阿里巴巴董事局主席马云以联合国贸易和发展会议青年创业和小企业特别顾问的身份出席了在卢旺达举行的非洲青年峰会。马云宣布了三项旨在推动非洲国家数字能力建设的行动计划，包括：①支持 200～500 名非洲创业者前往阿里巴巴总部所在地中国杭州学习；②与非洲的大学和政府合作，为非洲学生提供数字技术和技能培训；③设立 1000 万美元的非洲创业基金（Hou，2018）。截至目前，阿里巴巴已经为非洲国家举办了两期培训，邀请非洲青年企业家到杭州，了解中国数字经济的发展情况以及阿里巴巴电商运作的成功经验。

　　2018 年 8 月，阿里巴巴宣布设立"网络企业家奖"，鼓励当地的年轻人加入数字创业的行列。该项目宣布，从 2019 年开始，每年为当地的 10 位创业者提供 100 万美元的奖金；10 年内共计出资 1000 万美元，支持 100 名非洲青年创业者。该项目实施第一年就收到了来自 50 个非洲国家的 1 万份申请（Ifeng News，2019）。此外，阿里巴巴还与联合国贸发会议合作开展了 eFounders 计划，希望在 5 年时间内帮助发展中国家培养 1000 名年轻创业者（同样自 2019 年开始），其中至少一半来自非洲（Ding，2019；Costa，2020）。截至 2020 年 3 月，已有来自 18 个非洲国家的 119 名企业家参加了该计划（Costa，2020）。马云表示，抓住数字能力建设的契机，"非洲会出现 100 个阿里巴巴"（Hou，2018）。

阿里巴巴的这一系列努力，已经在非洲开花结果。许多接受过阿里巴巴培训的年轻创业者已经在非洲各国展开了各自的创业实践。例如，来自肯尼亚的 Felix Mwaura 也曾参加过阿里巴巴的培训，目前经营着一家在线房屋租赁平台 Kopay。该平台旨在通过在线支付系统、在线租售平台以及无纸化签约来优化肯尼亚的房屋租赁系统。运用在阿里巴巴培训项目中学到的知识和经验，Mwaura 为自己制定了新的目标，计划在一年内寻找超过 1000 套空置房源，并把房屋登记流程压缩到 1 分钟之内。仅 3 个月时间，Mwaura 就已经找到了 1400 套空置房源（Hou，2018）。

上述私营部门和国际组织参与南南数字合作以促进技术和能力建设的案例表明了两个关键点：①除政府外，私营部门和国际组织也可以通过南南数字合作，大力推动能力建设，它们可以通过提供专业知识、资金和经验来补充政府资源；②针对数字技术，短期培训和长期学习都必不可少，最好能将所学知识和技能与当地实际相结合，以应对当地挑战并满足南方国家和利益相关方的特定需求。

8.4.3　为南南数字合作打通多样化融资渠道

大多数南方国家在数字化过程中遇到了资金不足的窘境。南方国家的数字化发展面临巨大的资金缺口。据联合国宽带促进可持续发展委员会估计，到 2021 年，要使非洲的宽带连接数量翻一番，大约需要投入 90 亿美元（United Nations Broadband Commission for Sustainable Development，ITU and UNESCO，2019）。此外，南方国家的许多小型数字企业难以筹措到足够的资金来维持自身运营。根据经合组织的统计，非洲每年面临 1360 亿美元的资金缺口来支持小企业创业和运营（OECD，2017a）。

许多南方国家的研发、科学和新技术支出不足。根据联合国教科文组织统计研究所的数据，美国是研发支出（按美元计算）最多的国家，中国和日本则分列第二和第三位（UNESCO Institute for Statistics，2019）。从研发支出在本国 GDP 的占比来看，2017 年以色列和韩国处于全球领先地位，均达到 4.6%，高于世界 2.3% 的平均水平。韩国在 ICT 和电子部门投入了大量资金（Investopedia，2019；UNESCO Institute for Statistics，2019）。相比之下，尽管非洲联盟制定了研发支出占 GDP 的比重为 1% 的目标，但大多数非洲国家远远低于这一水平，只有肯尼亚、塞内加尔和南非三个非洲国家接近 1% 的目标，为 0.8% 左右（UNESCO Institute for Statistics，2019）。

目前南方国家仍严重依赖于发展合作，而北方国家的对外援助却没有把数字发展作为优先方向，导致数字化发展合作的水平不高。2001～2013 年，欧盟提供了总计 320 亿欧元的发展援助，但其中只有 3.5 亿欧元用于与数字相关的活动（European Union，2016）。根据经合组织和世贸组织的数据，2015 年，援助国对南方国家的 ICT 贸易援助支出比例仅为 1.2%，明显低于其他类别的援助支出。这一比例甚至达不到 2002～2005 年 3% 的水平（OECD and WTO，2017）。

在北方国家数字化援助不足的背景下，私营数字企业，尤其是电信技术企业，同样可以在数字化发展中发挥重要作用，如促进包容性跨境电子贸易发展、建设数字基础设施、开展能力建设等。近年来，中国的阿里巴巴正大力建设电子世界贸易平台（eWTP），帮助南方国家的小企业和年轻人参与国际贸易（Alibaba Group，2018）。阿里巴巴在马来西亚建立了第一个海外 eWTP 中心，目前已累计在该国投资超过 1 亿美元（Xinhua News，2018）。为提高本地中小微数字企业的竞争力，阿里巴巴还与马来西亚政府合作，建设集电子商务、物流、云计算、移动支付和人才培训等服务于一体的基础设施（Business Wire，2017）。

8.4.4　为跨境数字经济和电子商务提供政策支持

提供政策支持并参与政策合作，为跨境数字经济和电子商务营造有利环境，对推动南南数字合作具有重要意义。

首先，数字技术鼓励各国加深相互依赖，而数字经济和电子商务的发展更需要跨境合作。数字企业必须进入地区和国际市场才能真正发展和立足。这就需要在地区和全球范围内创造有利于跨境电商发展的政策环境。然而，南方国家的许多初创型中小微数字企业在扩展跨境业务时往往面临特殊障碍，如需要相互承认的电子身份证件和数字签名文件等（ United Nations Broadband Commission for Sustainable Development，2018a）。要克服这些障碍，就需要各国政府在跨境问题上开展区域性合作和密切的政策配合。

其次，许多北方国家和跨国数字企业活跃在数字领域。它们不仅在数字技术的发展上具有绝对优势，而且在规则制定和跨境电商指导方面占据主导地位。相比之下，小型国家和南方国家的声音往往无法被听到。穷人、妇女、老人和残疾人等弱势群体的利益没有得到充分体现（ United Nations Secretary-General's High-level Panel on Digital Cooperation，2019）。通过协调地区和全球政策，可以创造一个有助于南方国家数字经济发展的环境。数字政策应以人为本、造福穷人，让南方贫穷国家中弱势群体的利益得到重视。

最后，数字技术在医疗、减贫、农业、小额信贷、气候变化、教育和性别不平等等众多领域都得到了有效应用，但仅限于本地或本国层面。如何扩大数字技术的应用范围成为关键。区域各国或世界各国之间的政策配合，将有助于传播和扩大当地数字技术应用的最佳实践，更广泛地造福于全球南方。要为南方数字企业创造有利的政策环境，首先必须确保当地的中小型数字企业能够顺利进入区域和国际市场。此外，政府可以通过提供技术援助、市场营销和商业对接等服务，帮助中小型企业与国际大型数字企业在可能的项目中合作（ United Nations Broadband Commission for Sustainable Development，2018a）。

南方国家政府需要通过合作建立跨境电商的协同监管框架。许多南方国家尚未就数字经济和电子商务建立明确的法律监管框架。然而，完善的监管框架可以降低数字企业在跨境业务中的交易成本和风险，并保护当地企业的权益（United Nations Broadband Commission for Sustainable Development，2018a）。此外，在知识产权和数据保护方面也必须开展密切合作。许多国家将数据保护合规作为其市场准入的条件之一（United Nations Broadband Commission for Sustainable Development，2018a）。

根据 WTO 和 OECD（2018）对跨境电商开展的调查，南方国家中小微企业出口面临的最大障碍包括：运输成本高，尤其是小件运输贵；卫生及植物检疫证书的签发与验收流程烦琐；在线支付无法实现；未设置电子单一窗口或存在使用问题；等等。而进口的最大障碍则涉及小件交货成本高、在线支付系统存在问题、退货处理流程复杂、难以接入第三方支付服务等（WTO and OECD，2018）。其中，许多问题只能通过地区或全球政府间合作来解决。

全球约有 163 个国家制定了国家数字战略（ITU，2010），但地区性数字战略非常少见。事实上，地区性数字战略可以为电子商务的发展营造良好的政策环境，明确数字经济的监管条例和规则。应该看到，南方国家的地区性组织和其他区域机制在促进跨境数字合作方面发挥着关键作用。有人认为，地区性项目（如创建区域内数字单一市场、将数字技术融入地区贸易）有助于在该地区创建有利的法律和监管环境（United Nations Broadband Commission for Sustainable Development，2018a）。这些战略涵盖广泛的政策问题，如区域 ICT 发展、跨境电商、数字经济、电信、宽带战略等。地区性数字战略应与地区内所有国家的数字战略相关联。南部非洲发展共同体①（SADC）推出的区域一体化电子结算系统（SIRESS）就是南方国家开展区域数字合作的一个典型案例。SIRESS 为本地居民和企业在地区内开展交易提供了便利。截至 2017

---

① 截至 2009 年，南部非洲发展共同体（SADC）共包含 15 个非洲成员国——安哥拉、博茨瓦纳、刚果（金）、莱索托、马达加斯加、马拉维、毛里求斯、莫桑比克、纳米比亚、塞舌尔、南非、斯威士兰、坦桑尼亚、赞比亚和津巴布韦。2017 年 8 月，南部非洲发展共同体第 37 届首脑会议接收科摩罗为第 16 个成员国。

年，已有来自 14 个 SADC 成员国的 83 家金融机构加入该系统，SIRESS 的支付总额达到 2450 亿美元（UNCTAD，2018b）

8.5　推动南南数字合作的政策建议

下文就促进南南数字合作的政策建议展开讨论。

（1）应在南南数字合作中建立多方伙伴关系。没有一个国家可以单独走完数字化进程。本章案例说明，除政府间合作外，私营部门、国际组织、学术界和民间社会组织等其他利益相关方也应该充分参与到南南数字合作中。伙伴关系的建立可以有多种形式——多层面的、国内的、地区性的、全球的。不论是在技术转让和知识共享方面，还是在数字基础设施联通与投资、能力建设、跨境电商、金融支持等方面，各方都有自己的比较优势和专长，都可以发挥不同的作用。正如本章所述，全球南方有许多从事数字相关领域的私营企业正在积极推动南方国家的数字化发展。通过推广有效的公私合作模式，可以鼓励私营部门深入参与南南数字合作。

（2）联合国各机构应继续在区域和全球资源协调与动员方面发挥主导作用。这些机构一直是南南合作和三方合作的坚定支持者。几十年来，联合国体系不断加大对南南合作和三方合作的政策支持、项目支持以及制度支持力度，包括将南南合作及三方合作纳入落实《2030 年议程》的政策框架。相关联合国机构包括：专门从事数字技术的组织，如国际电信联盟、联合国宽带促进可持续发展委员会；专注于南南合作与三方合作的组织，如联合国南南合作办公室；特定地区的组织，如联合国拉丁美洲和加勒比经济委员会；等等。许多联合国机构已经制定了自己的数字议程和目标。例如，联合国宽带促进可持续发展委员会制定了 2025 年全球宽带具体目标，联合国拉丁美洲和加勒比经济委员会制定了拉丁美洲和加勒比数字议程。未来，这些国际组织还应出台具体方针，指导如何针对南方国家开展有效的数字项目、如何在南方国家推广某个地方的成功经验等。

（3）全球南方的新兴国家（以及北方援助国）在发展合作中应进一步强化数字化，包括数字基础设施发展、能力建设、技术转让、数字技术研发和创新。合作项目应关注如何通过数字化来促进南方发展。此外，南方受援国还应呼吁北方捐助国做出承诺，通过三方合作或与国际组织合作，为数字发展提供更大的援助。

（4）南南与南北知识共享是南方国家推广其他国家数字发展经验的有效工具。知识共享是南南合作和三方合作中最具活力的部分（UNGA，2018）。由于发展背景和发展路径相似，南方国家应互相分享自己在数字技术、数字经济及数字解决方案上的成功实践，并推广尤为适于南方的数字发展经验，特别是跨越式发展经验。此外，还应鼓励建立全球性和地区性的数字技术和数字发展网络。

（5）地区性协议和机制可以有效促进和催化南方国家的跨境数字发展。如前文所述，数字经济、电子商务和数字贸易越来越需要国家间的跨境合作。同一地区的南方国家应共同制定促进跨境电子商务和电子贸易发展的规则、法律框架和统一标准。此外，区域自由贸易协定或区域数字一体化项目（如数字单一市场）可能有助于推动区域数字合作。

（6）南方国家应加强自身数字发展战略与国际战略的对接。如前文所述，许多南方国家和地区组织已将数字发展纳入其国家或地区发展计划和战略，如中国的"一带一路"倡议和非洲联盟的《2063年议程》。这些计划在数字领域有许多共同的重点和关切，如数字基础设施发展和能力建设。这些计划相互关联、相互促进，有助于南方国家在数字发展方面展开合作。

（7）南南数字合作及三方数字合作应重视创新。创新是南方国家数字经济发展的核心动力。然而，创新的潜力是由能力决定的。因此，南南数字合作必须将加强南方国家能力建设作为一项重点目标。能力建设包括基本的科技能力、就业能力、中小企业的电商运营能力、研发能力和电子政务能力等。

（8）在开展南南数字合作时，应特别关注性别平等、包容性和农村地区需求。例如，互联网在女性和农村人口中普及不足。如前文所述，数字技术的发展可能促使经济权力和财富集中在少数几家大公司手中，从而形成数字鸿沟，导致就业机会减少，社会最贫困的阶层越发处于弱势。南南数字合作要逆转这个可能：希望发展中国家充分挖掘和分享数字技术在减少社会经济不平等方面的潜力，以实现联合国可持续发展目标10，并缩小南方国家的性别和城乡差距。性别平等作为可持续发展的主要目标之一，应在南南数字合作的各个方面予以考虑和强调。在每个南南发展项目中，都应纳入有关性别平等的具体计划和目标。

（9）可以且应当利用数字技术来开展监测评估项目，提高南南合作的水平和影响力。有了数字技术，就可以从发展中国家相对封闭或弱势的群体处采集到更多更有用的数据，而过去由于地理局限、通信障碍、地区冲突导致不安全局势、数据涉及政治敏感问题等原因，这些数据可能很难采集。未来，各国可以利用数字技术为各行各业（而不仅仅是与数字技术有关的行业）的南南合作项目提供更精准的指导、评估和建议。

8.6　结语

本章重点介绍了南南数字合作的潜力和挑战。数字化是实现2030年可持续发展议程的关键，特别是在减少贫困和不平等、促进经济增长、改善教育、卫生和农业实践方面发挥着重要作用。数字化几乎可以影响所有发展领域。毫无疑问，在新冠肺炎疫情下，无法当面开展教育、工作和医疗活动。于是，数字技术的开发、利用和传播就变得尤为重要。更重要的是，可以利用数字技术为利益相关者提供便捷的反馈渠道，从而帮助监测和评估各个领域、各种模式的南南合作实效。

全球南方的数字化发展蕴含巨大的机遇和挑战。发展中国家与发达国家在互联网服务接入和质量方面存在巨大的数字鸿沟，但南方国家已经大规模扩建和改进数字基础设施。然而，南方国家之间也存在数字鸿沟，这更凸显出南南数字合作的必要性。此外，发展中国家内部也存在不平等，尤其反映在性别和城乡方面。

鉴于其重要性和创新性，数字技术可以并且应该成为南南合作的重点。数字技术带来的跨越式发展为各国提供了弯道超车的机会，但其根本上应以需求为导向，这是南南合作的关键原则之一。由于南方国家有着许多共同的发展需求和挑战，它们有能力开展数字合作，有能力共享信息、经验、最佳实践，也有能力通过开展数字创新来满足这些需求、应对这些挑战。本章介绍了众多本土应用的数字解决方案，可见数字化涉及的发展问题以及技术和利益相关方之多、之广：从金融到农业再到教育；从电脑到平板电脑再到手机；从农民到选民再到电商企业家。在很多（甚至是大多数）情况下，这些案例也可推行至其他地区，并取得类似效果。

南南数字合作最终要落实到伙伴国家数字基础设施的扩展和升级、技术转让和能力建设、资金提供，以及通过政策支持创造适宜数字发展投资的环境（包括监管框架）等问题上。本章通过实例介绍了上述各个问题，可见扩大南南数字合作的需求和潜力仍然巨大。开展地区性项目是最佳的解决途径。虽然三方数字合作的案例不多，但可以扩大这一模式，将发展中国家的创新成果和本地经验与发达国家的先进技术和巨大财政资源有效地结合起来，用于推进第三国数字化建设。

第 9 章

结束语

——2020年之后的议程展望

王小林　Hany Besada　刘倩倩

　　本报告列举了一系列实证案例，研究了南南合作和三方合作在数字世界中的新动力和新方法，以期为全球南方可持续发展提供参考和路线图。本报告表明，尽管面临许多新的挑战，但全球南方可通过南南数字合作和三方合作有效应对一系列重大问题，如农业生产力、粮食安全、低收入社区金融服务、健康服务和气候变化等。本报告提出了一系列共享数字红利的具体策略和举措，这些举措可应用于全球、区域、次区域和国家层面。

9.1　主要发现

　　本报告的主要发现如下。

　　第 1 章阐述了南南合作已超出技术合作和知识交流的范围，并扩大到贸易、投资、基础设施和互联互通等领域。南南合作与三方合作已成为实现《2030 年可持续发展议程》的重要合作途径和融资渠道。与此同时，数字合作正成为南南合作与三方合作的重要组成部分，即合作促进了数字基础设施投资、跨境电商以及数字技术在农业、气候变化、卫生和金融服务等领域的应用。南南数字合作已纳入全球南方一些示范性合作框架，如非洲《2063年议程》、中非"数字丝绸之路"和《电子健康全球观察》（GOe）。创新型南南数字合作机制在全球南方越来越受欢迎，并对经济发展具有重要影响，在新冠肺炎疫情下其作用尤其明显。

第2章探讨了南南合作出现的新动力和新方法，具体如下。

（1）新型合作关系：三方合作。三方合作将分散的南北援助与南南合作联系起来，并在全球南方国家、国际组织和北方捐赠国之间形成新型合作关系。这种更具包容性的合作框架超越了传统的南北合作。除了提供官方开发援助外，三方合作还拓宽了资金和知识获取渠道。

（2）南方国家新型融资平台。2016年成立的亚洲基础设施投资银行和其他南方银行推出的新型融资模式等南南合作举措，如非洲开发银行，都在满足南方发展中国家资金需求的同时，摆脱了北方国家主导的带有附加条件的金融格局，这种格局是主流经济观念以及受援国缺乏自主权的产物。这些举措致力于创建一个提高南方国家参与度甚至领导力的融资格局，这种融资格局以一系列共同原则为指导，注重发展成效，优先考虑受援国的国家利益及其对可持续发展的需要。

（3）基于平台的新型合作方法：南南数字合作。在全球南方科技和平台业务模式的数字创新推动下，基于大数据、物联网和人工智能等数字技术的南南合作蓬勃发展。南南数字合作为推动实现《2030年可持续发展议程》，甚至更长远的发展前景提供了新动力和新方法。面对全球新冠肺炎疫情，南南数字合作对于获取数字健康解决方案越来越重要，如通过云会议共享疫情相关的经验和教训，通过电商平台调配防疫物资和设备，以及进行远程专家会诊治疗。

第3章指明了全球南方正在本地化开发前景广阔的数字技术，并且成效显著。"一带一路"和"数字丝绸之路"等倡议有助于全球南方经济体发展信息通信技术（ICT）基础设施和数字服务，并创造机会进一步加强南南合作。阿根廷、印度尼西亚、肯尼亚等全球南方经济体的创新公司率先主张从战略角度利用第四次工业革命（4IR）带来的良机。所有全球南方经济体都需要做好准备以迎接4IR带来的一系列变革，这将是它们取得经济成功的关键。

第4章中有关运用数字技术提高农业生产力和加强粮食安全的案例研究和文献表明，政府和社会资本合作（PPP）模式可以作为一种解决方案，用以满足农业部门整合一些技术的需求，这些技术包括农民拓宽信贷渠道、获得投入品和进入市场的技术，提高安全性的智慧城市技术，提高栽培的播种速度和准确性以及改善田间管理的人工智能技术，等等。

第5章表明，金融科技在全球南方的成功有据可循。具体来说，第一个案例研究了一个从社交媒体网站转变而来的智能支付平台；第二个案例介绍了中国人民银行成都分行向偏远少数民族地区推广普惠基本支付服务的措施；第三个案例介绍了一家从事农村金融服务的社会企业；第四个案例介绍了一个服务于小微电商企业的线上小额贷款机构。很显然，数字金融在全球南方已取得长足发展，然而金融科技在发展战略中的作用还有待研究和理论化。

第6章分析了数字医疗带来的重要机遇，即促进与健康有关的可持续发展目标3，并加强全球南方国家对全民医保（UHC）这一重要医疗改革目标的承诺。通过许多案例评估了南南合作和三方合作的机遇、挑战及潜力，从中得出的结论是：要想通过数字医疗有效促进可持续的医疗发展，各国必须制定国家数字医疗战略，并将其整合到现行医疗政策中，同时必须专门为全球南方组织培训项目和进行能力建设，并加大对全球南方数字医疗的资金支持。

第7章详细阐述了南南合作在减轻数字化的负面影响以及增强其帮助应对气候变化的能力方面的潜在作用。具体来说，除了可持续能源生产和存储之外，还研究了区块链、遥感和地理信息科技等数字技术，以及南南合作在减缓和适应气候变化方面发挥的作用。通过介绍南南合作的一系列成功案例，包括从最不发达国家到中高收入国家的成功案例，证明了南南合作在金砖国家以外地区的努力也取得了成功。

第8章分析了南南数字合作的驱动力和机制，认为许多数字化创新着眼于本地经验，而不是着眼于促进部门可持续发展的数字化，因此其规模受到了限制。同时，呼吁制定具有更广泛基础的倡议，以便通过南南合作和三方合作的协作行动进行数字技术合作。

9.2　建议

本报告的研究结果表明，在当今的经济环境下，全球南方越来越需要采取新的方法来应对复杂的数字发展挑战。全球南方必须本着南南合作和三方合作的精神制定数字解决策略，以便支持相关并互联的数字转型框架。在一个日趋全球化的世界中，经济的不确定性引发了保护主义政策，因此全球南方需要在合作中促进和推动数字发展。为实现这一目标，全球南方需采取以下行动。

（1）应在南南数字合作中建立涉及多个利益相关方的伙伴关系，并鼓励 PPP 模式。

（2）联合国应继续在资源协调和调动方面发挥关键作用，并提出具体指导方针，在南方国家实施和推广数字计划。

（3）南南之间以及南北之间应共享知识，以便在南方国家推广数字化最佳实践。

（4）应制定有助于南方国家应对数字化问题的区域协定和机制。

（5）北方国家应与南方国家共享数字发展战略，促进互惠互利。

（6）南南合作与三方合作应鼓励和重视数字技术创新。

（7）南南数字合作必须注意性别平等和普惠性。

（8）应利用数字技术加强对各领域计划的监测与评估，以提升南南合作的质量与影响。

本报告还提出了一些更具体的建议，包括以下几个方面。

（1）ICT领域的三方合作应该制度化，通过资金、培训和技术系统等各种形式提供支持，以便捐赠国和多边组织更好地促进南南合作计划，进而提升长期可持续发展成效。

（2）为提高农业生产力以应对全球粮食安全挑战，各国应基于五大支柱（政策、制度、技术、能力和治理）制定相关框架，并持续加强数字创新。

（3）全球南方国家政府（及其北方合作伙伴）需确认和预见金融科技的重要性，并填补相关的政策空白。金融科技推广的时机已经成熟，南南合作和三方合作能够支持各种努力，以确定各国之间可以共享的技术要素及最佳实践，并对其加以调整以适应发展中国家的需要。此外，数字互联互通与促进技术转让必须辅以适当的监管和治理结构，这种监管和治理结构将数字效率置于经济发展的优先地位。在制定和实施与金融科技相关的政策时，各国政府必须倡导将金融科技作为一个潜在的扩展领域，并鼓励通过合作发展技术要素和推动最佳实践，包括南南合作和三方合作。虽然全球南方的许多主要新兴经济体一直在应对这些挑战，但仍需做出更大的努力，特别是那些政治、经济存在很大局限的不发达和脆弱的经济体。

（4）在应对气候变化的相关挑战方面，三方合作可作为一种补充，以打破南南合作的潜在局限。例如，南南合作和三方合作可以通过呼吁建立一个协作、协调和标准化的气候治理框架来克服南方国家缺乏立法框架和数据隐私保护造成的区块链的局限。此外，由于许多数字创新是由金砖国家领导的，这些国家在南方国家的社会经济中处于较高地位，因此应对南南合作的实践进行重新审视。通过南南合作找到确保资源较少的南方国家能够公平参与的其他途径，以使全球南方国家都能充分利用数字技术。

（5）如本报告所述，跨境电商已成为南南贸易合作的重要工具。对于许多发展中国家来说，需要在跨境电商的目标、原则、立法、实施策略、监控等方面进行能力建设。在跨境电商的电子数据收集、数据分析和风险管理方面，应特别关注与相关政府部门和电子商务利益方进行合作。

促进实施基于跨境数字获取与创新的合作和跨部门战略，需要出台相应的支持政策，为南方国家当地的数字企业营造有利的环境，使这些国家能够繁荣发展并分享其应对挑战的创新解决方案。构建一个能够满足南方国家需求的可持续发展的协作监管框架，对加强发展中国家间的合作至关重要。鉴于全球数字经济的快速变化，需要对上述问题采用新的视角和方法，这种新的视角和方法也应被视为对当前数字经济发展方式进行分析的补充和完善。

9.3 未来的研究计划

本报告探讨了从数字技术在农业、医疗、金融、灾害和气候变化中的应用到政策影响的各种案例。本报告指出，新冠肺炎疫情催生了基于互联网的新型合作模式，推动了数字技术的进步。本报告还指出，数字技术和平台商业模式是南南合作和三方合作的新的驱动力。然而，无论是数字合作方式还是商业模式，如何在南南数字合作中促进益贫性和包容性的发展，都需要进行进一步研究。

在此提出进一步研究的三个重点方向：①南南合作与三方合作的新动力和新方法如何影响全球南方的可持续发展？②如何进一步完善南南数字合作的案例研究？③如何通过南南数字合作推动新冠肺炎疫情后的复苏和应对今后类似的紧急情况？

9.3.1 南南合作与三方合作的新动力和新方法

本报告分析了数字化背景下南南合作与三方合作的各种案例，包括金融科技以及农业和健康领域的数字应用等。通过这些新的案例，我们能够预测，这些应用将对南方国家的未来产生积极的影响，然而其对全球南方可持续发展的真正影响仍有待观察。因此，需要对这些案例和其他案例进行进一步的研究，以充分衡量它们所带来的好处，同时更好地理解随着时间的推移而出现的各种挑战和机遇。未来的研究也可能产生更具体、更明确的政策建议。

9.3.2 深入开展南南数字合作的案例研究

《非洲电子商务议程：行动路线图》确定了八大领域的行动路线图，涵盖从政策调整到扩大互联互通、物流升级到数据管理等多个领域。每个领域都设有一个目标以及为达到这一目标而建议采取的步骤（ICT and WEF，2019）。这八大领域同样也是进一步研究南南数字合作及可持续发展的关键议题。通过深入的案例研究，可对以下重要问题进行进一步探讨：在执行世界海关组织规则和《非洲电子商务议程：行动路线图》方面需要解决哪些问题，以及如何解决这些问题，等等。

9.3.3 通过南南数字合作开辟新冠肺炎疫情后的复苏之路

通过南南数字合作从新冠肺炎疫情或类似的全球卫生挑战及紧急情况中复苏，应优先考虑几个研究领域，包括：研究如何加强南南数字合作，以创造更多的就业机会，促进工业和贸易复苏；进行案例研究，总结经验、吸取教训。这些研究可通过专家网络进行快速评估和共享。

开展数字化技术应用研究，加快感染新冠肺炎病毒患者的诊断、隔离和治疗，对今后的健康危机也具有指导意义。借助数字技术和大数据，一些南方国家得以使用基于颜色的健康编码系统来遏制新冠肺炎病毒的传播。实践证明，这些健康码在防疫工作中发挥了重要作用。如何通过南南数字合作向全球南方更多的国家推广健康码，以防控新冠肺炎疫情以及未来的流行病或其他全球性危机，这一问题对进一步研究意义重大。

9.4　结语

本报告强调了数字经济的重要性及其对全球南方当前和未来发展状态的影响，回溯了当前全球南方国家兴起的数字技术浪潮的起源及其对进一步促进南方经济发展的影响。通过促进创业精神、提高工人的生产率和帮助深化问责治理，数字化提供了巨大的机遇，迫切要求南方国家深化和加强本区域与次区域国家间的合作。本报告涉及数字技术塑造全球经济的多种方式，以及南南合作与三方合作在确保全球南方国家更充分、更有效地从全球价值链中获益从而实现 2030 年可持续发展目标方面的作用。

本报告的一个关键论点是，数字经济能够为全球南方提供广阔的发展前景。在尝试建立数字经济的过程中，南方国家必须有意识地对其进行投资，以保持自身与快速完善的数字环境的相关性，必须将旨在促进数字技术发展国家经济、提升国家竞争力的政策纳入国家的发展战略和更广泛的发展战略中。南方国家可以从彼此的数字经验中汲取宝贵的经验，发展中国家可将南南合作与三方合作作为其国家战略的一部分来制订具体的计划，从而更有针对性地利用正在崛起的数字经济。

本报告强调了南南合作与三方合作作为推动数字经济发展的新动力和新方法的价值，同时强调了如何通过南南合作与三方合作促进南方行为体数字经济的发展。基于对全球南方若干国家令人信服的案例研究以及这些国家成功的数字化方案和实践实例，各章都提出了关键的政策建议。希望本报告能够进一步推动就这些建议以及在整个报告中探讨的各个次级议题进行对话。

现在是扩大数字技术的应用领域及其应用前景的大好时机，也是提升数字技术在 21 世纪发展合作中的作用的大好时机。通过对这些议题的研究，找到数字化在全球南方的发展模式并为决策提供支持，可以大大推动数字化的发展。更具体地说，本报告呼吁全球南方各行各业的行为体在数字化方面继续参与和加强合作，以支持与数字化相关的发展议程。

虽然可持续和公平的数字化发展合作确实存在挑战，但可以利用普遍存在的兴奋和乐观的情绪，提出创新的解决方案，并通过反复讨论使其更具可行性，就如本报告所描述的那样。

参考文献

AAN (2019). Innovation at Ping An and the Next Wave of Insurance-EY Global Insurance Knowledge Leader. *Asia Advisers Network*; https: //www. asiaadvisersnetwork. com/Article? aid =49360.

Ababa, A. (2018). ECA Promotes Use of Disruptive Technology to Enhance Financial Inclusion in Africa. *United Nations Economic Commission for Africa*; https: //new. uneca. org/stories/eca – promotes – use – disruptive-technology – enhance – financial – inclusion – africa.

Abeler, J. , Bäcker, M. , Buermeyer, U. , Zillessen, H. (2020). COVID – 19 Contact Tracing and Data Protection Can Go Together. *JMIR Mhealth Uhealth*, 8, e19359.

Abubaker, R. (2019). Dubai Municipality Partners with Huawei at GITEX. *Emirates News Agency*; https: //wam. ae/en/details/1395302793055.

Addo, S. (2019). Using AI, Edge, IoT for Agriculture, Microsoft FarmBeats Addresses the Challenges of Farmers in Africa, Starting in Kenya-MCGH (microsoftcaregh. com).

Adegoke, Y. (2019). Ethiopia has Launched its First Satellite into Space with China's Help. *Quartz Africa*; https: //qz. com/africa/1772671/ethiopia – launched – its – first – space – satellite – with – chinas – help/.

Adepoju, P. (2016). 5 Agri-tech Ventures Disrupting Agriculture in West Africa, *Apps Africa*, December 21. Available from: https://www. appsafrica. com/5 – agri – tech – ventures – disrupting – agriculture – in-west – africa/ [Accessed on May 19, 2020].

African Alliance (2014). African Alliance of Digital Health Networks. Available from: https://www. africanalliance. digital/home – english [Accessed on May 19, 2020].

African Development Bank (AfDB) (2014). Innovative e-Health Solutions in Africa Award Investing in Smart Human Capital Innovations: Spreading Inclusive Growth Capacities in Africa. Available form: https:// www. afdb. org/fileadmin/uploads/afdb/Documents/Publications/Innovative _ e% E2% 80% 91Healthb_ Solutions_ in_ Africa_ Award. pdf.

African Green Revolution Forum (AGRF) (2019). Blockchain, Enabling Farmers to Trade in Trust. Available from: https://agrf. org/ news/blockchain – enabling – farmers – to – trade – in – trust/ [Accessed on Jan. 20, 2020].

African Union (2014). *Agenda 2063: The Africa We Want*. https:// au. int/en/documents/20141012/key – documents – agenda2063 [Accessed on Jan. 21, 2020].

Agarwal, Sumit and Chua, Y. H. (2020). Fintech and Household Finance: A Review of the Empirical Literature. *China Finance Review International*, 10 (4).

Agha, Z., Schapira, R. M., Maker, A. H. (2002). Cost Effectiveness of Telemedicine for the Delivery of Outpatient Pulmonary Care to a Rural Population. *Telemed J E Health*; 8 (3): 281 – 291. doi: 10. 1089/15305620260353171.

Agrawal, A. (2019). Harnessing the Power of AI for Global Health.

Financial Times. https：//www. ft. com/content/3e5d9e12 – f631 – 11e9 – 9ef3 – eca8fc8f2d65.

AIIB（2020a）. COVID – 19 Crisis Recovery Facility［Online］. *Asian Infrastructure Investment Bank*. Available from：https：//www. aiib. org/en/policies – strategies/COVID – 19 – Crisis – Recovery – Facility/index. html［Accessed on Jun. 23, 2020］.

AIIB（2020b）. AIIB Approves USD1 Billion in Loans to Indonesia for COVID – 19 Response［Online］. *Asian Infrastructure Investment Bank*. Available from：https：//www. aiib. org/en/news – events/news/2020/AIIB-Approves – USD1 – Billion – in – Loans – to – Indonesia – for – COVID – 19-Response. html［Accessed on Jun. 25, 2020］.

AIIB（2020c）. AIIB Approves USD750 – M Loan to India for COVID – 19 Response［Online］. *Asian Infrastructure Investment Bank*. Available from： https：//www. aiib. org/en/news – events/news/2020/AIIB – Approves – USD750 – M – Loan – to – India – for – COVID – 19 – Response. html［Accessed on Jun. 25, 2020］.

Aker, J. C.（2011）. Dial "A" for Agriculture：A Review of Information and Communication Technologies for Agricultural Extension in Developing Countries. *Agricultural Economics*, Vol. 42（6）：631 – 647.

Aker, J. C. , Boumnijel, R. , Mcclelland, A.（2016）. Payment Mechanisms and Antipoverty Programs：Evidence from a Mobile Money Cash Transfer Experiment in Niger. *Economic Development & Cultural Change*, 65（1）.

Aker, J. C. , Mbiti, I. M.（2010）. Mobile Phones and Economic Development in Africa. *Journal of Economic Perspectives*, 24（3）：207 – 232. Available from：DOI：10. 1257/jep. 24. 3. 207.［Accessed on Jan. 5, 2020］.

Akter, S. , Fu, X.（2012）. Impact of Mobile Telephone on the Quality and Speed of Agricultural Extension Services Delivery: Evidence from the Rural India. In 2012 Conference, August 18 – 24, 2012, Foz do Iguacu, Brazil (No. 126798). International Association of Agricultural Economists.

Alawode, O., Reeve, S. (2019). Nigerian Smallholders Farm Smart with Soil Data. Available from: https://spore. cta. int/en/innovation/all/article/nigerian – smallholders – farm – smart – with – soil – data – sid018de76a2 – 0945 – 428c – 8b1c – 9740ca852353 [Accessed on Jan. 22, 2020].

Al-Beity, M. (2019). How "Agritech" could Lead Africa's Rising Start-up Scene. *World Economic Forum*; https://www. weforum. org/agenda/2019/08/africas – agritech – start – ups – could – be – the – next – jumia/.

alibaba. com (2019). eFounders Fellowship. *Alibaba Business School*; https://agi. alibaba. com/efounders – fellowship.

Alibaba Group (2018). Alibaba Group 2017/2018 Social Responsibility Report.

Alibaba Group (2020a). Alibaba Actions [Online]. Global MediXchange for Combating COVID – 19 [Accessed on Jun. 26, 2020].

Alibaba Group (2020b). GMCC Live [Online]. Globla MediXchange for Combating COVID – 19. Available from: https://gmcc. alibabadoctor. com [Accessed on Jun. 26, 2020].

Alibaba Group (2020c). Netizens Rush to Volunteer in Translation Relay, and the Global Sharing Platform to Combat COVID – 19 Publishes Prevention and Treatment Manual in Another 12 Languages [Online]. International Online. Available from: https://baijiahao. baidu. com/s? id = 1662570463755062647&wfr = spider&for = pc [Accessed on Apr. 7, 2020].

Aliresearch (2019). Building the 21st Century Digital Silk Road—The

Practice of Alibaba Economy [Online]. AliResearch. Available from: https://i. aliresearch. com/img/20190423/20190423121119. pdf [Accessed on Jun. 26, 2020].

Allison, G. (2019). China is Pulling ahead of North America on Smart Cities. *Axios*; https://www. axios. com/china – is – pulling – ahead – of – north – america – on – smart – cities – 323f39f8 – f67b – 4d85 – b09f – 2fdc2710cea4. html.

Andrea, T. (2019). Scientific American. Utility-Scale Energy Storage will Enable a Renewable Grid. *Scientific American*.

Ankomah, B. (2020). SDGs-Progress, But still a Long Way to Go. *African Business*; https://africanbusinessmagazine. com/company – profile/ wef – 2020/sdgs – progress – but – still – a – long – way – to – go/.

Anon (2018). National Digital Health Strategies around the World. *The Medical Futurist*, October 16. https://medicalfuturist. com/national – digital – health – strategies – around – the – world/.

APNME (2013). APNME's 8th Annual Conference Agenda. https:// www. apnme. org/2013/conference – highlights. htm.

Appsynth (2019). The Rapid Rise of Augmented Reality in Southeast Asia. *Appsynth*; https://appsynth. net/blog/augmented – reality – southeast-asia – thailand/.

aps. dz (2018). Algerian Customs, Huawei Sign Agreement to Build Data Center. *APS*; http://www. aps. dz/en/economy/22773 – algerian – customs – huawei – sign – agreement – to – build – data – center.

Arbache, J. (2018). Seizing the Benefits of the Digital Economy for Development. VoxEU. https://voxeu. org/content/seizing – benefits – digital – economy – development.

Asamoah, S. (2020). Infrastructure Financing Deficit in Africa: Glass

Half Full or Half Empty? *Africa Policy Review*；http：//africapolicyreview. com/infrastructure – financing – deficit – in – africa – glass-half – full – or – half – empty/.

Asian Infrastructure Investment Bank（AIIB）（2020）. 2020 AIIB Annual Report and Financials［Online］. Available from：https：// www. aiib. org/en/news – events/annual – report/2020/home/index. html.

Asia-Pacific Space Cooperation Organization（APSCO）（2020a）. Cooperative Programs. *Asia-Pacific Space Cooperation Organization*；http：// www. apsco. int/［Accessed on Nov. 16, 2019］.

Asia-Pacific Space Cooperation Organization（APSCO）（2020b）. Data Sharing Service Platform. *Asia-Pacific Space Cooperation Organization*. Website. Available from：http：//www. apsco. int/html/comp1/content/ DSSP/2018 – 07 – 04/36 – 176 – 1. shtml.［Accessed on Nov. 16, 2019］.

Association for Progressive Communications（APC）（2010）. GenARDIS 2002 – 2010：Small Grants that Made Big Changes for Women in Agriculture. International Development Research Centre（IDRC）, Canada.

Atabong, A. B.（2019）. This Startup is Using Artificial Intelligence to Help African Farmers Tackle Crop Pests and Diseases. *Quartz Africa*. Available from：https：//qz. com/africa/1680695/cameroon – agric – startup- helps – african – farmers – using – ai/［Accessed on Jan. 20, 2020］.

AT&T（2018）. AT&T and Emerson are Turning Food Waste into Clean Energy and Fertilizer. *ATT*. Website. Available from：https：//about. att. com/newsroom/2018/food_ waste_ into_ clean_ energy. html.［Accessed on Nov. 28, 2019］.

Autor, D. H.（2014）. Skills, Education, and the Rise of Earnings Inequality among the other 99 Percent. *Science*, 344（6186）：843 – 851. Available from：doi：10. 1126/science. 1251868.［Accessed on Feb. 16,

2020]. Available from: https://media. consensys. net/how – can – blockchain – technology – help – fight – air – pollution – 3bdcb1e1045f. [Accessed on Apr. 2, 2020].

Azevedo, D. (2019). Brazilian Agtech Boom Produces 1.125 Start-ups. *Future Farming*; https://www. futurefarming. com/Smart – farmers/Articles/2019/10/Brazilian – agtech – boom – produces – 1125 – start – ups-481829E/.

Babu, S. C. , Glendenning, C. J. , Okyere, K. A. , Govindarajan, S. K. (2012). Farmers' Information Needs and Search Behaviors: Case Study in Tamil Nadu, India (No. 1007 – 2016 – 79468). International Food Policy Research Institute (IFPRI). Washington D. C.

Bada – Sánchez, E. , Pérez – Jiménez, J. Carlos, Martínez – Cruz, L. Enrique, Méndez – Loeza, I. , & Sosa – Cordero, E. (2019). Fishery indicators during a Predictable Aggregation of Atlantic Sharpnose Sharks Rhizoprionodon Terraenovae in the Southern Gulf of Mexico: An Alternative to Assess a Heterogeneous Data-poor Fishery. *Fisheries Management and Ecology*, 26, pp. 354 – 364. doi: 10. 1111/fme. 12366.

Baker, A. (2017). The American Drones Saving Lives in Rwanda. *Time Magazine*; https://time. com/rwanda – drones – zipline/.

Balachandran, D. (2018). 10 Agtech Startups for Smallholder Farmers in Sub-Saharan Africa. Available from: https://agfundernews. com/10 – agrtech – startups – for – smallholder – farmers – in – sub – saharan – africa. html [Accessed on Jan. 22, 2020].

Banerjee, A. (2018). Re-engineering the Carbon Supply Chain with Blockchain Technology. *Infosys*. White Paper. Website. Available from: https://www. infosys. com/Oracle/white – papers/Documents/carbon – supply – chain – blockchain – technology. pdf. [Accessed on Mar. 31, 2020].

Banga，R.（2017）. *Rising Product Digitalisation and Losing Trade Competitiveness.* United Nations Conference in Trade and Development （UNCTAD）, Geneva. Available from：https：//unctad. org/en/PublicationsLibrary/gdsecidc2017d3_ en. pdf.

Bardhan，P.，Mookherjee，D.（2011）. Subsidized Farm Input Programs and Agricultural Performance：A Farm-level Analysis of West Bengal's Green Revolution，1982 – 1995. *American Economic Journal*：*Applied Economics*，Vol 3（4），pp. 186 – 214.

Bardi，J.（2019）. What is Virtual Reality? [Definition and Examples]. *Marxent 3D Commerce*；https：//www. marxentlabs. com/what – is – virtual – reality/.

Bateman，M.，Chang，H.（2012）. Microfinance and the Illusion of Development：From Hubris to Nemesis in Thirty Years. *World Economic Review*，1，pp. 13 – 36.

Bateman，M.，Maren，D.，Nicholas，L.（2019）. Is Fin-tech the New Panacea for Poverty Alleviation and Local Development? Contesting Suri and Jack's M-Pesa findings. *Review of African Political Economy.* June 2019，pp. 480 – 495.

Bates，R.（2019）. De Beers' Blockchain Platform Hopes to Track Every Diamond. *JCK*；https：//www. jckonline. com/editorial – article/de – beers – blockchain – platform/.

BBC. com（2015）. Safe Cities：Using Smart Tech for Public Security. *BBC*；https：//www. bbc. com/future/bespoke/specials/connected – world/government. html.

BBC. com（2019）. Will AI Kill Developing World Growth? BBC News；https：//www. bbc. com/news/business – 47852589.

Beardsley，S. C.，Enriquez，L.，Bonini，S.，Sandoval，S.，Brun，N.

(2010). Fostering the Economic and Social Benefits of ICT, in Dutta and Mia (2010). The Global Information Technology Report 2009 – 2010, pp. 61 – 70.

Beaubien, J. (2018). The Country with the World's Worst Inequality is …. *NPR News*. 2 April. Available from: https: //www. npr. org/sections/goatsandsoda/2018/04/02/598864666/the – country – with – the – worlds – worst-inequality – is [Accessed on Jan. 21, 2020].

Beckers, F., Chiara, N., Flesch, A., Maly, J., Silva, E., Stegemann, U. (2013). A Risk-Management Approach to a Successful Infrastructure Project. *McKinsey Working Papers on Risk*, No. 52, November.

Beerepoot, N., Lambregts, B. (2015). Competition in Online Job Marketplaces: Towards a Global Labour Market for Outsourcing Services? *Global Networks*, 15 (2), pp. 236 – 255. Available from: https: //doi. org/10. 1111/glob. 12051 [Accessed on Nov. 20, 2019].

Begum, H. (2004). Poverty and Health Ethics in Developing Countries. *Bioethics*, 15 (1), pp. 50 – 56.

Bei, D., Li, Y. (2017). The New Era of Digital Financial Inclusion.

Bellagio eHealth Evaluation Group (2011). Call to Action on Global eHealth Evaluation: Consensus Statement of the WHO Global eHealth Evaluation Meeting, Bellagio, Italy, September. https: //www. who. int/reproductivehealth/topics/mhealth/WHO – Bellagio – eHealth – Evaluation – Call – to – Action. pdf? ua = 1.

Bell, G. (2020). We Need Mass Surveillance to Fight Covid-19 – But It doesn't Have to be Creepy. *MIT Technology Review*, April 12. https: //www. technologyreview. com/2020/04/12/999186/covid – 19 – contact – tracing – surveillance – data – privacy – anonymity/.

Belt and Road New (2019). Follow the Digital Silk Road. *Belt & Road News*; https: //www. beltandroad. news/2019/08/17/follow – the – digital –

silk – road/.

Berger, R. U. (2016). Industry 4.0 Transition Quantified: How the Fourth Industrial Evolution is Reshuffling the Economic, Social and Industrial Model. *Roland Berger*. Available from: https://www.rolandberger.com/de/Publications/The – Industrie – 4.0 – transition – quantified.html. [Accessed on Dec. 10, 2019].

Bermeo-Almeida, O., Cardenas-Rodriguez, M., Samaniego-Cobo, T., Ferruzola-Gómez, E., Cabezas-Cabezas, R., Bazán-Vera, W. (2018). Blockchain in Agriculture: A Systematic Literature Review. In International Conference on Technologies and Innovation. Springer, Cham. pp. 44 – 56.

Beuermann, D. W., McKelvey, C., Vakis, R. (2012). Mobile Phones and Economic Development in Rural Peru. *The Journal of Development Studies*, Vol. 48 (11), pp. 1617 – 1628.

Bhalla, N. (2019). Smart Solar Pumps Use Big Data to Stop Africa being Sucked Dry, Thomson Reuters Foundation. Available from: https://bigdata.cgiar.org/blog – post/smart – solar – pumps – use – big – data – to – stop – africa – being – sucked – dry/ [Accessed on Jan. 20, 2020].

Bikus, Z. (2020). Internet Access at New High Worldwide before Pandemic. Gallup. 8 April. https://news.gallup.com/poll/307784/internet – access – new – high – worldwide – pandemic.aspx [Accessed on Jan. 17, 2020].

Bill and Melinda Gates Foundation (2013). Special Report: Financial Services for the Poor. September 2013.

BookDoc (2020). BookDoc and WeDoctor Announce Strategic Collaboration [Online]. PR Newswire Asia Ltd. Available from: https://en.prnasia.com/releases/apac/bookdoc – and – wedoctor – announce – strategic – collaboration – 279504.shtml [Accessed on Jun. 27, 2020].

BPX (2018). What is Ecostruxure from Schneider Electric? *BPX Electro*

Mechanical Co.; https://news. bpx. co. uk/what – is – ecostruxure – from – schneider – electric/.

Brall, C., Schröder-Bäck, P., Maekelberghe, E. (2019). Ethical Aspects of Digital Health from a Justice Point of View. *European Journal of Public Health*, 29 (S3), pp. 18 – 22. https://academic. oup. com/eurpub/article/29/Supplement_ 3/18/5628045.

brazilmonitor. com (2019). IBM to Open Artificial Intelligence Center in Brazil. *Brazil Monitor*; http://www. brazilmonitor. com/index. php/2019/02/12/ibm – to – open – artificial – intelligence – center – in – brazil/.

Brennan, T. (2019). China Offers Clues to Africa's Prospects for Digital Growth. Available from: https://www. alizila. com/china – offers – clues – to – africas – prospects – for – digital – economy – growth/ [Accessed on Apr. 10, 2020].

Britannica, E. (2019). Paris Agreement. In: Britannica, T. E. O. E. (Ed.) Encyclopaedia Britannica.

Bromwich, J. E. (2019). Farm to Table? More Like Ghost Kitchen to Sofa: The New Hunger Games are Here! *New York Times*, December 24, 2019. Available from: https://www. nytimes. com/2019/12/24/style/ghost – kitchen – food – delivery. html? searchResultPosition = 2.

Broom, D. (2019). 5 Reasons Infrastructure Projects Fail-and What We can Do about It. *World Economic Forum*, April 24. https://www. weforum. org/agenda/2019/04/fixing – the – development – finance – funding – gap/.

Bughin, J., Hazan, E., Lund, S., Dahlstrom, P., Wiesinger, A., Subramaniam, A. (2018). McKinsey Global Institute, Skill Shift: Automation and the Future of the Workforce. *McKinsey & Company*; https://www. mckinsey. com/ ~ /media/McKinsey/Featured% 20Insights/

Future％ 20of％ 20Organizations/Skill％ 20shift％ 20Automation％ 20and％ 20the％ 20future％ 20of％ 20the％ 20workforce/MGI － Skill － Shift － Automation － and － future － of － the － workforce － May － 2018. ashx.

Bughin, J., Manyika, J.（2012）. *Internet Matters：Essays in Digital Transformation*. McKinsey Global Institute. *https：//www. mckinsey. com/ ~/media/mckinsey/business％ 20functions/mckinsey％ 20digital/our％ 20insights/essays％ 20in％ 20digital％ 20transformation/mgi _ internet _ matters_ essays_ in_ digital_ transformation. pdf*.

Bukht, R. Heeks, R.（2017）. Defining, Conceptualising and Measuring the Digital Economy. *Global Development Institute*, University of Manchester. GDI Development Informatics Working Paper 68.

Burki, T.（2018）. Developing Countries in the Digital Revolution. *Lancet* 2018；391（February 3）, p. 417.

Burwood, L.（2017）. FarmDrive Raises Funding to Help Africa's Smallholder Farmers Get Finance with Credit Scoring Algorithm. *Agfundernews*, blog, 2017；https：//agfundernews. com/farmdrive － raises － funding － to － help － africas － smallholder － farmers － get － finance － with － credit － scoring － algorithm. html.

Business Daily Africa（2018）. Jubilee's Julie Takes Your E-queries. *Business Daily*；https：//www. businessdailyafrica. com/corporate/marketplace/ Jubilee － s － Julie － takes － your － e － queries/4003114 － 4300198 － 12mfmi4z/ index. html.

Business Insider（2019）. South Africa's First Crop-Spraying Drones can Legally Fly from Today-Saving Farmers Millions. *Farming Portal*；http：// www. farmingportal. co. za/index. php/agri － index/74 － tegnology/3155 － south － africa － s － first － crop － spraying － drones － can － legally － fly － from- today － saving － farmers － millions.

Business Mirror (2019). Digitization and Fintech to Boost SME Access to Finance-ADB Report. *BusinessMirror*; https: //businessmirror. com. ph/2019/09/18/digitization – and – fintech – to – boost – sme – access – to – finance – adb – report/.

Business Wire (2017). Alibaba Group's First Overseas eWTP Hub Goes Live in Malaysia. 3 November. Available from: https: //www. businesswire. com/news/home/20171103005324/en/Alibaba – Group% E2% 80% 99s – Overseas – eWTP – Hub – Live – Malaysia [Accessed on Feb. 10, 2020].

Caldwell, G. (2019). L'oréal Teams up with Tencent's Wechat to Boost Modiface Presence in China. *Global Cosmetics News*; https: //www. globalcosmeticsnews. com/loreal – teams – up – with – tencents – wechat-to – boost – modiface – presence – in – china/.

Canada (2018). *2017 Canadian ICT Sector Profile*. Ottawa: Innovation, Science and Economic Development Canada, 2018. https: //www. ic. gc. ca/eic/site/ict – tic. nsf/vwapj/ICT _ SP2017 _ eng. pdf/MYMfile/ICT_ SP2017_ eng. pdf.

Capello, F. , Toja, M. , Trapani, N. (2016). A Real-time Monitoring Service Based on Industrial Internet of Things to Manage Agrifood Logistics. In: 6th International Conference on Information Systems, Logistics and Supply Chain, pp. 1 – 8.

Capici, V. , Kim, W. (2019). The Big Push for Blockchain Comes from the Global South. *Swedish Development Forum*. Website. Available from: https: //fuf. se/magmars – the – big – push – for – blockchain – comes-from – the – global – south/. [Accessed on Feb. 14, 2020].

Capital Business (2019). Digifarm to Outpace M-pesa in Five Years-Safaricom. *Capital Business*; https: //tinyurl. com/yyx4u8sz.

Carbone, A. , Davcev, D. , Mitreski, K. , Kocarev, L. , Stankovski,

V. (2018). Blockchain Based Distributed Cloud Fog Platform for IoT Supply Chain Management. In: Eighth International Conference on Advances in Computing, Electronics and Electrical Technology-CEET 2018, pp. 51 – 58. Institute of Research Engineers and Doctors.

Caria, M. , Sara, G. , Todde, G. , Polese, M. , Pazzona, A. (2019). Exploring Smart Glasses for Augmented Reality: A Valuable and Integrative Tool in Precision Livestock Farming. *Animals*, Vol. 9 (11), p. 903.

Carlton, B. (2018). Alibaba is Using AR to Change the Shopping Experience. *VR Scout*; https: //vrscout. com/news/alibaba – ar – shopping-experience/#.

Carmody, P. (2012). The Informationalization of Poverty in Africa? Mobile Phones and Economic Structure. *Information Technologies & International Development*, 8 (3), pp. 1 – 17.

Carvel, J. (2006). NHS Risks £ 20bn White Elephant, Say Auditors. *Guardian*, 16 June 2006. https: //www. theguardian. com/technology/2006/jun/16/egovernment. politics.

CcHub (2019) . CcHub Launches Africa's First "Design Lab" in Kigali. *CcHub*. https: //cchubnigeria. com/cchub – launches – africas – first – design – lab – in – kigali/.

CD Finance (2018). Zhonghenongxin Mobile Phone Client App Officially Launched, CD Finance Website, Aug. 2018. https: //www. cdfinance. com. cn/detail/4499. html.

CD Finance (2018). Zhonghe Rural Credit Integrated Financial Service Platform made Its Debut in Beijing, CD Finance Briefing 19th Issue of 2018, Aug.

CD Finance (2019). CD Finance Annual Report 2019, Mar. https: //www. cdfinance. com. cn/other_ detail/4538. html.

Centre for Climate and Energy Solutions (2019). Global Emissions Data. *Center for Climate and Energy Solutions.* Available from: https://www.c2es.org/content/international - emissions/ [Accessed on Jan. 14, 2020].

CGIAR (2019). CGIAR Data Scientists Join Hands to Better Machine Learning in Agriculture. Available from: https://www.icrisat.org/cgiar - data - scientists - join - hands - to - better - machine - learning - in - agriculture - 2/ [Accessed on Jan. 20, 2020].

CGTN (2020). Two Sessions Econ Forum: "New Infrastructure" Explores Growth Engine [Online]. cgtn.com. Available from: https://news.cgtn.com/news/2020 - 05 - 26/Two - Sessions - Econ - Forum - New-infrastructure - explores - growth - engine - QOnRJSx4mA/index.html [Accessed on Jun. 25, 2020].

cgtn.com (2019). Feeding 1.4 Billion: Smart Farming in China's Big Grain Warehouse. *CGTN*; https://news.cgtn.com/news/2019 - 12 - 13/Feeding - 1 - 4 - Billion - Smart - farming - in - China - s - big - grain - warehouse - MohBFcaajK/index.html.

Chadha, S., Llewellyn, C. (2019). Solutions and Services in Medical Devices: White Noise or White Elephant? *McKinsey & Company*, June 2019. https://www.mckinsey.com/industries/pharmaceuticals - and - medical - products/our - insights/solutions - and - services - in - medical - devices - white - space - or - white - elephants#.

Chakravorti, B. (2018). Competing in the Huge Digital Economies of China and India. *Harvard Business Review*. November 6. https://hbr.org/2018/11/competing - in - the - huge - digital - economies - of - china - and - india.

Chandler, C. (2019). China's Biggest Private Sector Company is

Betting its Future on Data. *Fortune*; https：//fortune. com/longform/ping − an − big − data/.

Chatzky, A. , McBride, J. （2020）. China's Massive Belt and Road Initiative. *Council on Foreign Relations*; https：//www. cfr. org/backgrounder/ chinas − massive − belt − and − road − initiative.

Chen, C. （2018）. Retailers Like JD. com Try out Virtual Showrooms, Augmented Reality Mirrors to Boost Sales. *South China Morning Post*; https：//www. scmp. com/tech/article/2148060/retailers − try − out − virtual-showrooms − augmented − reality − mirrors − boost − fledgling.

Cheney, C. （2019）. China's Digital Silk Road：Strategic Technological Competition and Exporting Political Illiberalism. *Council on Foreign Relations*; https：//www. cfr. org/blog/chinas − digital − silk − road − strategic − technological − competition − and − exporting − political.

Chenez, E. （2019）. 5 Things You Can Do Using Safaricom's Zuri Chatbot. *Android Kenya*; https：//androidkenya. com/2019/03/safaricom − zuri − feature − focus/.

Chen, Y. （2016）. How can Blockchain Technology Help Fight Air Pollution? *Consensys Media*. Website.

Chevalier, S. （2020）. Internet Usage in Latin America-Statistics & Facts. *Statista*. 13 January. Available from：https：//www. statista. com/ topics/2432/internet − usage − in − latin − america/ ［Accessed on Jun. 17, 2020］.

China Centre for Resources Satellite Data and Application （CRESTA） （2019）. GF − 4. *CRESTA*. Available from：http：//www. cresda. com/EN/ satellite/9907. shtml. ［Accessed on Jan. 19, 2020］.

China News Agency （2018） . New Sino − Brazilian Satellite to be Lifted to Earth Orbit by 2019, 23 November, 2018. http：//www. ecns. cn/news/

2018 – 11 – 23/detail – ifzaaiuy4918431. shtml.

China News Services (2018). Work Together for 30 Years to Open up Space Cooperation. *China News Services*. Website. Available from: http: // www. chinanews. com/kong/2018/12 – 11/8697840. shtml. [Accessed on Nov. 16, 2019].

Chinese Embassy in Nigeria (2018). FOCAC a Major Platform for Belt and Road Cooperation. 21 August. Available from: https: //www. fmprc. gov. cn/mfa _ eng/wjb _ 663304/zwjg _ 665342/zwbd _ 665378/ t1586772. shtml [Accessed on Jun. 23, 2020].

Chin, T. (2018). Soft Robots for Agricultural Purposes, Available from: https: //medium. com/@ theclassytim/soft – robots – for – agricultural- purposes – a6901a50fc59 [Accessed on Jan. 22, 2020].

Choake, J. (2019). Drones: Supporting Precision Agriculture in Africa. CTA Blog. Available from: https: //www. cta. int/en/digitalisation/ all/article/drones – supporting – precision – agriculture – in – africa – sid056dfe62d – f646 – 4925 – 9849 – 46ef8fa5dd72 [Accessed on Jan. 20, 2020].

Choudhury, S. (2019). A I can Improve Health Care in China, Says Ping An Technology CEO. *CNBC*; https: //www. cnbc. com/2019/07/09/ ping-an – tech – ceo – says – ai – can – improve – health – care – in – china. html.

Chou, W. , Ma, C. , Chung, R. (2019). Supercharging the Smart City, https: //www2. deloitte. com/content/dam/Deloitte/cn/Documents/ about – deloitte/dttp/deloitte – cn – dttp – vol7 – ch7 – supercharging – the – smart – city – en. pdf.

Christensen, S. (2018). Tens of Thousands Die in Africa Each Year Due to Fake Drugs. *Reuters*; https: //www. reuters. com/article/us –

westafrica – drugs – fake/tens – of – thousands – die – in – africa – each – year – due – to – fake – drugs – idUSKCN1NK23I.

cio. co. ke（2018）. Safaricom Introduces Interactive Customer Care Chatbot. *CIO East Africa*；https：//www. cio. co. ke/safaricom – introduces- interactive – customer – care – chatbot/.

Clack，C. et al. （2016）. Smart Contract Templates：Essential Requirements and Design Options. Available from：https：//arxiv. org/abs/ 1612. 04496#：~：text = Title% 3ASmart% 20Contract% 20Templates% 3A% 20essential% 20requirements% 20and% 20design% 20options. ，for% 20storage% 20and% 20transmission% 20of% 20smart% 20legal% 20agreements.

Cliff，V. （2018）. The Fourth Industrial Revolution could Smash Gender Inequality-or Deepen it. *World Economic Forum*；https：// www. weforum. org/agenda/2018/03/the – fourth – industrial – revolution – could – smash – gender – inequality – or – reinforce – it/.

Co!eman，G. （2017）. Companies Benefit from the Fourth Industrial Revolution，But do Countries? *World Economic Forum*；https：//www. weforum. org/agenda/2017/06/fourth – industrial – revolution – country- competitiveness/.

Connect Americas （2015）. Opportunities in the Renewable Energy Value Chain. *Connect Americas*. Website. Available from：https：// connectamericas. com/content/opportunities – renewable – energy – value – chain［Accessed on Apr. 4，2020］.

Convention on Biological Diversity （CBD）（2011）. Program for South-South Cooperation between Benin，Bhutan，Costa Rica and the Kingdom of the Netherlands. *CBD*. Case Studies. p. 14. Available from：https：// www. cbd. int/financial/southsouth/group – south. pdf.

Costa，J. （2020）. How Jack Ma Sees a Thriving Future of

Entrepreneurship in Africa. World Economic Forum official website. 20 March. Available from: https://www. weforum. org/agenda/2020/03/jack-ma – alibaba – digital – entrepreneurship – africa/ [Accessed on Jun. 24, 2020].

Coulibaly, A. (2019). Drone Delivery of Medical Supplies in Remote Areas in Rwanda and Ghana and the Realisation of SDG 3. *Modern Ghana*; https://www. modernghana. com/news/958501/drone – delivery – of – medical – supplies – in – remote – areas. html.

Council on Foreign Relations (2018). Exporting Repression? China's Artificial Intelligence Push into Africa. *Council on Foreign Relations*; https://www. cfr. org/blog/exporting – repression – chinas – artificial – intelligence – push – africa.

Coyle, D. (1999). *The Weightless World: Strategies for Managing the Digital Economy*. Boston: The MIT Press.

CPTPP Text (2016). Trans-Pacific Partnership Text of the Trans-Pacific Partnership. *Ministry of Foreign Affairs and Trade*, New Zealand. Available from: https://www. tpp. mfat. govt. nz/text.

Crabtree, J. (2017). China is Everywhere in Africa's Rising Technology Industry. CNBC. https://www. cnbc. com/2017/07/28/china – is – everywhere – in – africas – rising – technology – industry. html.

CRESDA (2015). China-ASEAN Remote Sensing Satellite Data Sharing Service Platform. *CRESDA*. Available from: http://www. cresda. com/EN/gjhz/jwsjld/7457. shtml. [Accessed on Dec. 11, 2019].

Cronin, I. , Wider, A. , Hernandez, D. D. (2019). 4 Myths about Manufacturing in the Fourth Industrial Revolution. *World Economic Forum*; https://www. weforum. org/agenda/2019/02/4 – myths – about – the – fourth – industrial – revolution – and – how – they – are – holding – you –

back/.

CropLife（2019）. GROWMARK Teams Up with Solinftec to Increase Farm Efficiency. *CropLife*；https：//www. croplife. com/precision/growmark-teams – up – with – solinftec – to – increase – farm – efficiency/.

CSIS（2020）. Covid – 19 and Food Security［Online］. Center for Strategic & International Studies. Available from：https：//www. csis. org/programs/global – food – security – program/covid – 19 – and – food – security［Accessed on Jun. 21, 2020］.

CTA（2019）. The Digitalisation of African Agriculture Report 2018 – 19, Executive Summary, Dalberg Advisors, Proud Press, Netherlands. Available from： https：//cgspace. cgiar. org/bitstream/handle/10568/103198/Executive% 20Summary% 20V4. 5% 20ONLINE. pdf［Accessed on Jan. 20, 2020］.

Cull, R., Asli A., Demirgüç-Kunt, Jonathan, M.（2009）. Microfinance Meets the Market. *Journal of Economic Perspectives*, 23 No. 1, pp. 167 – 192.

Curioso, W.（2019）. Building Capacity and Training for Digital Health：Challenges and Opportunities in Latin America. *Journal of Medical Internet Research*, 21（12）：e16513. https：//www. jmir. org/2019/12/e16513/.

Curioso, W. H., Karras, B. T., Campos, P. E., Buendia, C., Holmes, K. K., Kimball, A. M.（2005）. Design and Implementation of Cell PREVEN：A Real-Time Surveillance System for Adverse Events Using Cell Phones in Peru. AMIA Annu Symp Proc. pp. 176 – 180.

Cusumano, M. A., Yoffie, D. B., Gawer, A.（2020）. The Future of Platforms［Online］. MIT Sloan Management Review. Available from：https：//sloanreview. mit. edu/article/the – future – of – platforms/［Accessed on Jun. 24, 2020].

Dahir, A. (2018). China's Payments Giant is Ready to Boost Financial Inclusion in Africa. *Quartz Africa*; https://qz. com/africa/1354548/ant – financial – plans – for – digital – financial – inclusion – in – africa/.

Dahlman, C., Mealy, S., Wermelinger, M., (2016). *Harnessing the Digital Economy for Developing Countries.* Paris: "OECD". Available from: http://www. oecd – ilibrary. org/docserver/download/4adffb24 – en. pdf. [Accessed on Nov. 16, 2019].

Darkoh, E., Sargent, J. (2017). Opinion: Why Technology will Power SDG Success. *Devex*, Sponsored content by Broadreach Consulting LLC, 5 October 2017. https://www. devex. com/news/sponsored/opinion – why – technology – will – power – sdg – success – 89970.

Davison, R. et al. (2000). Technology Leapfrogging in Developing Countries-An Inevitable Luxury?. *Electronic Journal on Information Systems in Developing Countries.* 1. 10. 1002/j. 1681 – 4835.

Davis, S., Woetzel J. (2010). Making the Most of Chinese Aid to Africa. *McKinsey Quarterly*, June. Available from: www. mckinseyquarterly. com/Making_ the_ most_ of_ Chinese_ aid_ to_ Africa_ 2609 [Accessed on Mar. 22, 2020].

Davlashyan, N. (2019). Russia's Ruling Party Loses a Third of Seats in Moscow Election after Protests. *EuroNews*; https://www. euronews. com/ 2019/09/08/russians – cast – their – vote – following – summer – of – protest.

De Beers Group (2018). De Beers Group to Pilot Programme to Support Formalization of Artisanal and Small-scale Diamond Mining and Trading. *De Beers Group of Companies.* https://www. debeersgroup. com/en/news/ company – news/company – news/de – beers – group – to – pilot – programme-to – support – formalisation – of – ar. html.

Deeks, R. (2018). The Digital Silk Road-China's MYM200 Billion Project. *Science Focus*；https：//www. sciencefocus. com/future – technology/the – digital – silk – road – chinas – 200 – billion – project/ View in article.

Deichmann, U. , Goyal, A. , Mishra, D. (2016). Will Digital Technologies Transform Agriculture in Developing Countries?. The World Bank. Washington D. C.

DeLaval (2019a). DeLaval Highlights Chinese Dairy Industry Challenges Accompanying Swedish Minister's Visit to Beijing. Available from：https：//www. delaval. com/en – za/about – delaval/nz/news/delaval – highlights – chinese – dairy – industry – challenges – accompanying – swedish – ministers – visit – to – beijing/ [Accessed on Jan. 21, 2020].

DeLaval (2019b). DeLaval Renews its Commitment to the Sino-Swedish Dairy Cooperation Programme. Available from：http：//www. delavalcorporate. com/news – media/news/delaval – renews – its – commitment – to – the – sino – swedish – dairy – cooperation – programme/ [Accessed on Jan. 21, 2020].

DeLaval Inc. (2020). DeLaval Herd Navigator?. Available from：https：//www. delaval. com/en – us/our – solutions/farm – management/delpro – precision – analytics/herd – navigator/ [Accessed on Nov. 9, 2019].

DeMaitre, E. (2019). mGrip Modular Gripper is Soft Robotics' Response to User Needs. *The Robot Report*. Available from：https：//www. softroboticsinc. com/mgrip and https：//www. therobotreport. com/mgrip – modular – gripper – soft – robotics/ [Accessed on Nov. 9, 2019].

Desheng, C. (2019). Technology Cooperation under Belt, Road Urged. *China Daily*；http：//www. chinadaily. com. cn/a/201904/23/WS5cbe6598a3104842260b7a9c. html.

Dette, R. , Steets, J. , Sagmeister, E. (2016). Toolkit Technologies for Monitoring in Insecure Environments. *Save*. Available from: https: // www. gppi. net/media/SAVE_ _ 2016_ _ Toolkit_ on_ Technologies_ for_ Monitoring_ in_ Insecure_ Environments. pdf [Accessed on Jun. 3, 2020].

Deutsche Gesellschaft fur Intrnationale Zusammernarbeit (GIZ) (2014) . Triangular Cooperation between Brazil, Peru and Germany: Establishing a Centre for Environmental Technology in Peru. GIZ. https: //www. giz. de/ en/worldwide/12952. html.

Devex, N. D. MHealth Alliance (2021). https://www. devex. com/ organizations/mhealth – alliance – 48961.

DFID (2008). DFID's Sustainable Livelihoods Approach and its Framework [Online]. glopp. ch. Available from: http: //glopp. ch/B7/en/ multimedia/B7_ 1_ pdf2. pdf [Accessed on Jun. 27, 2020].

Dinesh, D. , Campbell, B. , Bonilla-Findji, O. , Richards, M. (eds) (2017). 10 Best Bet Innovations for Adaptation in Agriculture: A Supplement to the UNFCCC NAP Technical Guidelines. CCAFS Working Paper no. 215. Wageningen, The Netherlands: CGIAR Research Program on Climate Change, Agriculture and Food Security (CCAFS). Available from: www. ccafs. cgiar. org [Accessed on Jan. 21, 2020].

Ding, G. (2019). Tou Qianwan Meiyuan Mayun Feizhou Qingnian Chuangye Jijin Qidong [Jack Ma's African Youth Entrepreneurship Fund Launched by Investing Ten Million Dollars], Beijing Youth Daily. 19 February. http: //epaper. ynet. com/html/2019 – 02/19/content _ 319752. htm? div = 0 [Accessed on Jun. 24, 2020].

Doh, J. , Teegan, H. (2003). Private Investment in Emerging Markets Telecommunications Infrastructure: Global Trends, National Policies, Firm Strategies. *Competition and Change*, 7 (1), pp. 39 – 60.

Dollar, D. , Reis, J. G. (2017). Global Value Chain Development Report (2017), Beijing, Social Sciences Academic Press (CHINA).

Donner, J. , Escobari, M. (2010). A Review of Evidence on Mobiles by Micro and Small Enterprises in Developing Countries. *Journal of International Development*, 22 (5), pp. 641 – 658. Available from: http://search. proquest. com/docview/861588669/ [Accessed on Mar. 9, 2020].

Du, Rausus, M. P. et al. , (2011). *Internet Matters: The Net's Sweeping Impact on Growth, Jobs and Prosperity.* "McKinsey Global Institute", New York. Available from: http://www. mckinsey. com/industries/high – tech/our – insights/internet – matters [Accessed on Feb. 22, 2020].

E27 (2020). About CI Agriculture. *E27*; https://e27. co/startups/ci-agriculture/.

Earls, A. (2015). From Germany to the World: Industry 4. 0. *Smart Industry*; https://www. smartindustry. com/blog/smart – industry – connect/from – germany – to – the – world – industry – 4 – 0/.

Ebrahimi, M. A. , Khoshtaghaza, M. H. , Minaei, S. , Jamshidi, B. (2017). Vision-based Pest Detection Based on SVM Classification Method. *Computers and Electronics in Agriculture*, Vol. 137, pp. 52 – 58.

Eckel, M. (2019). A New Hope? five takeaways from the Elections in Moscow and Elsewhere. *Radio Free Europe Radio Liberty*; https://www. rferl. org/a/five – takeaways – moscow – elections – russia/30155264. html.

Eckmanns, T. , Hempel, L. , Polin, K. , Scheuermann, K. , Velasco, E. (2019). Digital Epidemiology: How Big Data Challenge Ethics, Society and Politics in Infectious Disease Surveillance. *Life Sciences, Society, and Policy*, 15, p. 2. https://www. biomedcentral. com/collections/debd.

ECLAC (2018). State of Broadband in Latin America and the Caribbean 2017. Available from: https: //repositorio. cepal. org/bitstream/handle/11362/43670/1/S1800532_ en. pdf. [Accessed on Jun. 17, 2020].

Eco-Business (2016). South-South Cooperation Needed to Tackle Climate Change. *Eco-Business*. Available from: https: //www. eco – business. com/news/south – south – cooperation – needed – to – tackle – climate – change/. [Accessed on Apr. 1, 2020].

Economic and Social Council (2018). Trends and Progress in International Development Cooperation: Report of the Secretary-General. In: FORUM, H. -L. S. D. C. (ed.). Economic and Social Council, United Nations.

Economic Times (2017). Government Approves MoU for BRICS Agriculture Research Platform. Available from: https: //economictimes. indiatimes. com/news/economy/agriculture/government approves – mou – for – brics – agriculture – research – platform/articleshow/59886183. cms? utm_ source = contentofinterest&utm _ medium = text&utm _ campaign = cppst [Accessed on Jan. 22, 2020].

Edmond, C. (2019). Here's how Factories can Lead in the Fourth Industrial Revolution. *World Economic Forum*; https: //www. weforum. org/agenda/2019/07/factories – lead – fourth – industrial – revolution – automation – jobs/.

Eisenmann, T. R. , Parker, G. G. , Alstyne, M. W. V. (2006). Strategies for Two-Sided Markets. *Harvard Business Review*, pp. 1 – 11.

Ekwealor, V. (2019). How Google is Driving Artificial Intelligence for Africa by Africans. *Techpoint Africa*; https: //techpoint. africa/2019/04/18/google – ai – accra – centre/.

Eleven01 (2019). We are Partnering with ICRISAT and KhethiNext to

Boost Small Farm Incomes. Available from：https：//www. downtoearth. org. in/news/agriculture/high - tech - on - the - ground - blockchain - technology - to - boost - small - farm - incomes - 64782 ［Accessed on Jan. 22，2020］.

Elijah, O. , Rahman, T. A. , Orikumhi, I. , Leow, C. Y. , Hindia, M. N. （2018）. An Overview of Internet of Things（IoT）and Data Analytics in Agriculture：Benefits and Challenges. *IEEE Internet of Things Journal*, Vol. 5（5），pp. 3758 - 3773.

Emmet, B. and John, J. （1950）. *Catalogues and Counters：A History of Sears，Roebuck and Company*. Chicago & London：The University of Chicago Press. IADB（Inter-American Development Bank）（2018）"Are We Ready for the FINTECH Revolution?"（available from：https：// publications. iadb. org/publications/english/document/Fintech - Latin - America - 2018 - Growth - and - Consolidation - final. pdfhttps：//www. iadb. org/en/improvinglives/are - we - ready - fintech - revolution）.

Environmental and Energy Study Institute（EESI）（2019）. Fact Sheet： Energy Storage. Website. *EESI*. Available from：https：//www. eesi. org/ papers/view/energy - storage - 2019. ［Accessed on Apr. 5，2020］.

ESI-Africa（2019）. The Road ahead for Lithium-ion Batteries. *ESI-Africa*. Website. Available from：https：//www. esi - africa. com/industry - sectors/future - energy/the - road - ahead - for - lithium - ion - batteries/. ［Accessed on Apr. 4，2020］.

Esteves, P. , Assunção, M. （2014）. South-South Cooperation and the International Development Battlefield：Between the OECD and the UN. *Third World Quarterly*, 35，pp. 1775 - 1790.

Estopace, E. （2019）. WEF Recognizes Schneider's Batam Smart Factory for 4IR Innovations. *Futureiot*；https：//futureiot. tech/wef -

recognizes – schneiders – batam – smart – factory – for – 4ir – innovations/.

Etoundi, R., Onana, F., Olle, G., Eteme, A. (2016). Development of the Digital Economy in Cameroon: Challenges and Perspectives. *Electronic Journal of Information Systems in Developing Countries*, 76 (1), pp. 1 – 24. Available from: https: //doi. org/10. 1002/ j. 1681 – 4835. 2016. tb00558. x. [Accessed Jan. 30, 2020].

European Commission (2019). EU-AU Digitla Economy Task Force [Online]. European Commission. Available from: https: //ec. europa. eu/ futurium/en/eu – au – digital – economy – task – force [Accessed Jun. 27, 2020].

European Union (2016). Development Goes Digital. 5 August. Available from: https: //europa. eu/capacity4dev/article/development – goes – digital [Accessed on Feb. 10, 2020].

Ezezika, O. C., Oh, J. (2012). What is Trust?: Perspectives from Farmers and other Experts in the Field of Agriculture in Africa. *Agriculture & Food Security*, Vol. 1 (1), S1.

Fajardo, M. (2018). AIRA: el Sistema de Inteligencia Artificial que Puede Evitar Los Casos de Nepotismo en el Estado. *El Mostrado*; https: // www. elmostrador. cl/cultura/2018/06/12/aira – el – sistema – de – inteligencia – artificial – que – puede – evitar – los – casos – de – nepotismo – en – el – estado/.

Falk, J. et al. (2019). Exponential Roadmap 1. 5. Future Earth. Available from: https: //research. chalmers. se/publication/512628/file/ 512628_ Fulltext. pdf.

FAO (2016). Public-private Partnerships for Agribusiness Development—A Review of International Experiences, by Rankin, M., Gálvez N. E., Santacoloma, P., Mhlanga, N., Rizzo, C. Rome, Italy.

FAO（2018）. Gender and ICTs, Mainstreaming Gender in the Use of Information and Communication Technologies（ICTs）for Agriculture and Rural Development, by Sophie, T. , Alice, V. der E. Rome, Italy.

FAO（2019a）. Digital Technologies in Agriculture and Rural Areas, Briefing Paper by Nikola, M. T. , Samuel, V. and Meng, Z.

FAO（2019b）. A Mobile App and a Global Platform for Managing Fall Armyworm. Food and Agriculture Organization of the United Nations; http：//www. fao. org/3/CA3544EN/ca3544en. pdf.

FAO（2020a）. Global Food Markets still Brace for Uncertainty in 2020/21 because of COVID – 19 Says FAO［Online］. Food and Agriculture Organization of the United Nations. Available from：http：//www. fao. org/news/story/en/item/1287515/icode/［Accessed on Jun. 21, 2020］.

FAO（2020b）. Fall Armyworm. Food and Agriculture Organization of the United Nations; http：//www. fao. org/fall – armyworm.

FAO and ITU（2019）. E-Agriculture in Action：Blockchain for Agriculture, Opportunities and Challenges. Bangkok.

Farmerline（2015）. Farmerline Hosts Workshops for Women in Agriculture. Available from：Farmerline Hosts Workshops for Women in Agriculture［Accessed on Jan. 21, 2020］.

Fast Company（2019）. Most Innovative Companies：Aerobotics. *Fast Company*; https：//www. fastcompany. com/company/aerobotics.

Faull, J.（2019）. Conversion Rates Triple when L'Oréal Uses AR Tech to Showcase Products. *The Drum*; https：//www. thedrum. com/news/2019/07/02/conversion – rates – triple – when – l – or – al – uses – ar – tech – showcase – products.

Fausing, K.（2019）. 3 Ways to Accelerate the Energy Transition. *World Economic Forum*. Website. Available from： https：//

www. weforum. org/agenda/2019/09/3 – ways – to – accelerate – the – energy-transition/. [Accessed on Apr. 3, 2020].

FCSSC (2017). Changing Roles of South-South Cooperation in Global Development System. Finance Center for South-South Cooperation.

FCSSC and UNOSSC (2019). South-South Cooperation in a Digital World. In: WANG, X. & BESADA, H. (eds.) 2018 South-South Cooperation Report. Finance Center for South-South Cooperation. United Nations Office for South-South Cooperation.

Feldstein, S. (2019). How Artificial Intelligence Systems could Threaten Democracy. *Mercatornet*; https: //www. mercatornet. com/features/view/how – artificial – intelligence – systems – could – threaten – democracy/22400.

Ferguson, N. M., Cummings, D. A. T., Fraser, C., Cajka, J. C., Cooley, P. C., Burke, D. S. (2006). Strategies for Mitigating an Influenza Pandemic. *Nature*. 2006 Jul. 26; 442 (7101): 448 – 52.

FOCAC (2015). *The Forum on China-Africa Cooperation Johannesburg Action Plan (2016 – 2018)*. Available from: https: //www. focac. org/eng/zywx_ 1/zywj/t1327961. htm [Accessed on Jan. 22, 2020].

FOCAC (2018). *The Forum on China-Africa Cooperation Beijing Action Plan (2019 – 2021)*. Available from: https: //www. focac. org/eng/zywx_ 1/zywj/t1594297. htm [Accessed on Jan. 22, 2020].

Fondation Pierre Fabre (2020). *The Global South eHealth Observatory*; https: //www. fondationpierrefabre. org/en/our – programmes/e – health/the – global – south – ehealth – observatory/.

Foote, W. (2018). Meet the Social Entrepreneur Behind Africa's "Uber For The Farm", *Forbes*. Available from: https: //www. forbes. com/sites/willyfoote/2018/08/14/meet – the – social – entrepreneur – behind –

africas – uber – for – the – farm/#6178a2462bc5 ［Accessed on Jan. 22, 2020］.

Frey, C. , Osborne, M. (2017). The Future of Employment: How Susceptible Are Jobs to Computerisation? *Technological Forecasting & Social Change*, 114 (C), pp. 254 – 280. https: //doi. org/10. 1016/j. techfore. 2016. 08. 019.

Friederici, N. , Ojanpera, S. , Graham, M. (2017). The Impact of Connectivity in Africa: Grand Visions and the Mirage of Inclusive Digital Development, *The Electronic Journal of Information Systems in Developing Countries*, 79 (1), https: //onlinelibrary. wiley. com/doi/abs/10. 1002/j. 1681 – 4835. 2017. tb00578. x.

Future Farming (2019). Available from: https: //www. futurefarming. com/Smart – farmers/Articles/2018/3/Precision – agriculture – helps – reduce – climate – gas – emissions – 266218E/ ［Accessed on Nov. 21, 2019］.

Fu, W. , Ma, J. , Chen, P. , Chen, F. (2019) . Remote Sensing Satellites for Digital Earth. In Guo, H. , Goodchild, M. F. , Annoni, A. (eds.), *Manual of Digital Earth*. Springer, Singapore. https: //doi. org/10. 1007/978 – 981 – 32 – 9915 – 3_ 3.

Gadgets Now Bureau (2018). Available from: https: //www. gadgetsnow. com/tech – news/this – smart – tractor – powered – by – reliance – jio – microsoft – will – talk – to – farmers – to – guide – them/articleshow/65708634. cms ［Accessed on Dec. 18, 2019］.

Galbraith, C. (2015). Artificial Intelligence Catches Fire in Ethiopia. *Huff Post*; https: //www. huffpost. com/entry/artificial – intelligence – c_ b_ 8043974? guce_ referrer = aHR0cHM6Ly93d3cuZ29vZ2xlLmNvbS91cmw_ c2E9dCZyY3Q9aiZxPSZlc3JjPXMmc291cmNlPWdlYjZjZD0xJnZlZD0yYWh VS0V3aUwwNjNOcm9Ya0FoV3dtUFLSFc3VkkExaFFakFBZWdRSUFSQUIm

dXJsPWh0dHBzJTNBJTJGJTJGd3d3Lmh1ZmZwb3N0LmNvbUyRmVudHJ5JT
JGYXJ0aWZpY2lhbC1pbnRlbGxpZ2VuY2UtY19iXzgwNDM5NzQmdXNnPUF
PdlZhdzJCSm11emMxX0JoU1RpeURRaaGozYzc&guce_ referrer_ sig = AQAA
ABMoFpO3wTOTmHchumHvXpNF6UsJEP3PpFJJu1JBUWhbdo _ QR1UghM
B2_ GuRR6RuEr33QPJbqi5QjPUSGviPT9bdFGXj8Pln5 _ 5t_ nrwjJaaWcY0
K0GHOzsng7MbxhtFttJwhO_ cS_ NhHCLIQrbYqh19nWntRrtFVzP9950Zono
D&guccounter = 2.

Ganjoo, S. (2019). Google Teams up with Indian Doctors to Use AI to Help Diabetes Patients in India. *India Today*; https: //www. indiatoday. in/ technology/news/story/google – teams – up – with – indian – doctors – to – use-ai – to – help – diabetes – patients – in – india – 1566874 – 2019 – 07 – 11.

Garema, N. , Matzinger, M. , Palter, R. (2015). Megaprojects:The Good, the Bad and the Better. *McKinsey & Company*, 2015. https: // www. mckinsey. com/industries/capital – projects – and – infrastructure/our – insights/megaprojects – the – good – the – bad – and – the – better.

Garg, S. , Bhatnagar, N. , Gangadharan, N. (2020). A Case for Participatory Disease Surveillance of the COVID – 19 Pandemic in India. *JMIR Public Health Surveill*, 6, e18795.

Ge, L. , Brewster, C. , Spek, J. , Smeenk, A. , Top, J. , Diepen, F. , Wildt, M. D. R. (2017). Blockchain for Agriculture and Food:Findings from the Pilot Study (No. 2017 – 112). *Wageningen Economic Research*.

Gerber, T. , Olazabal, V. , Brown, K. , Pablos-Mendez, A. (2010). An Agenda for Action on Global E-Health. *Health Affairs*, 29 (2), pp. 235 – 238.

Getsmarter (2018). What is a Two-sided Market and Why does it Matter? [Online]. Available from: https: //www. getsmarter. com/blog/ career – advice/what – is – a – two – sided – market – and – why – does – it –

matter/［Accessed on Jun. 27，2020］.

Gill，C.（2018）．"Nuru" Becomes African Farmers' Newest Ally Against Fall Armyworm. *PHYS Org*；https：//phys. org/news/2018 – 06 – nuru – african – farmers – ally – fall. html.

Giokos，E.，Parke，P.（2018）. Why this South American Company is Making Laptops in Rwanda. *CNN*. https：//www. cnn. com/2016/07/14/africa/rwanda – tech – hub/index. html.

Giovani，V.（2018）. Renewables in Least Developed Countries：More Arrows in the Quiver? *Bridges Africa*，Volume 7 – Number 3. Available from：http：//www. ictsd. org/bridges – news/bridges – africa/news/renewables – in – least – developed – countries – more – arrows – in – the – quiver.［Accessed on Feb. 22，2020］.

Giovannini，M.（2020）. The Digital Silk Road's Growing Strategic Role during the Epidemic［Online］. cgtn. com. Available from：https：//news. cgtn. com/news/2020 – 06 – 10/The – Digital – Silk – Road – s – growing – strategic – role – during – the – epidemic – RbN21gC6xW/index. html［Accessed on Jun. 24，2020］.

Glaros，M.（2019）. The Marco Polo Network Uses Azure and Corda Blockchain to Modernize Trade Finance. *Microsoft Azure*；https：//azure. microsoft. com/en – us/blog/the – marco – polo -- network – uses – azure – and – corda – blockchain – to – modernize – trade – finance/.

Glickman，D.（2015）. How Cell Phones can Help End World Hunger. *National Geographic*；http：//news. nationalgeographic. com/2015/06/150610 – hunger – nutrition – cell – phone – farming – agriculture – africa – world/.

Goh，M.（2018）. Blockchain Tech is Taking on Renewable Energy Trading in Singapore. *CNBC*. Website. Available from：https：//www. cnbc. com/2018/11/07/blockchain – tech – is – taking – on – renewable –

energy – trading – in – one – country. html. [Accessed on Apr. 2, 2020].

Gold, J. (2018). Wi-Fi 6 is Coming to a Router Near You. *Network World*; https://www. networkworld. com/article/3311921/wi – fi – 6 – is – coming – to – a – router – near – you. html.

Gonçalves, G., Oliveira, T., Cruz-Jesus, F. (2018). Understanding Individual-level Digital Divide: Evidence of an African Country, *Computers in Human Behavior 87, 276 – 291*.

Gong, M., Liu, L., Sun, X., Yang, Y., Wang, S., Zhu, H. (2020). Cloud-Based System for Effective Surveillance and Control of COVID – 19: Useful Experiences from Hubei, China. *J Med Internet Res*, 22, e18948.

Government of China (2013). China-ASEAN Remote Sensing Satellite Data Sharing and Service Platform. Beijing: Department of International Cooperation, Ministry of Science and Technology. Available from: http://www. cistc. gov. cn/China – ASEAN/info. asp? column = 819&id = 82086. [Accessed on Dec. 2, 2019].

Government of India (2014). Digital Inida. https://www. mygov. in/group/digital – india/.

Government of India (2015). About Digital India. Available from: https://www. digitalindia. gov. in/ [Accessed on Jun. 19, 2020].

GovInsider (2019). The Future of WiFi is here. It will Transform Cities Forever. *GovInsider*; https://govinsider. asia/connected – gov/the – future-of – wifi – is – here – it – will – transform – cities – forever/.

GPEDC (2019). Triangular Cooperation in the Era of the 2030 Agenda: Sharing Evidence and Stories from the Field. Available from: https://www. unsouthsouth. org/wp – content/uploads/2020/01/GPI – Report – Triangular – Co – op – in – the – Era – of – the – 2030 – Agenda. pdf

[Accessed on Mar. 10, 2020].

Graham, M. (ed.) (2019). *Digital Economies at Global Margins*. Cambridge: MIT.

Greene, S. (2018). Can Blockchain Unblock Climate Finance? *International Institute for Environment and Development*. Blog. Available from: https://www.iied.org/can - blockchain - unblock - climate - finance. [Accessed on Apr. 1, 2020].

Grinblat, G. L., Uzal, L. C., Larese, M. G., Granitto, P. M. (2016). Deep Learning for Plant Identification Using Vein Morphological Patterns. *Computers and Electronics in Agriculture*, Vol. 127, pp. 418 – 424.

Group on Earth Observations (GEO) (2020). Regional Initiatives. *GEO*. Website. Available from: https://www.earthobservations.org/index.php. [Accessed on Dec. 15, 2019].

GSMA (2017). The Mobile Economy, Sub-Saharan Africa 2017, London, United Kingdom.

GSMA (2019). The Mobile Economy Sub-Saharan Africa 2019. Available from: www.gsma.com/mobileeconomy/wp - content/uploads/2020/03/GSMA_ MobileEconomy2020_ SSA_ Eng. pdf.

GSMA (2020). Connected Society: The State of Mobile Internet Connectivity 2020. GSM Association. Available from: https://www.gsma.com/r/wp - content/uploads/2020/09/GSMA - State - of - Mobile - Internet - Connectivity - Report – 2020. pdf.

Guerrini, F. (2016). Cities cannot be Reduced to Just Big Data and IoT: Smart City Lessons from Yinchuan, China. *Forbes*. Website. Available from: https://www.forbes.com/sites/federicoguerrini/2016/09/19/engaging-citizens - or - just - managing - them - smart - city - lessons - from-china/# 503374e4dab0. [Accessed on Apr. 2, 2020].

Guo, H. (2018). Steps to the Digital Silk Road. 554. Available from: https: //media. nature. com/original/magazine – assets/d41586 – 018-01303 – y/d41586 – 018 – 01303 – y. pdf [Accessed on Feb. 1, 2018].

Guo, Y. (2017). Digital Economy Cooperation to Empower the Belt and Road, *China News*. 4 December. Available from: http: // www. china. org. cn/world/2017 – 12/04/content_ 50083923. htm [Accessed on Jan. 21, 2020].

Gurara, D., Klyuev, V., Mwase, N., Presbitero, A. (2018). Trends and Challenges in Infrastructure Investment in Developing Countries. International Development Policy, 10. 1. Available from: https: //journals. openedition. org/poldev/2802.

Guttman, A. (2020). This Startup is Using AI to Trace COVID – 19 Patient Contacts at Risk. *Forbes*, March 31. https: //www. forbes. com/ sites/amyguttman/2020/03/31/this – startup – is – using – ai – to – trace – covid – 19 – patient – contacts – at – risk/#318cc74044ab.

Guzman, D. (2019). China's Billions are Powering Latin America's Tech Boom. *Bloomberg*; https: //www. bloomberg. com/news/articles/2019- 01 – 08/guess – who – s – behind – latin – america – s – tech – boom – china- of – course.

Handley, L. (2019). The World's Largest Beauty Company Sees China as its Digital "Laboratory". *CNBC*; https: //www. cnbc. com/2019/09/ 03/how – loreal – uses – china – as – a – place – to – learn – about – digital – marketing. html.

Hao, C. (2019a). All may not be Smooth along China's Digital Silk Road. *The Interpreter*; https: //www. lowyinstitute. org/the – interpreter/all- may – not – be – smooth – along – china – s – digital – silk – road.

Hao, C. (2019b). China's Digital Silk Road: A Game Changer for

Asian Economies. *The Diplomat*；https：//thediplomat. com/2019/04/chinas － digital － silk － road － a － game － changer － for － asian － economies/.

Hartley, K. (2019). What can the Fourth Industrial Revolution Do for Sustainable Development? *Fair Observer*；https：//www. fairobserver. com/ business/technology/4ir － fourth － industrial － revolution － asean － un － sustainable － development － tech － news － 17761/.

Hartwich, F. , Tola, J. A. , Engler, C. , González, G. , Ghezan, J. M. P. , Vázquez-Alvarado, J. A. , Silva, J. , Espinoza, J. , Gottret, M. V. (2007). Building Public-Private Partnerships for Agricultural Innovation, Food Security in Practice Technical Guide Series. International Food Policy Research Institute (IFPRI). www. ifpri. org/sites/default/files/publications/ sp4. pdf. [Accessed on Jan. 22, 2020].

Hartzenberg, T. (2019). The African Continental Free Trade Area Agreement-What is Expected of LDCs in Terms of Trade Liberalisation? By Hartzenberg, T. , Executive Director, Trade Law Centre (tralac) and member of the Committee for Development Policy (CDP). *United Nations*； https：//www. un. org/ldcportal/afcfta － what － is － expected － of － ldcs － in- terms － of － trade － liberalisation － by － trudi － hartzenberg/.

Harvard Business Review (2016). Planet Labs：A Satellite Startup Takes a Flight to Feed the World. Website. *Harvard Business Review*. Available from：https：//digital. hbs. edu/platform － rctom/submission/ planet － labs － a － satellite － startup － takes － a － flight － to － feed － the － world/. [Accessed on Dec. 23, 2019].

Hawkes, C. (2020). COVID － 19 and the Promise of Food System Innovation [Online]. Internationao Food Policy Research Institute. Available from：https：//www. ifpri. org/blog/covid － 19 － and － promise － food － system － innovation [Accessed on Jun. 21, 2020].

Hedu Website（2019）. Zhonghenongxin：Attaching Importance to the Ecological Environment of "Zhonghe Financial Service" APP and Consolidating the "Digital Strategy". Dec. 2019. https：//www. heduwang. com/caijing/25406. html.

Henderson, J.（2018）. Debeers Tracks 100 Diamonds through Supply Chain Using Blockchain. *Supply Chain Digital*；https：//www. supplychaindigital. com/technology/de – beers – tracks – 100 – diamonds – through – supply – chain – using – blockchain.

Henry-Nickie, M. , Frimpong, K. , Sun, H.（2019）. Trends in the Information Technology Sector. *Brookings Institute*. Available from：https：//www. brookings. edu/research/trends – in – the – information – technology – sector/. [Accessed on Mar. 9, 2020].

He, W.（2019）. Yidaiyilu yu zhongfeihezuo [Belt and Road and China-Africa Cooperation], *Dangdai Shijie* [*Journal of Contemporary World*]. No. 451. Available from：https：//www. ydylcn. com/zjgd/335529. shtml [Accessed on Feb. 1, 2020].

Hill, A.（2018）. The Jewelry Industry Prepares for Supply Chain Trace-Ability. *Forbes*；https：//www. forbes. com/sites/andreahill/2018/10/07/the – jewelry – industry – prepares – for – supply – chain – trace – ability/#1b86d695e2e6.

Hillman, J. , McCalpin, M.（2019）. Watching Huawei's "Safe Cities". *Center for Strategic & International Studies*；https：//www. csis. org/analysis/watching – huaweis – safe – cities.

Hinson, R. , et al.（2019）. Transforming Agribusiness in Developing Countries：SDGs and the Role of FinTech. *Current Opinion in Environmental Sustainability*, Vol. 41, pp. 1 – 9. , doi：10. 1016/j. cosust. 2019. 07. 002.

Hootsuite and We are Social（2019）. *Digital 2019：Global Digital*

Yearbook. Available from: https://p. widencdn. net/kqy7ii/Digital2019 – Report – en [Accessed on Jan. 21, 2020].

Hospedales, C. (2019). Caribbean Public Health: Achievements and Future Challenges. *Lancet Public Health*, 4 (7): PE324. https://www. thelancet. com/journals/lanpub/article/PIIS2468 – 2667 (19) 30102-1/fulltext.

Hosuk-Lee, M., Badri, N. (2019). The Economic Losses from Ending the WTO Moratorium on Electronic Transmissions. *Policy Brief*, No. 3, ECIPE (European Centre for International Political Economy), Brussels. Available from: https://ecipe. org/wp – content/uploads/2019/08/ECI_ 19_ PolicyBrief_ 3_ 2019_ LY04. pdf.

Hou, S. (2015). Sub-forum: Digital Silk Road · Win-win Cooperation [Online]. *The Beijing News*. Available from: http://epaper. bjnews. com. cn/html/2015 – 12/17/content_ 613818. htm? div = – 1 [Accessed on Jun. 25, 2020].

Hou, Y. (2018). Alibaba zhuli feizhou yongbao shuzi jingji [Alibaba Helps the Development of Digital Economy in Africa], *Economic Information Daily*. 7 September. Available from: http://jjckb. xinhuanet. com/2018 – 09/07/c_ 137451035. htm [Accessed on Feb. 1, 2020].

Hruby, A. (2018). Africa Leading the Way on Mobile-Money Technology. *XIOS*, 18, October. Available from: https://www. axios. com/africa – leading – way – mobile – money – technology – 1768c0e8 – 5955 – 4b8a – ab30 – a7336a21a5b2. html. [Accessed on Mar. 16, 2020].

Huang, F., Blaschke, S., Lucas, H. (2017). Beyond Pilotitis: Taking Digital Health Interventions to the National Level in China and Uganda. *Globalization and Health*, 13: 49. https://globalizationandhealth. biomedcentral. com/articles/10. 1186/s12992 – 017 – 0275 – z.

Huang, Y. (2019). China-Africa Joint Endeavor on the Digital Silk Road: Opportunities, Challenges and Approaches. China International Studies, pp. 13 – 28 + 2.

Huang, Y., Sun, M., Sui, Y. (2020). How Digital Contact Tracing Slowed Covid – 19 in East Asia. *Harvard Business Review*, April 15. https://hbr. org/2020/04/how – digital – contact – tracing – slowed – covid-19 – in – east – asia.

huawei. com (2017). Making Manila's "Crown Jewel" a Safe City. *Huawei*; https://e. huawei. com/en/case – studies/global/2017/201704261658.

huawei. com (2019). Huawei Helps Tunisia Promote ICT Talents and Digital Economy. *Huawei*; https://www. huawei. com/en/press – events/news/2019/4/tunisia – ict – talents – digital – economy.

Huawei Marine (2017). Huawei Marine and Tropical Science Commences Work on the Construction of the PEACE Submarine Cable. *Huawei Marine*; http://www. huaweimarine. com/en/News/2017/press – releases/pr20171106.

Huawei & Oxford Economics (2017). Digital Spillover: Measuring the True Impact of the Digital Economy. *Huawei & Oxford Economics*. Available from: https://www. huawei. com/minisite/gci/en/digital – spillover/index. html. [Accessed on Feb. 5, 2020].

Hubner, E. (2012). Brazil Emerging Donor Development Aid. *D + C Development and Cooperation*. Available from: https://www. dandc. eu/en/article/brazil – emerging – donor – development – aid. [Accessed on Feb. 13, 2020].

Hu, H., Pan, L., Sun, K., Tu, S., Sun, Y., Wei, Y., Tu, K. (2017). Differentiation of Deciduous – calyx and Persistent – calyx Pears Using Hyperspectral Reflectance Imaging and Multivariate Analysis.

Computers and Electronics in Agriculture, Vol. 137, pp. 150 – 156.

Huixin, W. (2017). Driving High Velocity "Big Data" to Create a "Smart City". *Shine*; https://www.shine.cn/biz/tech/1712127705/.

Husain, K. (2017). Exclusive: CPEC Master Plan Revealed. *Dawn*; https://www.dawn.com/news/1333101.

IADB and FINNOVISTA (2017). FINTECH: Innovations You may not Know are from Latin America and the Caribbean. Available from: https://publications.iadb.org/publications/english/document/FINTECH—Innovations – You – May – Not – Know – were – from – Latin – America – and-the – Caribbean. pdf.

IADB and FINNOVISTA (2018). *FINTECH Latin America 2018: Growth and Consolidation.* Available from: https://publications.iadb.org/en/fintech – latin – america – 2018 – growth – and – consolidation.

I am Renew (2019). India, Bolivia Sign MOU to Allow Access to Vast Lithium Deposits. *I am Renew*. Website. Available from: https://www.iamrenew.com/policy/india – signs – agreement – to – share – bolivias-vast – lithium – deposit/. [Accessed on Apr. 2, 2020].

IANS (2019). AI-based Tool can Predict Climate Change Stress for Farmers. *Outlook India*; https://www.outlookindia.com/newsscroll/aibased – tool – can – predict – climate – change – stress – for – farmers/1625247.

IBM Energy Blockchain Labs Inc. (2018). Case Studies. *IBM*. Website. Available from: https://www.ibm.com/case – studies/energy – blockchain – labs – inc. [Accessed on Apr. 2, 2020].

ICLEI (2013). Activities. https://iclei.org/en/activities _ database. html? pathway = LE.

ICLEI-Local Governments for Sustainability (2013). Successful South-

South Cities Cooperation Celebrated at Closure Workshop in Yogyakarta. Website. Available from：http：//southasia. iclei. org/our – activities/our – pathways/low – emission – development/local – renewables – south – south – cooperation – between – cities – in – india – indonesia – and – south – africa/ activities. html. ［Accessed on Apr. 3，2020］.

ICT （2019）. Digital Economy Blueprint. *Kenya Digital Economy*； https：//www. ict. go. ke/wp – content/uploads/2019/05/Kenya-Digital – Economy – 2019. pdf.

IFAD （2017）. South-South and Triangular Cooperation （SSTC）, Highlights from IFAD's Portfolio，Rome Italy.

Ifeng News （2019）. Jack Ma's One Million Dollars Made African Entrepreneurs Boiling. *Ifeng News*. 18 November. https：// sh. ihouse. ifeng. com/news/2019_ 11_ 18 – 52431935_ 0. shtml ［Accessed on Jun. 24，2020］.

IFPRI （2018）. China-Africa Agricultural Modernization Cooperation：Situation，Challenges，and the Path Ahead. Chen，K. ，Badiane，O. ，Zhang，L. ，Collins，J. ，Zhou，Y. ，Washington D. C.

ILO （2018）. Job Quality in the Platform Economy. Available from：https：//www. ilo. org/wcmsp5/groups/public/—dgreports/—cabinet/ documents/publication/wcms_ 618167. pdf.

Indianapolis Business Journal （2019）. Brazil's Solinftec Sets up Shop in the U. S. *Indianapolis Business Journal*；https：//www. precisionag. com/ market – watch/brazils – solinftec – sets – up – shop – in – the – u – s/.

International Charter Space and Major Disasters （ICSMD）（2020）. Charter Activation. *ICSMD*. Available from：https：//disasterscharter. org/ web/guest/charter – activations. ［Accessed on Jan. 13，2020］.

International Energy Agency （IEA）（2019）. Tracking Energy

Integration. IEA. https：//www. iea. org/reports/tracking – energy – integration/energy – storage. ［Accessed on Apr. 2, 2020］.

International Mining (2017). South Africa and Chile Enter into MoU on Cooperation in Mining. *International Mining.* Available from：https：//im – mining. com/2017/07/14/south – africa – chile – enter – mou – cooperation – mining/. ［Accessed on Apr. 1, 2020］.

International Panel on Climate Change (IPCC) (2007). Fourth Assessment Report. Website. *IPCC.* Available from：https：// www. ipcc. ch/assessment – report/ar4/. ［Accessed on Dec. 13, 2019］.

International Renewable Energy Agency (IRENA) (2019). A New World-The Geopolitics of the Energy Transformation. *IRENA.* Available from：https：//www. irena. org/ – /media/Files/IRENA/Agency/Publication/ 2019/ Jan/Global_ commission_ geopolitics_ new_ world_ 2019. pdf.

International Trade Centre (2018). A Business Guide to the African Continental Free Trade Area Agreement. *International Trade Center*；http：// www. intracen. org/uploadedFiles/intracenorg/Content/Publications/ AfCFTA％20Business％20Guide_ final_ Low – res. pdf.

Internet World Stats (2019). Internet Usage Statistics：The Internet Big Picture. Available from：https：//www. internetworldstats. com/stats. htm ［Accessed on Jan. 21, 2020］.

Internet World Stats (2020a). World Internet Users and 2020 Population Statistics. Miniwatts Marketing Group. Available from：https：// www. internetworldstats. com/stats. htm, ［Accessed on Apr. 9, 2020］.

Internet World Stats (2020b). Website：www. internetworldstats. com/ stats. htm ［Accessed on Jan. 20, 2020］.

Internet World Stats (2021). World Internet Users and 2021 Population Statistics. Miniwatts Marketing Group. Available from：

www. internetworldstats. com/stats. htm〔Accessed on Sep. 8, 2021〕.

Inveen, C. (2019). San Francisco Crowdfunder Kiva Sets up Sierra Leone Credit Database, *Reuters*; https：//www. reuters. com/article/us – leone – kiva/san – francisco – crowdfunder – kiva – sets – up – sierra – leone-credit – database – idUSKCN1VB262.

Investopedia (2019). What Country Spends the Most on Research and Development?. *Investopedia*. 19 October. Available from：https：// www. investopedia. com/ask/answers/021715/what – country – spends – most-research – and – development. asp〔Accessed on Feb. 6, 2020〕.

IRRI (2014). Africa and India Cultivate Agricultural Research Ties by T. V. Padma, Available from：https：//www. scidev. net/global/ biotechnology/feature/africa – and – india – cultivate – agricultural – research-ties. html〔Accessed on Nov. 22, 2019〕.

IRRI (2018). IRRI and Intertek Join Forces to Help Advance the Global Rice Breeding Effort, Available from：https：//www. irri. org/news – and – events/news/irri – and – intertek – join – forces – help – advance – global – rice – breeding – effort〔Accessed on Jan. 22, 2020〕.

ITC and WEF (2019). Africa E-Commerce Agenda Roadmap for Action 〔Online〕. The World Economic Forum. Available from：http：// www3. weforum. org/docs/WEF_ Africa_ EComm_ EN. pdf〔Accessed on Jun. 20, 2020〕.

it-online. co. za (2019). The Time to Embrace 4IR is Now. *IT-Online*; https：//it – online. co. za/2019/07/08/the – time – to – embrace – 4ir – is-now/.

ITU (2010). National E-strategies for Development：Global Status and Perspectives.

ITU (2018a). Capacity Building in a Changing ICT Environment.

ITU（2018b）. Digital Skills Toolkit：Decent Jobs for Youth.

ITU（2019）. Measuring Digital Development，Facts and Figures 2019. International Telecommunications Union，Geneva，2019. https：// www. itu. int/en/ITU－D/Statistics/Documents/facts/FactsFigures2019. pdf.

ITU and UNESCO（2019）. The State of Broadband：Broadband as a Foundation for Sustainable Development.

IUCN（2018）. Her Farm Radio：Building Knowledge and Developing the Capacity of Malawi's Female Farmers on Forest Landscape Restoration. *Forest Brief*，No. 22.

Ivudria，G.（2021）. ＄1million for Financial Inclusion－African Development Bank，*EABW News*；www. busiweek. com/afdb－provides－1million－for－ai－ghana－rwanda－and－zambia/.

IWS（2020）. World Internet Users and 2020 Population Stats. In：STATS，I. W.（ed. ）.

Jack Ma Foundation（2020）. Monthly Report in March［Online］. Jack Ma Foundation. Available from：https：//www. mayun. xin/index. html #/ topic－detail/19334［Accessed on Jun. 26，2020］.

Jackson，T.（2017）. Alibaba's Jack Ma Launches MYM10m African Young Entrepreneurs Fund. *Disrupt Africa*；https：//disrupt－africa. com/ 2017/07/alibabas－jack－ma－launches－10m－african－young－entrepreneurs－fund/.

Jackson，T.（2018）. Nairobi-based Startup Wins USAID's Fall Armyworm Tech Prize. Published on http：//disrupt－africa. com［Accessed on Jan. 20，2020］.

Jackson，T.（2019a）. Kenyan Agri-tech Startup FarmDrive Secures Latest Funding Round. *Disrupt Africa*；https：//tinyurl. com/y66awka5.

Jackson，T.（2019b）. Nigerian Payments Startup Flutterwave Makes

SA its 5th African Market. *Disrupt Africa*; https：//disrupt – africa. com/ 2019/06/nigerian – payments – startup – flutterwave – makes – sa – its – 5th- african – market/.

Jagtiani, Julapa, A. and Lemieux, C. （2017）. Fintech Lending： Financial Inclusion, Risk Pricing, and Alternative Information （2017 – 07 – 18）. FRB of Philadelphia Working Paper, No. 17 – 17, Available at SSRN：https：//ssrn. com/abstract = 3005260.

Jakku, E. , Taylor, B. , Fleming, A. , Mason, C. , Fielke, S. , Sounness, C. , Thorburn, P. （2018）. If They don't Tell us what They do with it, why would We Trust Them? Trust, Transparency and Benefit-sharing in Smart Farming. *NJAS-Wageningen Journal of Life Sciences*.

Jayaram, K. , Kassiri, O. , Sun, I. Y. （2017）. The Closest Look yet at Chinese Economic Engagement in Africa. *McKinsey & Company*; https：// www. mckinsey. com/featured – insights/middle – east – and – africa/the – closest – look – yet – at – chinese – economic – engagement – in – africa.

Jiang, J. et al. （2016）. Experimental Study on Hyperspectral Remote Sensing of Plants under Stress Conditions-Taking Stripe Rust, Water Immersion and CO_2 Leakage Stress as Examples. Beijing：Science Press.

Johan, F. , Owen, G. （2019）. Exponential Roadmap. *Version 1. 5*. Website. Available from：https：//exponentialroadmap. org/wp – content/ uploads/2019/09/ExponentialRoadmap ＿ 1. 5 ＿ 20190919 ＿ Single – Pages. pdf. ［Accessed on Apr. 1, 2020］.

Jones, H. （2018）. Technology is Making these Rare Elements among the Most Valuable on Earth. *World Economic Forum*. Website. Available from：https：//www. weforum. org/agenda/2018/08/from – cobalt – to – tungsten – how – electric – cars – and – smartphones – are – sparking – a – new – kind – of – gold – rush. ［Accessed on Apr. 2, 2020］.

Juma, C. (2017). Leapfrogging Progress: The Misplaced Promise of Africa's Mobile Revolution. thebreakthrough. org. Retrieved 09/07, 2021. https: //thebreakthrough. org/journal/issue – 7/leapfrogging – progress.

Jye, N. (2019). Thai Fashion E-commerce Startup Pomelo Raises USMYM52m in Series C Round. *The Business Times*; https: // www. businesstimes. com. sg/garage/thai – fashion – e – commerce – startup – pomelo – raises – us52m – in – series – c – round.

Kadi, T. (2019). The Promise and Peril of the Digital Silk Road. *Chatham House*; https: //www. chathamhouse. org/expert/comment/promise-and – peril – digital – silk – road.

Kaewmard, N. , Saiyod, S. (2014). Sensor Data Collection and Irrigation Control on Vegetable Crop Using Smart Phone and Wireless Sensor Networks for Smart Farm. In: Conference on Wireless Sensors (ICWiSE). IEEE, pp. 106 – 112.

Kaka, N. , Madgavkar, A. , Kshirsagar, A. , Gupta, R. , Manyika, J. , Bahl, K. , Gupta, S. (2019). Digital India, Technology to Transform a Connected Nation. McKinsey Global Institute. https: //www. mckinsey. com/ ~ / media/mckinsey/business% 20functions/mckinsey% 20digital/our% 20insights/digital% 20india% 20technology% 20to% 20transform% 20a% 20connected% 20nation/digital – india – technology – to – transform – a – connected – nation – full – report. ashx.

Kaliisa, S. P. (2019). New Digital Transformation Centre "a Relief to Local Tech Innovators". *The New Times*. 21 May 2019. Available from: https: //www. newtimes. co. rw/business/new – digital – transformation – centre – relief – local – tech – innovators [Accessed on May 19, 2020].

Kamath, R. (2018). Food Traceability on Blockchain: Walmart's Pork and Mango Pilots with IBM. *The Journal of the British Blockchain Association*, Vol. 1 (1), pp. 47 – 53.

Kamilaris, A., Fonts, A., Prenafeta-Bold, F. X. (2019). The Rise of Blockchain Technology in Agriculture and Food Supply Chains. *Trends in Food Science & Technology*, Vol. 91, pp. 640 – 652.

Kara, S. (2018). Is Your Phone Tainted by the Misery of the 35000 Children in Congo's Mines? *Guardian*. Website. Available from: https://www. theguardian. com/global – development/2018/oct/12/phone – misery – children – congo – cobalt – mines – drc. [Accessed on Apr. 2, 2020].

Karippacheril, T. G., Rios, L. D., Srivastava, L. (2011). Global Markets, Global Challenges: Improving Food Safety and Traceability while Empowering Smallholders through ICT. ICT in Agriculture Sourcebook.

Kariuki, D. (2016). The Internet of Things: Making Smart Farms in Africa. *CLEANLEAP*. Available from: https://cleanleap. com/internet – things – making – smart – farms – africa https://cleanleap. com/internet – things – making – smart – farms – africa [Accessed on Jan. 21, 2020].

Kaseem, Y. (2019). Everything you Need to Know about African Fintech Right Now. *Quartz Africa*. Available from: https://qz. com/africa/1751701/everything – you – need – to – know – about – african – fintech/.

Kayama, H. (2019). China's Digital Silk Road [Online]. *Center for Strategic & International Studies*. Available from: https://www. csis. org/analysis/chinas – digital – silk – road [Accessed on Jun. 25, 2020].

Kene-Okafor, T. (2019). Flutterwave might be Starting Operations in Asia soon. *Techpoint. africa*; https://techpoint. africa/2019/08/27/flutterwave – expands – to – asia/.

Kennedy, J. (2019). The Future of AI: Why Google is Betting Big on Africa. *Silicon Republic*; https://www. siliconrepublic. com/machines/

africa – ai – google.

Khanna, A. , Kaur, S. （2019）. Evolution of Internet of Things （IoT）and its Significant Impact in the Field of Precision Agriculture. *Computers and Electronics in Agriculture*, Vol. 157, pp. 218 – 231.

Khera, R. （2018）. These Digital IDs have Cost People Their Privacy-and Their Lives. *Washington Post*, August 9. https：//www. washingtonpost. com/news/theworldpost/wp/2018/08/09/aadhaar/.

Khoury, C. K. , Achicanoy, H. A. , Bjork*m*an, A. D. , Navarro-Racines, C. , Guarino, L. , Flores-Palacios, X. , Engels, J. M. M. , Wiersema, J. H. , Dempewolf, H. , Sotelo, S. , Ramírez-Villegas, J. , Castañeda-Álvarez, N. P. , Fowler, C. , Jarvis, A. , Rieseberg, L. H. , and Struik, P. C. （2016）. Origins of Food Crops Connect Countries Worldwide. *Proceedings of the Royal Society B*：*Biological Sciences*, Vol. 283 （1832）：20160792. Available from：https：//dx. doi. org/10. 1098/rspb. 2016. 0792 [Accessed on Jan. 22, 2020].

Kickbusch, I. （2020）. Opinion：The Dark Side of Digital Health. *BMJ 2020*, January 14. https：//blogs. bmj. com/bmj/2020/01/14/ilona – kickbusch – the – dark – side – of – digital – health/.

Kim, J. , Oleribe, O. , Njie, R, Taylor-Robinson, S. （2017）. A Time for New North-south Relationships in Global Health. *International Journal of General Medicine*, 10, pp. 401 – 408. https：//www. ncbi. nlm. nih. gov/pmc/articles/PMC5683789/.

King, B. （2019）. The Key to Driving Africa's Agricultural Revolution is Good Data. Available from：https：//foodsustainability. eiu. com/key – driving – africas – agricultural – revolution – good – data/ [Accessed on Jan. 20, 2020].

Kluge, E. H. （2011）. Ethical and Legal Challenges for Health

Telematics in a Global World: Telehealth and the Technological Imperative. *International Journal of Medical Information*, 80 (2): e1 – e5.

Knight, W. (2017). Meet the Chinese Finance Giant that's Secretly an AI Company. *MIT Tech Review*; https://www.technologyreview.com/s/608103/ant – financial – chinas – giant – of – mobile – payments – is – rethinking – finance – with – ai/.

Koh, D. (2019). Healthtech Developments in APAC-A 2019 Review. *MobiHealth News*, December 19. https://www.mobihealthnews.com/news/asia – pacific/healthtech – developments – apac – 2019 – review.

konza.go.ke (2019). Smart City. *Konza*; https://www.konza.go.ke/smart – city/.

Kostkova, P. (2019). Grand Challenges in Digital Health. *Frontiers in Public Health 2015*; 3: Article 134.

Kozul-Wright, R. (2020). COVID – 19 Crisis: How South-South Cooperation can Support Economic Recovery [Online]. *UNCTAD*. Available from: https://unctad.org/en/pages/newsdetails.aspx? OriginalVersionID = 2381 [Accessed on Jun. 21, 2020].

Kreuze, J. (2019). The Bots are Here—And They're Protecting Our Crops. *Scientific American*; https://blogs.scientificamerican.com/observations/the – bots – are – here – and – theyre – protecting – our – crops/.

Kshetri, N. (2016a). *Big Data's Big Potential in Developing Economies: Impact on Agriculture, Health and Environmental Security*, Centre for Agriculture and Biosciences International (CABI) Publishing, Wallingford, Oxon, the U.K.

Kshetri, N. (2016b). Creation, Deployment, Diffusion and Export of Sub-Saharan Africa-originated Information Technology-Related Innovations. *International Journal of Information Management*, 36 (6), Part B, pp. 1274 –

1287.

Kshetri, N. (2019). Facebook's Libra may be Quite Attractive in Developing Countries. *The Conversation*; https：//theconversation. com/facebooks － libra － may-be － quite － attractive － in － developing － countries － 119206.

Kshetri, N. （2020a）. China's Emergence as the Global Fintech Capital and Implications for Southeast Asia. *Asia Policy*, 15 （1）, pp. 61 － 81.

Kshetri, N. （2020b）. Blockchain-Based Financial Technologies and Cryptocurrencies for Low-Income People：Technical Potential Versus Practical Reality. *IEEE Computer*, 53 （1）, pp. 18 － 29.

Kumar, R. (2019) . High-tech on the Ground：Blockchain Technology to Boost Small Farm Incomes. Available from：www. downtoearth. org. in/ news/agriculture/high － tech － on － the － ground － blockchain － technology － to － boost － small － farm － incomes － 64782 ［Accessed on Jan. 22, 2020］ .

Kumpf, B. （2018）. Who is Writing the Future? Designing Infrastructure for Ethical AI. *Medium*; https：//medium. com/@ UNDP/ who-is － writing － the － future － designing － infrastructure － for － ethical － ai-4999620db295.

Kung, H. Y. , Kuo, T. H. , Chen, C. H. , Tsai, P. Y. （2016）. Accuracy Analysis Mechanism for Agriculture Data Using the Ensemble Neural Network Method. *Sustainability*, Vol. 8 （8）, p. 735.

Kwet, M. （2019）. Digital Colonialism：US Empire and the New Imperialism in the Global South. *Race and Class*, 60 （4）, pp. 3 － 26. https：//papers. ssrn. com/sol3/papers. cfm? abstract_ id = 3232297.

Labonne, J. , Chase, R. S. （2009）. The Power of Information：the Impact of Mobile Phones on Farmers' Welfare in the Philippines. The World Bank. Washington D. C.

Labrique, A. , Vasudevan, L. , Weiss, W. , Wilson, K. (2018a). Establishing Standards to Evaluate the Impact of Integrating Digital Health into Health Systems. *Global Health: Science and Practice*, 6 (S1): S5 - S17. https: //www. ghspjournal. org/content/ghsp/6/Supplement_ 1/S5. full. pdf.

Labrique, A. , Wadhwani, C. , Williams, K. , Lamptey, P. , Hesp, C. , Luk, R. , Aerts, A. (2018b). Best Practices in Scaling Digital Health in Low and Middle Income Countries. *Globalization and Health*, 14: 103. https: //globalizationandhealth. biomedcentral. com/articles/10. 1186/ s12992 - 018 - 0424 - z.

LaJeunesse, S. (2019) . New Ai App Predicts Climate Change Stress for Farmers in Africa, The Pennsylvania State University Retrieved 09/07, 2021 . Available from: https: //news. psu. edu/story/589356/2019/09/23/research/ new - ai - app - predicts - climate - change - stress - farmers - africa.

Lalitha, A. , Babu, Chandra, S. , Purnima, K. S. (2018). Internet of Things: Applications to Developing Country Agriculture Sector. *International Journal of Agriculture Sciences*, 10 (20), pp. 7410 - 7413. Available from: https: //www. bioinfopublication. org/viewhtml. php? artid = BIA0004641 [Accessed on Jan. 20, 2020].

Leclerc, R. (2019). The Road to Automated Agriculture Begins in Brazil. *AgFundernews*; https: //agfundernews. com/the - road - to - automated- agriculture - begins - in - brazil. html.

Ledger Insights (2019). Kiva Sets up Sierra Leone Blockchain ID System. *Ledger Insights*; https: //www. ledgerinsights. com/kiva - sierra - leone - blockchain - id - system/.

Lehdonvirta, V. , Hjorth, I. , Graham, M. , Barnard, H. (2015) . *Online Labour Markets and the Persistence of Personal Networks: Evidence from*

Workers in Southeast Asia. Paper presented at American Sociological Association Annual Meeting 2015, Chicago, August 22 – 25.

Leng, K. , Bi, Y. , Jing, L. , Fu, H. C. , Nieuwenhuyse, I. V. (2018). Research on Agricultural Supply Chain System with Double Chain Architecture Based on blockchain Technology. *Future Generation Computer Systems*, Vol. 86, pp. 641 – 649.

Leurent, H. , Boer, E. (2019). Fourth Industrial Revolution Beacons of Technology and Innovation in Manufacturing. *World Economic Forum*; http：//www3. weforum. org/docs/WEF_ 4IR_ Beacons_ of_ Technology_ and_ Innovation_ in_ Manufacturing_ report_ 2019. pdf.

Lewis, T. , Synowiec, C. , Lagomarsino, G. , Schweitzer, J. (2012). E-health in Low-and Middle-income Countries：Findings from the Center for Health Market Innovations. *Bulletin of the World Health Organization*, 90 (5)：332 – 340. doi：10. 2471/BLT. 11. 099820.

Liakos, K. G. , Busato, P. , Moshou, D. , Pearson, S. , Bochtis, D. (2018). Machine Learning in Agriculture：A review. *Sensors*, Vol. 18 (8), p. 2674.

Li, B. (2020). Digital Belt & Road Program Yields Fruits Amid the Pandemic ［Online］. *Beltandroad. news*. Available from：https：// www. beltandroad. news/2020/05/13/digital – belt – road – program – yields-fruits – amid – the – pandemic/ ［Accessed on Jun. 26, 2020］.

Li, M. (2019). Debute of the South-South Cooperation Star Network Platform：An Interview with Wang Xiaojun, Deputy Director of the United Nations Office for South-South Cooperation ［Online］. United Nations News. Available from：https：//news. un. org/zh/story/2019/09/1041262 ［Accessed on Apr. 10, 2020］.

Lim, B. (2019). Making Factories Smarter. *New Straits Times*;

https：//www. nst. com. my/lifestyle/bots/2019/05/486286/making　　　－

factories－smarter.

Li, M. , Chen, G. , Zhu, Z. （2013）. Information Service System of Agriculture IoT. *Automatika Journal for Control, Measurement, Electronics, Computing and Communications.* Vol. 54, pp. 415 – 426.

Lin, J. , Shen, Z. , Zhang, A. , Chai, Y. （2018）. Blockchain and IoT Based Food Traceability for Smart Agriculture. In Proceedings of the 3rd International Conference on Crowd Science and Engineering, pp. 1 – 6.

Lin, Y. P. , Petway, J. , Anthony, J. , Mukhtar, H. , Liao, S. W. , Chou, C. F. , Ho, Y. F. （2017）. Blockchain: The Evolutionary Next Step for ICT E-agriculture. *Environments*, Vol. 4 （3）, p. 50.

Li, Q. （2015）. The Application of Big Data Financial Model in the Field of Small and Micro Loans is Seen from Ali Small Loan. China Civil and Commercial Law, Feb. http：//www. civillaw. com. cn/zt/t/? id ＝28949.

Li, S. （2018）. Progress and Prospects of Global Cooperation on Satellite Disaster Reduction. Beijing: *City and Disaster Reduction*. No. 6, pp. 20 – 24.

Li, S. L. , Han, Y. , Li, G. , Zhang, M. , Zhang, L. , Ma, Q. （2012）. Design and Implementation of Agricultral Greenhouse Environmental Monitoring System Based on Internet of Things. *In Applied Mechanics and Materials*. Vol. 121, pp. 2624 – 2629. Trans Tech Publications Ltd.

Liu, H. （2014）. The Infrastructure for Internet Finance: Mobile Payment and Third Party Payment. *International Finance*, 2014 （5）.

Liu, Y. （2018）. Chinese Insurance Giant Ping a Launches Cloud Service Aimed at Banks, Hospitals. *South China Morning Post*; https：// www. scmp. com/business/companies/article/2169023/chinese – insurance – giant – ping – launches – cloud – service – aimed – banks.

Lock, H. (2019). Fight the Fakes: How to Beat the MYM200bn Medicine Counterfeiters. *The Guardian*; https://www.theguardian.com/global – development/2019/Jun/05/fake – medicine – makers – blockchain – artificial – intelligence.

Lohr, S. (2018). Facial Recognition Is Accurate, if You're a White Guy. *New York Times*; https://www.nytimes.com/2018/02/09/technology /facial – recognition – race – artificial – intelligence. html.

Long, L. A. , Pariyo, G. , Kallander, K. (2018). Digital Technologies for Health Workforce Development in Low-and Middle-Income Countries: A Scoping Review. *Global Health: Science and Practice*, 6 (S1): S41 – S48.

Love, J. (2019). U. S. Campaign against Huawei Hits a Snag South of the Border. *Reuters*; https://www.reuters.com/article/us – mexico – huawei – tech – insight/u – s – campaign – against – huawei – hits – a – snag-south – of – the – border – idUSKCN1SF15Z.

Lucena, P. , Binotto, A. P. D. , Momo, F. S. , Kim, H. (2018). A Case Study for Grain Quality Assurance Tracking Based on a Blockchain Business Network. In: Symposium on Foundations and Applications of Blockchain (FAB 2018), pp. 1 – 6.

Lydgate, A. (2018). To an AI, Every Eye Tells a Story. *Wired*; https://www.wired.com/story/wired25 – sundar – pichai – r – kim – artificial – intelligence – vision/.

Mahmood, S. , Hasan, K. , Carras, M. C. , Labrique, A. (2020). Global Preparedness Against COVID – 19: We Must Leverage the Power of Digital Health. *JMIR Public Health Surveill*, 6, e18980.

Maina, S. (2018). Safaricom's DigiFarm Aims to Put More Coins in Farmers' Pockets Through Technology. *TechWeez*; https://techweez.com/

2018/07/23/safaricom – digifarm – more – coins – farmers/.

Maione, C. , Batista, B. L. , Campiglia, A. D. , Barbosa, F. , Barbosa, R. M. (2016). Classification of Geographic Origin of Rice by Data Mining and Inductively Coupled Plasma Mass Spectrometry. *Computers and Electronics in Agriculture*, Vol. 121, pp. 101 – 107.

Majid, A. (2019). Farming in Africa: The Digital Revolution that is Set to Transform Agriculture. *The Telegraph*; https://www. telegraph. co. uk/global – health/climate – and – people/farming – africa – digital – revolution – set – transform – agriculture/.

Malabo Montpellier Panel (MMP) (2019). Byte by Byte: Policy Innovation for Transforming Africa's Food System with Digital Technologies, Dakar, Senegal: International Food Policy Research Institute (IFPRI); ZEF (Center for Development Research University of Bonn); and Imperial College London. https://doi. org/10. 2499/9780896296848 [Accessed on Dec. 20, 2019].

Mandhana, N. (2019). Huawei's Video Surveillance Business Hits Snag in Philippines. *The Wall Street Journal*; https://www. wsj. com/articles/huaweis – video – surveillance – business – hits – snag – in – philippines – 11550683135.

Manyika, J. et al. (2013). Lions Go Digital: The Internet's Transformative Potential in Africa. McKinsey Global Institute.

Manyika, J. et al. (2016a). Digital Globalization. McKinsey Global Institute. Available from: https://www. mckinsey. com/businessfunctions/digital – mckinsey/our – insights/digital – globalization – the – new – era – of-global – flows. [Accessed on Nov. 28, 2019].

Manyika, J. et al. (2016b). Digital Finance for All. McKinsey Global Institute. Available from: https://www. mckinsey. com/global – themes/

employment – andgrowth/how – digital – finance – could – boost – growth – in – emerging – economies. [Accessed on Nov. 28, 2019].

Mapbox (2018). Detecting Informal Settlements in South America: How I Built it. *Medium*; https://blog. mapbox. com/detecting – informal – settlements – in – south – america – how – i – built – it – cb139a870816.

Mariana, M. (2014). Mission Finance: Starting to Think Big again. Alphaville. *Financial Times*, July 18, 2014. Available from: https://ftalphaville. ft. com/2014/07/18/1901312/mission – finance – starting – to – think – big – again/.

Maritz, J. (2019). 3 Lessons from Running an AI-powered Start-up in Africa. *World Economic Forum*; https://www. weforum. org/agenda/2019/08/artificial – intelligence – africa – venture – capital – investment/.

Marr, B. (2019). What is the Artificial Intelligence of Things? When AI Meets IoT. *Forbes*; https://www. forbes. com/sites/bernardmarr/2019/12/20/what – is – the – artificial – intelligence – of – things – when – ai – meets – iot/#16964da6b1fd.

MasterCard (2019). Mastercard Joins the Marco Polo Network to Advance Global Trade through Optimized Financing. *MasterCard*; https://newsroom. mastercard. com/press – releases/mastercard – joins – the – marco – polo – network – to – advance – global – trade – through – optimized – financing/.

McCaffrey, C. (2017). How Chinese FDI Will Transform the Global Economy. *The Diplomat*; https://thediplomat. com/2017/12/how – chinese – fdi – will – transform – the – global – economy/.

McCann, D. (2012). A Ugandan mHealth Moratorium is a Good Thing. http://www. ictworks. org/2012/02/22/ugandan – mhealth – moratorium – good – thing/.

McDonald, N. (2018). Digital in 2018: World's Internet Users Pass the 4 billion Mark, We are Social. *Special Reports*. Available from: https://wearesocial. com/us/blog/2018/01/global – digital – report – 2018 [Accessed on Jan. 22, 2020].

McKenzie, B. (2021). Africa: AfCFTA is Now Operational – What to Expect in the First Few Months, 30 January. www. bakermckenzie. com/en/insight/publications/2021/01/africa – afcfta – now – operational.

McKinsey Global Institute (2019a). Digital Adoption May Result in Economic Growth in India. McKinsey Global Institute. Available from: https: //economictimes. indiatimes. com/news/economy/indicators/digital – adoption – may – result – in – strong – economic – growth – in – india – mckinseyreport/articleshow/68600887. cms? from = mdr. [Accessed on Mar. 19, 2020].

McKinsey Global Institute (2019b). Digital Identification: A key to Inclusive Growth. April 17. https: //www. mckinsey. com/business – functions/mckinsey – digital/our – insights/digital – identification – a – key – to – inclusive – growth.

Mechael, P., Sloninsky, D. (2008). Towards the Development of an mHealth Strategy: A Literature Review. New York (NY): Earth Institute at Columbia University.

Medela, A., Cendón, B., González, L., Crespo, R., Nevares, I. (2013). IoT Multiplatform Networking to Monitor and Control Wineries and Vineyards. In: Future Network and Mobile Summit. IEEE, pp. 1 – 10.

Meduza (2019). After Hackers Break Moscow's Prototype Internet Voting, City Officials Stop Sharing Contest Results on GitHub. *Meduza*; https: //meduza. io/en/feature/2019/08/20/after – hackers – break – moscow – s – prototype – internet – voting – city – officials – stop – sharing –

contest – results – on – github.

Mehta, R. (2019). Automation and the Future of Work in Developing Countries. *Staffing America Latina*; https：//staffingamericalatina. com/en/ automatizacion – y – el – futuro – del – trabajo – en – paises – en – desarrollo/.

Metz, C. (2019). India Fights Diabetic Blindness With Help from A. I. *The New York Times*; https：//www. nytimes. com/2019/03/10/ technology/artificial – intelligence – eye – hospital – india. html.

Meyer, R. (2019). Ant Financial and Bayer to Jointly Develop Blockchain for Agriculture, coindesk. Avaiable from： https：// www. coindesk. com/ant – financial – and – bayer – to – jointly – develop – blockchain – for – agriculture [Accessed on Jan. 23, 2020].

Michael, P., Matt, J. (2017). Blockchain and Economic Development：Hype vs. Reality. *Center for Global Development*. Policy Paper 107, 2017.

Microsoft News Center India (2017). Digital Agriculture：Farmers in India are Using AI to Increase Crop Yields. Available from： https：// news. microsoft. com/en – in/features/ai – agriculture – icrisat – upl – india/ [Accessed on Jan. 21, 2020].

Milam, K. (2018). IBM's AI Adviser Promises "Transformation" of Oil Exploration. *AAPG Explorer*; https：//explorer. aapg. org/story/articleid/ 49008/ibms – ai – adviser – promises – transformation – of – oil – exploration.

Milano, M. (2019). The Digital Skills Gap is Widening Fast. Here's How to Bridge it. *World Economic Forum*; https：//www. weforum. org/ agenda/2019/03/the – digital – skills – gap – is – widening – fast – heres – how – to – bridge – it/.

Miller, B., Atkinso, R. D. (2014). Raising European Productivity

Growth through ICT. *The Information Technology & Innovation Foundation*. Available from: www2. itif. org/2014 – raising – eu – productivity – growthict. pdf. [Accessed on Nov. 26, 2019].

Minges, M. (2015). *Exploring the Relationship between Broadband and Economic Growth*. World Bank. https: //documents1. worldbank. org/curated/en/178701467988875888/pdf/102955 – WP – Box394845B – PUBLIC – WDR16 – BP – Exploring – the – Relationship – between – Broadband – and – Economic – Growth – Minges. pdf

Ministry of External Affairs of India. (2006). Pan African e-Network Project for Tele-education and Tele-medicine: Cote d'Ivoire, Gambia and Djibouti sign agreements. 21 June. Available from: http: //www. mea. gov. in/press – releases. htm? dtl/4244/Pan + African + eNetwork + Project + for + Teleeducation + and + TelemedicineCote + dIvoire + Gambia + and + Djibouti + sign + agreements [Accessed on Feb. 10, 2020].

Misaki, E. , Apiola, M. , Gaiani, S. , Tedre, M. (2018). Challenges Facing Sub-Saharan Small - scale Farmers in Accessing Farming Information through Mobile Phones: A Systematic Literature Review. *The Electronic Journal of Information Systems in Developing Countries*, Vol. 84 (4), e12034.

Misal, D. (2019). Vietnam's AI Awakening: These 8 Startups are Putting the Country on the Global AI Map. Available from: https: //analyticsindiamag. com/vietnams – ai – awakening – these – 8 – startups – are-putting – the – country – on – the – global – ai – map/ [Accessed on Jan. 23, 2020].

Mitchell, C. (2018). Technology Hope for African farmers, *Financial Times*. Available from: https: //www. ft. com/content/3316885c – b07d – 11e8 – 87e0 – d84e0d934341 [Accessed on Jan. 22, 2020].

Mitchell, M., Kan, L. (2019). Digital Technology and the Future of Health Systems. *Journal of Health Systems and Reform*, 5 (2), pp. 113 – 120. https://www.tandfonline.com/doi/full/10.1080/23288604.2019.1583040.

Mittal, S., Gandhi, S., Tripathi, G. (2010). Socio-economic Impact of Mobile Phones on Indian Agriculture. *Working paper*. No. 246, Indian Council for Research on International Economic Relations (ICRIER), New Delhi.

Mittal, S., Mehar, M. (2012). How Mobile Phones Contribute to Growth of Small Farmers? Evidence from India. *Quarterly Journal of International Agriculture*, 51 (892 – 2016 – 65169), pp. 227 – 244.

Miura, Y. (2018). China's Digital Economy — Assessing Its Scale, Development Stage, Competitiveness, and Risk Factors, *RIM Pacific Business and Industries*; Vol. XVIII, No. 70, pp. 1 – 28.

Moazed, A., Johnson, N. L. (2016). *Modern Monopolies: What it Takes to Dominate the 21st Century Economy*. St. Martin's Press.

Modgil, S. (2017). Startup Watchlist: 12 Indian Agritech Startups to Watch out for in 2018, Inc42. Available from: https://inc42.com/features/watchlist – agritech – startups – 2018/ [Accessed on Jan. 22, 2020].

Modi, R., Desai, D and Venkatachalam, M. (2019). South – South Cooperation: India – Africa Partnerships in Food Security and Capacity Building. Observer Research Foundation. https://www.orfonline.org/wp – content/uploads/2019/04/india – africa_ report_ digital.pdf.

Moe, J. (2018). Joining Human & Artificial Intelligence in Malaysia to Build the World's Most Efficient Workforce. *Forbes*; https://www.forbes.com/sites/jonathanmoed/2018/06/28/joining – human – artificial – intelligence – in – malaysia – to – build – the – worlds – most –

efficient – workforce/#271ad5775b70.

Mohamed, M. , Plante, R. （2002）. Remote Sensing and Geographic Information Systems （GIS） for Developing Countries. *International Geoscience and Remote Sensing Symposium （IGARSS）*. pp. 2285 – 2287, Vol. 4. DOI: 10. 1109/IGARSS. 2002. 1026520.

Mohammadi, K. , Shamshirband, S. , Motamedi, S. , Petkovic, D. Hashim, R. Gocic, M. （2015）. Extreme Learning Machine Based Prediction of Daily Dew Point Temperature. *Computers and Electronics in Agriculture*, Vol. 117, pp. 214 – 225.

Mohammed, O. （2019）. Kenya Secures MYM666 Million from China for Tech City, Highway. Reuters; https: //www. reuters. com/article/us – kenya – china/kenya – secures – 666 – million – from – china – for – tech – city – highway – idUSKCN1S21KG.

Molony, T. （2008）. Running out of Credit: The Limitations of Mobile Telephony in a Tanzanian Agricultural Marketing System. *The Journal of Modern African Studies*, Vol. 46 （4）, pp. 637 – 658.

Monks, K. （2017）. M-Pesa: Kenya's Mobile Money Success Story Turns 10. *CNN*. 24 February 2017. Available from: https: // edition. cnn. com/2017/02/21/africa/mpesa – 10th – anniversary/index. html [Accessed on May 19, 2020].

Montes, M. F. （2019a）. Macroeconomic Policy and Real and Financial Investment: The Impact of Financial Globalization. In *Macroeconomic Policies in the Countries of the Global South*, Chowdhury, A. , Popov, V. （eds. ）, DOC Research Institute, New York: Nova Science Publishers, 2019, pp. 233 – 256.

Montes, M. F. （2019b）. Meeting the Development Challenges Posed by Information and Communications Technology. *Working paper*. South

Centre, July 2019.

Mora, A. (2019). Sinamecc—The National Climate Change Metrics System, Costa Rica. *Climate Ledger Initiative-Navigating Blockchain and Climate Action*. pp. 32 – 34. Website. Available from: https://www. goldstandard. org/sites/default/files/documents/cli_ report – 2019_ state_ and_ trends. pdf. [Accessed on Mar. 31, 2020].

Moreddu, C. (2016). Public-Private Partnerships for Agricultural Innovation: Lessons from Recent Experiences. *OECD Food, Agriculture and Fisheries Papers*, No. 92, OECD Publishing, Paris. http://dx. doi. org/ 10. 1787/5jm55j9p9rmx – en [Accessed on Dec. 20, 2019].

Morgan, J. (2019). Will We Work in Twenty-First Century Capitalism? A Critique of the Fourth Industrial Revolution Literature. *Economy and Society*. Available from: DOI: 10. 1080/03085147. 2019. 1620027, pp. 1 – 29.

moroccoworldnews. com (2019). Morocco Partners with Chinese Companies to Develop Tangier Tech City. *Morocco World News*; https:// www. moroccoworldnews. com/2019/04/271663/morocco – china – tangier – tech – city/.

Moss, S. (2019). Huawei Signs MoU with Pakistan for Cloud Data Center. *Data Center Dynamics*; https://www. datacenterdynamics. com/en/ news/huawei – signs – mou – pakistan – cloud – data – center/.

mTransfersHQ (2018). Banking ChatBots in Nigeria. *Medium*; https:// medium. com/mtransfers/banking – bots – in – nigeria – 21a3e6c8600e.

Muangprathub, J. , Boonnam, N. , Kajornkasirat, S. , Lekbangpong, N. , Wanichsombat, A. , Nillaor, P. (2019). IoT and Aagriculture Data Analysis for Smart Farm. *Computers and Electronics in Agriculture*, Vol. 156, pp. 467 – 474.

Murai, S. (2018). New Tokyo Research Center Aims to Boost Japan's

"Fourth Industrial Revolution". *The Japan Times*; https: //www. japantimes. co. jp/news/2018/07/05/business/tech/new − tokyo − research-center − aims − boost − japans − fourth − industrial − revolution/#. XaARbOMzaUk.

Murphy, A. (2018). The 2018 Digital 100. September 20. https: //www. forbes. com/sites/andreamurphy/2018/09/20/the − 2018 − digital − 100/#289c85106137.

Murphy, J., Carmody, P. (2015). *Africa's Information Revolution: Technical Regimes and Production Networks in South Africa and Tanzania.* Chichester, England: Wiley Blackwell.

Murray, S. (2019). Empowering African Farmers with Data. Institute for Data, Systems, and Society. *MIT News.* Available from: http: //news. mit. edu/2019/empowering − african − farmers − with − data − 0530 [Accessed on Jan. 20, 2020].

Mutethya, E. (2017). Kenya and Huawei Sign Agreement for Digital Transformation. *China Daily*; http: //www. chinadaily. com. cn/world/2017-05/16/content_ 29372143. htm.

Mwai, C. (2019). Africa: Smart Cities to Drive Urbanisation-Kagame. *All Africa*; https: //allafrica. com/stories/201910310026. html.

Myint, M. (2019). Military-Backed Mytel Announces Successful Test of 5G Service. *The Irrawaddy*; https: //www. irrawaddy. com/business/military − backed − mytel − announces − successful − test −5g − service. html.

Nahvi, B., Habibi, J., Mohammadi, K., Shamshirband, S., Al Razgan, O. S. (2016). Using Self-adaptive Evolutionary Algorithm to Improve the Performance of an Extreme Learning Machine for Estimating Soil Temperature. *Computers and Electronics in Agriculture*, Vol. 124, pp. 150 − 160.

Nair, D. (2018). From Harvesting Social Media Profiles to Harvesting Nature's Bounty, This Founder is Using Data where it Matters. Available from：https：//yourstory. com/2018/03/mycrop – data – harvesting – social-media – profiles – harvesting – natures – bounty？utm_ pageloadtype = scroll ［Accessed on Jan. 21, 2020］.

Nakasone, E. , Torero, M. , Minten, B. （2014）. The Power of Information：The ICT Revolution in Agricultural Development. *Annual Review of Resource Economics.* Vol. 6 （1）, pp. 533 – 550.

Nambiar, A. , Reddy, N. , Dutta, D. （2017）. Connected Health：Opportunities and Challenges. *IEEE International Conference on Big Data* 2017, pp. 1658 – 1662.

nanalyze. com （2019）. 7 Brazilian Agriculture Technology Startups. *Nanalyze*；https：//www. nanalyze. com/2019/08/brazil – agriculture – technology/.

National Development and Reform Commission of China （2015）. *Vision and Actions on Jointly Building the Silk Road Economic Belt and 21st Century Maritime Silk Road.* 28 March.

National Information Center （2020）. Graphic：Score Card of Six-year "Belt and Road" Initative ［Online］. China's Belt and Road website. Available from：https：//www. yidaiyilu. gov. cn/xwzx/gnxw/102792. htm ［Accessed on Apr. 5, 2020］.

Ndiaye, O. K. （2015）. Is the Success of M-Pesa "Empowering" Kenyan Rural Women？ *Open Democracy.* Available from：https：// www. opendemocracy. net/en/5050/is – success – of – mpesa – empowering – kenyan – rural – women/ ［Accessed on Jan. 21, 2020］.

Negash, S. , Patala, L. （2006）. Telecommunication Investment in Economically Developing Countries. Proceedings of the 2006 Southern Association for Information Systems Conference.

Nesbitt et al. （2012）. *The Evolution of Telehealth in an Evolving*

Health Care Environment: *Workshop Summary*. National Academies Press, Washington DC. https://www.ncbi.nlm.nih.gov/books/NBK207141/.

NetIndian News Network (2010). Pan-African E-Network Project Gets The Hermes Prize. 13 August. Available from: https://www.netindian.in/news/national/pan – african – e – network – project – gets – hermes – prize [Accessed on Feb. 10, 2020].

Neto, M. C., Cardoso, P. (2013). Augmented Reality Greenhouse. EFITAWCCA-CIGR Conference " Sustainable Agriculture through ICT Innovation", Turin, Italy, 24 – 27 June 2013.

newbusinessethiopia.com (2018). Alibaba, UN Train African Entrepreneurs. *New Business Ethiopia*; https://newbusinessethiopia.com/education/alibaba – un – train – african – entrepreneurs/.

New Zealand Ministry of Foreign Affairs and Trade (2018). Comprehensive and Progressive Agreement for Trans-Pacific Partnership Text and Resources. Online. Available from: https://www.mfat.govt.nz/en/trade/free – trade – agreements/free – trade – agreements – in – force/comprehensive – and – progressive – agreement – for – trans – pacific – partnership – cptpp/comprehensive – and – progressive – agreement – for – trans – pacific – partnership – text – and – resources/.

Nganga, D. (2018). Jack Ma Picks Kenyan Startup Incubator to Run MYM10 Million Africa Grant Fund. *Business Insider*; https://www.pulselive.co.ke/bi/tech/tech – jack – ma – picks – kenyan – startup – incubator – to – run – dollar10 – million – africa – grant – fund/mfysdyh.

Ngoc, C., Bigirimana, N., Muneene, D., Bataringaya, J., Barango, P., Eskandar, H., Igiribambe, R., Sina-Odunsi, A., Condo, J., Olu, O. (2018). Conclusions of the Digital Health Hub of the Transform Africa Summit (2018): Strong Government Leadership and Public-privatepartnerships are Key Prerequisites for Sustainable Scale up of Digital Health in Africa. *BMC Proceedings*, 12（S11）, p. 17.

Ngunjiri, J. （2018）. Jubilee New Apps, Chatbot Help Insurer Win Africa Innovation Award. *Daily Nation*; https：//www. nation. co. ke/ business/Jubilee – new – apps – chatbot – help – insurer/996 – 4555694 – 11q3794/index. html.

Njagi, K. （2019）. Ghana's Farmers are Using Drones to Boost Crop Yields-Here's How. Thomson Reuters Foundation and World Economic Forum. Available from： https：//www. weforum. org/agenda/2019/10/ ghanas – farmers – drones – boost – crop – yields/［Accessed on Jan. 20, 2020］.

Njanja, A. （2019）. Safaricom Takes M-Pesa Overdraft Service Global. *Business Daily*; https：//www. businessdailyafrica. com/corporate/companies/ Safaricom – takes – M – Pesa – overdraft – service – global/4003102 – 5030394-v1ncbsz/index. html.

Nnadozie, E. （2016）. Building Institutional Capacity is the Key to an African Success Story. *The Africa Report*; https：//www. theafricareport. com/ 1532/building – institutional – capacity – is – the – key – to – an – african – success – story/.

Noryskiewicz, A. （2020）. Coronavirus Outbreak at German Meat Packing Plant Drives Virus Reproduction Rate Back up ［Online］. CBSNews. com. Available from： https：//www. cbsnews. com/news/ coronavirus – in – germany – meat – packing – plant – covid – 19 – outbreak – cases – r – reproduction – rate – up – today – 2020 – 06 – 22/［Accessed on Jun. 23, 2020］.

Obi, L. （2018）. New Technology to Enable Farmers Access Finances. *Daily Nation*; https：//www. nation. co. ke/business/seedsofgold/New –

technology – to – enable – farmers – access – finances/2301238 – 4289390 – 5u8ce8z/index. html.

OECD (2017a). African Economic Outlook 2017. 22 May.

OECD (2017b). Inequality. Available from: http: //www. oecd. org/social/inequality. htm [Accessed on May 19, 2020].

OECD (2017c). Biases in Entrepreneurship and Industrial Policy in Africa. *OCED Development Matters*; https: //oecd – development – matters. org/2017/09/05/biases – in -- entrepreneurship – and – industrial – policy – in – africa/.

OECD (2018a). Bridging the Digital Gender Divide, Include, Upskill, Innovate.

OECD (2018b). Bringing the Digital Gender Divide: Include, Upskill, Innovate.

OECD (2018c). China's Belt and Road Initiative in the Global Trade, Investment and Finance Landscape. Paris: Organization for Economic Cooperation and Development. https: //www. oecd. org/finance/Chinas – Belt – and – Road – Initiative – in – the – global – trade – investment – and – finance – landscape. pdf.

OECD (2018d) . OECD Business and Finance Outlook 2018. Chapter 2. https: //www. oecd – ilibrary. org/sites/bus_ fin_ out – 2018 – 6 – en/index. html? itemId = /content/component/bus_ fin_ out – 2018 – 6 – en.

OECD (2019a). Trade in the Digital Era. Available from: https: //www. oecd. org/going – digital/trade – in – the – digital – era. pdf.

OECD (2019b). Enabling Effective Triangular Co-Operation [Online]. Paris: OECD Publishing. Available from: https: //doi. org/10. 1787/24140929 [Accessed on Jun. 27, 2020].

OECD (2020a). Food Supply Chains and COVID – 19: Impacts and

Policy Lessons [Online]. OECD. Available from: http://www.oecd.org/coronavirus/policy – responses/food – supply – chains – and – covid – 19 – impacts – and – policy – lessons – 71b57aea/ [Accessed on Jun. 22, 2020].

OECD (2020b). Total Official Support for Sustainable Development (TOSSD) [Online]. Organisation for Economic Co-operation and Development. Available from: https://www.oecd.org/dac/tossd/ [Accessed on Apr. 3, 2020].

OECD and WTO (2017). Aid for Trade at a Glance 2017: Promoting Trade, Inclusiveness and Connectivity for Sustainable Development.

Office of the Leading Group for Promoting the Belt and Road Initiative (2019). *The Belt and Road Initiative Progress, Contributions and Prospects.* 22 April. Available from: http://www.xinhuanet.com/silkroad/2019 – 04/22/c_ 1124400071. htm [Accessed on Jun. 23, 2020].

offshore-technology.com (2019). Gazprom Neft and IBM Research Brazil Work on Geological Processing AI. *offshore Technology*; https://www.offshore – technology.com/news/gazprom – neft – ibm – ai/.

Ogbuabor, J., Agu, M., Kalu, U. (2017). The Social Impacts of Information and Communication Technology in Nigeria. Department of Economics, University of Nigeria, Nsukka, Nigeria, *International Journal of Economics and Financial Issues*, 2017, 7 (2), pp. 524 – 529.

Ohannessian, R., Duong, T. A., Odone, A. (2020). Global Telemedicine Implementation and Integration within Health Systems to Fight the COVID – 19 Pandemic: A Call to Action. *JMIR Public Health Surveill*, 6, e18810.

O'Hare, R. (2020). Coronavirus Pandemic could have Caused 40 Million Deaths if Left Unchecked. Imp Coll Landon news. 2020.

Ojeka, S., Adetula, D., Mukoro, D., Kpokpo, O. (2017). Does

Chief Executive Officer Succession Affect Firms Financial Performance in Nigeria? *International Journal of Economics and Financial Issues*, 7 (2), pp. 530 – 535. Available from: http: //search. proquest. com/docview/2270076773/ [Accessed on Nov. 16, 2019].

Olowogboyega, O. (2019). Countdown: The 10 Most Important African Tech Companies of the Decade. *Techcabal*; https: //techcabal. com/2019/12/26/countdown – the – 10 – most – important – african – tech – companies-of – the – decade/.

Ombogo, M. (2019). The Village Boy who Grew up to Harness the Power of Tech. *Standard Digital*; https: //www. standardmedia. co. ke/business/article/2001328490/the – village – boy – who – grew – up – to – harness – the – power – of – tech.

Onaleye, T. (2019). From Interswitch to OPay: Here are Technext's Top 5 Fintech Players of 2019. *Textnext. ng*; https: //technext. ng/2019/12/23/from – interswitch – to – opay – here – are – technexts – top – 5 – fintech – players – of – 2019/.

Onuoha, O. (2019). StarTimes Completes its Digital TV Project for 1000 Nigerian Villages. *Newspace in Africa*. 30 October. Available from: https: //africanews. space/startimes – completes – its – digital – tv – project-for – 1000 – nigerian – villages/ [Accessed on Jan. 22, 2020].

Oommen, A. (2019). Gitex 2019: Dubai Municipality Inks Smart City MoU with Huawei. *Construction Week Online*; https: //www. constructionweekonline. com/events/industry – events/259494 – gitex – 2019-dubai – municipality – inks – smart – city – mou – with – huawei.

Oranye, N., Peter, R. (2019). A. I. AgriBusiness is Good Business. *CNBC Africa*; https: //www. cnbcafrica. com/news/special – report/2019/04/24/a – i – agribusiness – is – good – business/.

Organisation for Economic Cooperation and Development (OECD) (2018). *Going Digital: Making the Transformation Work for Growth and Well - Being*. Paris: OECD.

Osiakwan, E. M. (2017). *The Kings of Africa's Digital Economy*. In: Ndemo, B., Weiss, T. (eds) Digital Kenya. Palgrave Studies of Entrepreneurship in Africa. London: Palgrave Macmillan.

Ovanessoff, A., Plastino, E. (2017). How Artificial Intelligence can Drive South America's Growth. *Accenture*; https: //www. accenture. com/_ acnmedia/pdf - 48/accenture - ai - south - america. pdfla = es - la.

Oxfam (2017). *An Economy for the 99%*, Oxford: Oxfam. Available from: www. oxfam. org/en/research/economy - 99 [Accessed on Mar. 10, 2020].

Oxfam (2019). *Public Good or Private Wealth*, Oxford: Oxfam, www. oxfam. org/en/research/public - good - or - private - wealth [Accessed on Mar. 10, 2020].

Page, J. (2016). *Africa's Industrialisation: Reversing the Decline*. Available from: https: //www. odi. org/events/4319 - africa - industrialisation. London: Overseas Development Institute. [Accessed on Jun. 3, 2017].

Pambazuka News (2009). Africa: Pan African E-Network: A Model of South-South Cooperation. 24 April. Available from: http: //pambazuka. org/en/category/internet/55920 [Accessed on Feb. 10, 2020].

Pan, G. (2015). Some Thoughts on Establishment of Inclusive Financial System. *Shanghai Finance*, 2015 (04).

Pantazi, X. E., Tamouridou, A. A., Alexandridis, T. K., Lagopodi, A. L., Kashefi, J., Moshou, D. (2017). Evaluation of Hierarchical Self-organising Maps for Weed Mapping Using UAS Multispectral Imagery. *Computers and Electronics in Agriculture*, Vol. 139, pp. 224 - 230.

Papa, S. F. (2017). Use of Blockchain Technology in Agribusiness: Transparency and Monitoring in Agricultural Trade. In: Proceedings of the 2017 International Conference on Management Science and Management Innovation (MSMI 2017). Atlantis Press, Paris.

Parker, G. G., Alstyne, M. W. V., Choudary, S. P. (2017). Platform Revolution: How Networked Markets Are Transforming the Economy and How to Make Them Work for You, W. W. Norton & Company.

Parra-Bernal, G. (2014). China's Baidu Buys Control of Brazil's Peixe Urbano in Expansion Push. *Reuters*; https://www.reuters.com/article/us-peixe-urbano-m-a-baidu-idUSKCN0HY1EN20141009.

Parramore, L. S. (2013). Ayn Rand killed Sears. July 18. Available from: https://www.salon.com/2013/07/18/ayn_rand_killed_sears_partner.

Passos, R. (2017). Brazilan Passenger Projects Fight on despite Delays. *International Railway Journal*. December 15. https://www.railjournal.com/in_depth/brazil-passenger-projects-fight-on-despite-delays.

PATH (2017). Unlocking Power and Promise of Digital Health for Africa. 24 May. https://www.path.org/articles/unlocking-the-power-and-promise-of-digital-health-for-africa/.

Patil, A. P., Deka, P. C. (2016). An Extreme Learning Machine Approach for Modelling Evapotranspiration Using Extrinsic Inputs. *Computers and Electronics in Agriculture*, Vol. 121, pp. 385 – 392.

Patil, A. S., Tama, B. A., Park, Y., Rhee, K. H. (2017). A Framework for Blockchain Based Secure Smart Greenhouse Farming. In: Park, J. J., Loia, V., Yi, G., Sung, Y. (eds.) CUTE/CSA 2017. *LNEE*, Vol. 474, pp. 1162 – 1167. Springer, Singapore (2018).

Penn State（2019）. New AI App Predicts Climate Change Stress for Farmers in Africa. *Eurek Alert*；https：//www. eurekalert. org/pub ＿ releases/2019 － 09/ps － naa091919. php.

Pennsylvania State University （2019）. New AI App Predicts Climate Change Stress for Farmers in Africa. *Phys. org*；https：//phys. org/news/ 2019 － 09 － ai － app － climate － stress － farmers. html.

Perdue, T. ,（2017）. Applications of Augmented Reality Augmented Reality is Evolving as Computing Power Increases, https：// www. lifewire. com/applications － of － augmented － reality － 2495561.

Pereira, P. A. A. , Martha, G. B. , Santana, C. A. , Alves, E. （2012）. The Development of Brazilian Agriculture：Future Technological Challenges and Opportunities. *Agriculture & Food Security*, Vol. 1 （1）, p. 4.

Perez, B. , Soo, Z. （2017）, China a Fast Learner When it Comes to Artificial Intelligence-powered Fintech, Experts Say, South China Morning Post, October 28. https：//www. scmp. com/tech/innovation/article/ 2117298/china － fast － learner － when － it － comes － artificial － intelligence- powered.

Periera, B. （2019）. How IBM is Using Remote Sensing Data, AI and Blockchain for Precision Agriculture, IBM Research India. Available from： http：//www. digitalcreed. in/ibm － precision － agriculture/ ［Accessed on Jan. 28, 2020］.

Perlez, J. , Huang, Y. （2017）. Behind China's MYM1 Trillion Plan to Shake up the Economic Order. *The New York Times*；https：// www. nytimes. com/2017/05/13/business/china － railway － one － belt － one- road － 1 － trillion － plan. html.

Peters, D. , Youssef, F. （2016）. Public Trust in the Healthcare

System in a Developing Country. *International Journal of Health Planning and Management*, 31（2）, pp. 227 – 241.

Peyton, A.（2019）. China Bosses Blockchain and AI Patents. *Fintech Futures*, January 21, 2019. https：//www. fintechfutures. com/2019/01/ china – bosses – blockchain – and – ai – patents/.

Philip, L. , Williams, F.（2019）. Remote Rural Home-Based Businesses and Digital Inequalities：Understanding Needs and Expectations in a Digitally Underserved Community. *Journal of Rural Studies*, Vol. 68, pp. 251 – 263.

Phillips, N.（2017）. Power and Inequality in the Global Political Economy. *International Affairs* 2017; 93（2）, pp. 429 – 444.

phys. org（2019）. Egypt to Host Huawei's First MENA Cloud Platform：Cairo. *Phys. org*; https：//phys. org/news/2019 – 02 – egypt – host – huawei-mena – cloud. html.

Portada（2017）. Groupon Latam Buys E-Commerce Platform Peixe Urbano. *Portada*; https：//www. portada – online. com/more – features/ groupon – latam – buys – e – commerce – platform – peixe – urbano/.

Pradhan, D.（2019）. This Startup Wants to Create a Giving Economy for Women in Southeast Asia. *Entrepreneur Asia Pacific*; https：//www. entrepreneur. com/article/335031.

Prasso, S.（2019）. China's Digital Silk Road is Looking More Like an Iron Curtain. Bloomberg. https：//www. bloomberg. com/news/features/2019 – 01 – 10/china – s – digital – silk – road – is – looking – more – like – an – iron – curtain.

Preuss, H.（2019）. WEF Africa：Botswana Tells the World it Wants to Reduce Dependence on Diamonds. *Business Report*; https：//www. iol. co. za/ business – report/economy/wef – africa – botswana – tells – the – world – it –

wants – to – reduce – dependence – on – diamonds – 31998283.

PR Newswire (2018). Ping An Technology Applies AI to Healthcare, Delivering Solutions that Benefit the General Public. *PR Newswire*; https://www. prnewswire. com/news – releases/ping – an – technology – applies – ai – to – healthcare – delivering – solutions – that – benefit – the – general – public-300597721. html.

Provenance (2016). From Shore to Plate: Tracking Tuna on the Blockchain. Available from: https://www. provenance. org/tracking – tuna-on – the – blockchain [Accessed on Jan. 22, 2020].

PTI (2018). China has Highest Number of Smart City Pilot Projects: Report. *The Economic Times*; https://economictimes. indiatimes. com/news/international/world – news/china – has – highest – number – of – smart-city – pilot – projects – report/articleshow/62998738. cms? utm _ source = contentofinterest&utm _ medium = text&utm _ campaign = cppst. https://economictimes. indiatimes. com/news/international/world – news/china – has-highest – number – of – smart – city – pilot – projects – report/articleshow/62998738. cms? from = mdr.

Qian, J. (2014). The "Hydrological Model": Data Analysis is the Key of Ali Microcredit. *Economic Daily*, Feb., 26. http://finance. people. com. cn/money/n/2014/0226/c42877 – 24465392. html.

Qiu, W. (2016). Huawei Contracts with LTI to Deploy Middle Package of Palapa Ring Project. *Submarine Cable Networks*; https://www. submarinenetworks. com/news/huawei – contracts – with – lti – to – deploy – middle – package – of – palapa – ring – project.

Quinones, G., Nicholson, B., Heeks, R. (2015). A Literature Review of E-Entrepreneurship in Emerging Economies: Positioning Research on Latin American Digital Startups. In R. L. La Rovere, L. de M. Ozório, & L. de J.

Melo, eds. *Entrepreneurship in BRICS*, 179 – 208. Springer, Cham. Available from: http: //link. springer. com/10. 1007/978 – 3 – 319 – 11412.

Qu, W. (2020). Opening up at a High Level to Deepen International Cooperation under "Belt and Road" Initiative. *Economic Daily*, January 21, 2020.

racxn. com (2019). Artificial Intelligence Startups in Brazil. *TRACXN*; https: //tracxn. com/explore/Artificial – Intelligence – Startups – in – Brazil/.

Radcliffe, D. (2018). Mobile in Sub-Saharan Africa: Can world's Fastest-growing Mobile Region Keep it up? *ZD Net*; https: // www. zdnet. com/article/mobile – in – sub – saharan – africa – can – worlds – fastest – growing – mobile – region – keep – it – up/ [Accessed on Jan. 21, 2020].

Ramirez-Villegas, J. , Jiménez D. , Lougee R. (2018). Data-driven Farming Proves Fertile Ground for O. R. *ORMS Today*. Available from: https: //cgspace. cgiar. org/bitstream/handle/10568/92045/Data _ Driven _ Farming_ ORMS4502. pdf? sequence = 1 [Accessed on Jan. 21, 2020].

Rao, U. , Nair, V. (2019). Aadhaar: Governing with Biometrics. *South Asia: Journal of South Asian Studies*, 42 (3), pp. 469 – 481.

Rausas, M. P. et al. (2019). Internet Matters: The Net's Sweeping Impact on Growth, Jobs, and Prosperity. McKinsey Global Institute, May 2011, p. 16.

Raval, A. (2016). Kenyan Farmers Use SunCulture Solar Power to Help Water Dry Land, Special Report, Agricultural Production, *Financial Times*. Available from: https: //www. ft. com/content/cf52b0b2 – 2c98 – 11e6 – bf8d – 26294ad519fc [Accessed on Jan. 22, 2020].

Raveendran, R. (2019). Top 10 IT Companies in India 2020. *Indian*

Companies. November 3, 2019. Available from: https: //indiancompanies. in/top – 10 – it – company – in – india/ [Accessed on May 19, 2020].

Recycling Today (2015). Chinese City Moves Electronics Recycling Activities to Industrial Park. *Recycling Today*. Website. Available from: https: //www. recyclingtoday. com/article/ban – guiyu – industrial – park – visit/ [Accessed on Apr. 2, 2020].

Reeep (2018). Local Renewables: South-South Cooperation between Cities in India, Indonesia & South Africa. *REEEP*. Website. Available from: https: //www. reeep. org/projects/local – renewables – south – south – cooperation – between – cities – india – indonesia – south – africa [Accessed on Feb. 21, 2020].

Republic of South Africa (2012). eHealth Strategy South Africa. Pretoria: Department of Health 2012. Available from: https: //health – e. org. za/wp – content/uploads/2014/08/South – Africa – eHealth – Strategy – 2012 – 2017. pdf.

Republic of South Africa (2019). National Digital Health Strategy for South Africa, 2019 – 2024. Pretoria: Department of Health.

Reshetnikova, M. S. (2018). *European Research Studies Journal*, Volume XXI, Issue 3, pp. 506 – 515.

Reuters (2019). Kenyan Mobile Money Transactions Rise 47% in Quarter to June over Year Ago. *CNBC*; https: //www. cnbc. com/2019/09/26/reuters – america – kenyan – mobile – money – transactions – rise – 47 – percent – in – quarter – to – june – over – year – ago. html.

Ricciardi, V., Ramankutty, N., Mehrabi, Z., Jarvis, L., Chookolingo, B. (2018). How much of the World's Food do Smallholders Produce? *Global Food Security*, Vol. 17, pp. 64 – 72.

Richtel, M. (2010). Attached to Technology and Paying a Price. *The New York Times*, 6 June 2010. Available from: https: //www. nytimes. com/

2010/06/07/ technology/07brain. html. [Accessed on Nov. 25, 2019].

Ritchie, H., Roser, M. (2019). Technology Adoption. Published online at OurWorldInData. org. Available from: https://ourworldindata. org/technology – adoption.

Rivera, W. M., Qamar, M. K., Crowder, L. V. (2001). Agricultural and Rural Extension Worldwide: Options for Institutional Reform in the Developing Countries. Rome, FAO. *Journal of International Agricultural and Extension Education*, Vol. 15 (2), pp. 19 – 31.

Rizvi, S. (2019). Huawei Launches Wi-Fi 6 and AI-driven Products. *Channel Middle East*; https://www. channelmiddleeast. com/channel – programmes/networking/87069 – huawei – launches – wi – fi – 6 – and – ai – driven – products.

Robert, M. (2018). China Overtakes the US in the Artificial Intelligence Race. *Leaders League Online*; https://advance. lexis. com/api/ document? collection = news&id = urn: contentItem: 5RTX – 61W1 – JC8F-N0GD – 00000 – 00&context = 1516831.

Rodriguez, F., Wilson, E. (2000). Are Poor Countries Losing the Information Revolution? In E. Wilson, III University of Maryland at College Park. pp. 1 – 50.

Rogin, J. (2019). China is Racing Ahead of the United States on Blockchain. *Washington Post*. Website. Available from: https:// www. washingtonpost. com/opinions/global – opinions/china – is – racing – ahead – of – the – united – states – on – blockchain/2019/03/07/c1e7776a – 4116 – 11e9 – 9361 – 301ffb5bd5e6 _ story. html [Accessed on Apr. 2, 2020].

Rosenberg, F., Tobar, S., Buss, P. (2015). Role of the UNASUR National Institutes of Health in Generating Evidence on the Social Determinants of Health. *Pan American Journal of Public Health*, 38, pp. 152 – 156.

Rough, D. （2019）. Sinamecc—The National Climate Change Metrics System, Costa Rica. *Climate Ledger Initiative-Navigating Blockchain and Climate Action*. p. 36. Website. Available from: https://www. goldstandard. org/sites/default/files/documents/cli_ report – 2019_ state_ and_ trends. pdf [Accessed on Mar. 31, 2020].

Roussi, A. （2019）. Chinese Investments Fuel Growth in African Science. *Nature*; https://www. nature. com/immersive/d41586 – 019 – 01398 – x/index. html.

Roy, K. （2019）. Deciphering Beijing's Digital Connection in Africa. Institute for Defense Studies and Analysis. https://idsa. in/africatrends/ beijing – digital – connection – in – africa – kroy.

Roy, S., Heinz-Wilhelm, S. （2018）. Using Big Data to Link Poor Farmers to Finance, Brookings, Future Development, the Brookings Institution, Washington D. C. Available from: https://www. brookings. edu/blog/future – development/2018/05/03/using – big – data – to – link – poor – farmers – to – finance/ [Accessed on Jan. 20, 2020].

RT. com （2019）. China's Huawei Plans to Promote Smart Cities in Africa. *RT*; https://www. rt. com/business/460382 – huawei – smart – cities-africa/.

Ruan, J., Shi, Y. （2016）. Monitoring and Assessing Fruit Freshness in IoT-based E-commerce Delivery Using Scenario Analysis and Interval Number Approaches. *Information Sciences*, Vol. 373, pp. 557 – 570. https://doi. org/10. 1016/j. ins. 2016. 07. 014 [Accessed on Jan. 20, 2020].

Ruehl, M., James, K. （2019）. Fintech: The Rise of the Asian "Super App". *Financial Times*, December 12, 2019.

Rusmana, Y. , Listiyorini, E. （2019）. Indonesian Startup Wants to Improve Farm Data with Blockchain, Bloomberg. Available from: https: // www. bloomberg. com/news/articles/2019 – 10 – 28/indonesian – startup – wants – to – improve – farm – data – with – blockchain [Accessed on Jan. 23, 2020].

Russon, M. （2019）. The Push towards Artificial Intelligence in Africa. *BBC News*; https: //www. bbc. com/news/business – 48139212.

Saigal, K. （2019）. Africa: Safaricom's New Overdraft Facility "will Boost Revenues" for M-Pesa. *EuroMoney*; https: //www. euromoney. com/ article/b1dqs5q2rd53x5/africa – safaricoms – new – overdraft – facility – will- boost – revenues – for – m – pesa.

Saliu, O. （2019）. Chinese Company Completes China-aided Digital TV Project for 1000 Nigerian Villages, *Xinhua News*. 30 October. Available from: http: //www. xinhuanet. com/english/2019 – 10/30/c _ 138513340. htm [Accessed on Jan. 22, 2020].

Sallstrom, L. , Morris, O. , Mehta, H. （2019）. Artificial Intelligence in Africa's Healthcare: Ethical Considerations. *Observer Research Foundation*; https: //www. orfonline. org/research/artificial – intelligence – in – africas – healthcare – ethical – considerations – 55232/.

Samberg, L. （2018）. How New Technology could Help to Strengthen Global Food Security? World Economic Forum. Available from: https: // www. weforum. org/agenda/2018/03/food – security – s – social – network/ [Accessed on Jan. 20, 2020].

Sanga et al. （2019）. Piloting Crowdsourcing Platform for Monitoring and Evaluation of Projects: Harnessing Massive Open Online Deliberation. IGI Global.

SAP News （2017）. How African SMEs are Taking on the Big Data

Goliath and Winning. *SAP*; https: //tinyurl. com/yyun3mes.

Sarangi, S. , Umadikar, J. , Kar, S. (2016). Automation of Agriculture Support Systems Using Wisekar: Case Study of a Crop-disease Advisory Service. *Computers and Electronics in Agriculture*, Vol. 122, pp. 200 – 210. https: //doi. org/10. 1016/j. compag. 2016. 01. 009 〔Accessed on Jan. 20, 2020〕.

Schia, N. (2018). The Cyber Frontier and Digital Pitfalls in the Global South. *Third World Quarterly*, 39 (5), pp. 821 – 837. https: //www. tandfonline. com/doi/pdf/10. 1080/01436597. 2017. 1408403.

Schulz, O. , Gott, J. , Blaylock, A. , Zuazua, M. (2018). Readiness for the Future of Production Report 2018. World Economic Forum in collaboration with A. T. Kearney. Available from: http: //wef. ch/fopreadiness18. 〔Accessed on Nov. 25, 2019〕.

Schwab, K. (2016). The Fourth Industrial Revolution and How Businesses Respond. World Economic Forum. Available from: https: //www. weforum. org/agenda/2016/01/the – fourth – industrial – revolution – what – it – means – and – how – to – respond/ 〔Accessed on November 25, 2019. 〕

Schwab, K. (2017). *The Fourth Industrial Revolution*. Massachusetts: Crown Publishing Group.

Segal, A. (2018). When China Rules the Web. *Foreign Affairs*, September/October. https: //www. foreignaffairs. com/articles/china/2018 – 08 – 13/when – china – rules – web.

Senthilnath, J. , Dokania, A. , Kandukuri, M. , Ramesh, K. N. , Anand, G. , Omkar, S. N. (2016). Detection of Tomatoes Using Spectral-spatial Methods in Remotely Sensed RGB Images Captured by UAV. *Special Issue: Robotic Agriculture*, *Biosystems Eng*ineering, Vol. 146, pp. 16 – 32.

Sey, A., Hafkin, N. (Eds) (2019). Taking Stock: Data and Evidence on Gender Equality in Digital Access, Skills and Leadership. United Nations University Institute on Computing and Society/International Telecommunications Union: Macau.

Shao, G. (2019). What you should Know about Africa's Massive, 54-country Trade Bloc. *CNBC*; https://www.cnbc.com/2019/07/11/africa-free-trade-what-is-the-afcfta.html.

Shapshak, T. (2019). Africa Now Has 643 Tech Hubs which Play "Pivotal" Role for Business. https://www.forbes.com/sites/tobyshapshak/2019/10/30/africa-now-has-643-tech-hubs-which-play-pivotal-role-for-business/#794921cd4e15.

Shaw, K. (2019). Industry Experts Provide More Robotics Predictions for 2020, roboticsbusinessreview. Available from: https://www.roboticsbusinessreview.com/news/industry-experts-provide-more-robotics-predictions-for-2020/ [Accessed on Jan. 22, 2020].

Sheikh, M. (2014). Digital Health Information System in Africa's Resource Poor Countries: Current Challenges and Opportunities. *Journal of Health Informatics in Developing Countries* 2014, 8 (1), pp. 78-87.

Shepherd, W. (2017). What Happens when Huge International Development Projects Fail? *Forbes*, July 17. https://www.forbes.com/sites/wadeshepard/2017/07/18/5-disasters-of-international-development/#321b80467a49.

Silva, E. (2018). Latin America: Opportunities and Challenges for the Governance of a Fragile Continent. *Hoover Institution*; https://www.hoover.org/research/latin-america-opportunities-and-challenges-governance-fragile-continent.

Singh, N. et al. (2016). MRV 101: Understanding Measurement,

Reporting, and Verification of Climate Change Mitigation. World Resources Institute, Working Paper, WRI 2016. Available from: https://wriorg. s3. amazonaws. com/s3fs – public/MRV _ 101 _ 0. pdf? _ ga = 2. 162051772. 145580224. 1544481986 – 1565746195. 1544481986.

Sinolink Securitie (2019). WeChat Pay Analyse: Enter so Late, why Rise so Fast? What can We Learn from this? Jun. 2019. https://m. 21jingji. com/article/20190628/herald/879258894d024d8ea70b8198089f05bc. html.

Site, P. D., Salucci, M. V. (2006). Third Annual Thematic Research Summary-rural Transport. DG Energy and Transport, Contract No. GMA2/2001/52046 – S07. 13187. European Commission.

Snow, J. (2019). How Africa is Seizing an AI Opportunity. *Fast Company*; https://www. fastcompany. com/90308114/how – africa – is – seizing – an – ai – opportunity.

Soanes et al. (2017). Delivering Real Change: Getting International Climate Finance to the Local Level. IIED Working paper.

Soo, Z. (2018). Alibaba Helps Malaysia Implement Smart City Programme. South China Morning Post; https://www. scmp. com/tech/china-tech/article/2131006/chinas – alibaba – helps – malaysia – implement – smart-city – programme.

Soto, I., Barnes, A., Balafoutis, A., Beck, B., Sanchez, B., Vangeyte, J., Fountas, S., Van der Wal, T., Eory, V., Gómez-Barbero, M. (2019). The Contribution of Precision Agriculture Technologies to Farm Productivity and the Mitigation of Greenhouse Gas Emissions in the EU, EUR (where available), Publications Office of the European Union, Luxembourg, ISBN 978 – 92 – 79 – 92834 – 5, doi: 10. 2760/016263, JRC112505.

South African Government (2018). Minister Mmamoloko Kubayi-

Ngubane: White Paper on Science, Technology and Innovation. 10 September. Available from: https://www.gov.za/speeches/science – technology – and – innovation – enabling – sustainable – and – inclusive – development – changing [Accessed on Jun. 19, 2020].

South-South Galaxy (2020). Pan-African e-Network Project. Available from: https://www.southsouth – galaxy.org/solution/pan – african – e – network – project/ [Accessed on Jun. 23, 2020].

South-South World (2019). China-Ghana South-South Cooperation on Renewable Energy Technology Transfer. Website. Available from: http://www.southsouthworld.org/component/k2/46 – solution/2389/china – ghana-south – south – cooperation – on – renewable – energy – technology – transfer [Accessed on Apr. 2, 2020].

Sraders, A. (2019). What is Fintech? Uses and Examples in 2019. TheStreet.com. Available from: https://www.thestreet.com/technology/what – is – fintech – 14885154.

Stanford Graduate School of Business (GSB) (2017). Technology in Agribusiness, Opportunities to Drive Value, White Paper, Stanford Value Chain Innovation Initiative.

State Council of China (2016). Shisanwu guojia zhanluexing xinxing chanye fazhan guihua [Guideline on Emerging Sectors of Strategic Importance During the 13th Five-Year Plan Period (2016 – 2020)]. Available from: http://www.gov.cn/zhengce/content/2016 – 12/19/content _ 5150090.htm [Accessed on Jun. 26, 2020].

Statista (2021). Size of the Blockchain Technology Market Worldwide from 2018 to 2025. https://www.statista.com/statistics/647231/worldwide – blockchain – technology – market – size/.

Steyn, G. (2018). Watch: Aerobotics Uses Artificial Intelligence to

Make Farming Easier. *IOL Business Report*；https：//www. iol. co. za/ business － report/technology/watch － aerobotics － uses － artificial － intelligence － to － make － farming － easier － 17505625.

Stickles，N.（2019）. Farmers are Using AI to Spot Pests and Catch Diseases-and Many Believe it's the Future of Agriculture，Business Insider. Available from：https：//www. businessinsider. in/science/news/farmers － are － using － ai － to － spot － pests － and － catch － diseases － and － many － believe － its － the － future － of － agriculture/articleshow/71975166. cms ［Accessed on Jan. 21，2020］.

Stoddard，Ed.（2018）. DeBeers Rolls out App to Clean up Sierra Leone Diamond Supply Chain. *Reuters*. Retrieved August 22，2018 from https：//www. reuters. com/article/us － debeers － anglo － american － diamonds/debeers － rolls － out － app － to － clean － up － sierra － leone － diamond － supply － chain － idUSKBN1HQ1ZO.

straitstimes. com（2018）. China Woos Africa with Financial Aid and Trade. *The Straits Times*；https：//www. straitstimes. com/asia/east － asia/ china － woos － africa － with － financial － aid － and － trade.

Strochlic，N.（2018）. The Race to Save the World's Disappearing Languages. *National Geographic News*，16 April. Available from：https：// news. nationalgeographic. com/2018/04/saving － dying － disappearing － languages － wikitongues － culture/［Accessed on Nov. 16，2019］.

Suarez，I.（2020）. 5 Strategies that Achieve Climate Mitigation and Adaptation Simultaneously. Website. Available from：https：//www. greenbiz. com/article/5 － strategies － achieve － climate － mitigation － and － adaptation － simultaneously［Accessed on Mar. 31，2020］.

Suri，T.，William J.（2016）. The Long-run Poverty and Gender Impacts of Mobile Money. *Science* 354（6317），9 December 2016，pp. 1288 － 1292.

doi：10. 1126/science. aah5309.

Svensson, J. , Yanagizawa, D. （2009）. Getting Prices Right：The Impact of the Market Information Service in Uganda. *Journal of the European Economic Association*, Vol. 7 （2 – 3）, pp. 435 – 445.

Tamhane, N. （2020）. Can Emerging Economies Leapfrog the Energy Transition? Website. *World Economic Forum*. Available from：https：// www. weforum. org/agenda/2020/01/can – emerging – economies – leapfrog- the – energy – transition/［Accessed on Apr. 2, 2020］.

Tattrie, J. （2019）. Canada and the Digital Economy. *The Canadian Encyclopedia*；https：//thecanadianencyclopedia. ca/en/article/digital – economy – in – canada#［Accessed on Apr. 10, 2020］.

Taura, N. D. , Bolat, E. , Madichie, N. （2019）. *Digital Entrepreneurship in Sub-Saharan Africa：Challenges, Opportunities and Prospects*. Cham：Palgrave Macmillan.

Techcabal （2019）. Flutterwave Pioneers Instant Settlement for Nigerian Merchants. *Techcabal*；https：//techcabal. com/2019/08/20/flutterwave – pioneers – instant – settlement – for – nigerian – merchants/.

Tencent （2020）. WeDoctor. Available from：https：//www. tencent. com/ en – us/responsibility/combat – covid – 19 – doctor. html［Accessed on Jun. 21, 2020］.

TendersInfo （2019）. Vietnam：High-level Forum on Industry 4. 0：Policy and Action Program to Participate in Industry. *TendersInfo*；https：// advance – lexis – com. libproxy. uncg. edu/api/document? collection = news&id = urn：contentItem：5X6F – SV41 – F11P – X4SC – 00000 – 00&context = 1516831.

Thai News Service （2019）. Vietnam：Vietnam Ready to Embrace Industry 4. 0. https：//advance – lexis – com. libproxy. uncg. edu/api/

document? collection = news&id = urn：contentItem：5X6S – J951 – JB5P – J2KF – 00000 – 00&context = 1516831.

The Economist （2013）. 3D Printing Scales up. *The Economist*；Technology Quarterly https：//www. economist. com/technology – quarterly/2013/09/05/3d – printing – scales – up.

The Economist （2017）. China may Match or Beat America in AI：Its Deep Pool of Data may Let it Lead in Artificial Intelligence, July 15, https：//www. economist. com/news/business/21725018 – its – deep – pool – data – may – let – it – lead – artificial – intelligence – china – may – match – or – beat – america.

The Hindu Business Line （2011）. Pan-African E-network Project Launched. 28 July. Available from：https：//www. thehindubusinessline. com/todays – paper/tp – others/tp – states/Pan – African – e – network – project – launched/article20216064. ece ［Accessed on Feb. 10, 2020］.

thenews. com. pk （2018）. Lahore to be First Safe City of South Asia in 2018. *The News International*；https：//www. thenews. com. pk/latest/272508 – lahore – to – be – first – safe – city – of – south – asia – in – 2018.

thenewsminute. com （2019）. Google Bets Big on India, Unveils Multiple Products Including AI Lab, "Spot" Platform. *The News Minute*；https：//www. thenewsminute. com/article/google – bets – big – india – unveils – multiple – products – including – ai – lab – spot – platform – 109203.

The Research Group of Digital Finance Research Center of Peking University （2017）. The Digital Financial Inclusion Practices in China.

Thu, H. （2019）. Cybersecurity and Geopolitics：Why Southeast Asia is Wary of a Huawei Ban. *Australian Strategic Policy Institute*；https：//www. aspistrategist. org. au/cybersecurity – and – geopolitics – why – southeast-asia – is – wary – of – a – huawei – ban/.

Tian, F. (2016). An Agri-food Supply Chain Traceability System for China Based on RFID & Blockchain Technology. In: 2016 13th International Conference on Service Systems and Service Management (ICSSSM), pp. 1 – 6. IEEE.

Tian, S., Yang, W. B., Grange, J. L., Wang, P., Huang, W., Ye, Z. W. (2019). Smart Healthcare: Making Medical Care More Intelligent. *Global Health Journal*, 3 (3), pp. 62 – 65. https://www.sciencedirect.com/science/article/pii/S2414644719300508.

Timis, D. (2020). COVID – 19 & Digital Transformation [Online]. Linkedin.com. Available from: https://www.linkedin.com/pulse/covid – 19 – digital – transformation – david – timis? articleId = 6652961210390106112 [Accessed on Jun. 20, 2020].

Timm, S. (2019). 6 Artificial Intelligence Startups in Africa to Look out for. *Clevva*; https://clevva.com/pressrelease/6 – artificial – intelligence – startups – africa – look/.

Togashi, K. (2019). Applications of Artificial Intelligence to Endoscopy Practice: The View from Japan Digestive Disease Week 2018. *Wiley Online Library*; https://onlinelibrary.wiley.com/doi/10.1111/den.13354.

tokenpost.com (2019). Standard Bank Becomes First African Bank to Join the Global Blockchain-based Marco Polo Network. *TokenPost*; https://tokenpost.com/Standard – Bank – becomes – first – African – bank – to – join-the – global – blockchain – based – Marco – Polo – Network – 3172.

Toor, A. (2016). This Startup is Using Drones to Deliver Medicine in Rwanda. *The Verge*; https://www.theverge.com/2016/4/5/11367274/zipline – drone – delivery – rwanda – medicine – blood.

Touray, A., Salminen, A., Mursu, A. (2013). ICT Barriers and Critical Success Factors in Developing Countries. *Electronic Journal of*

Information Systems in Developing Countries, 56, 7, pp. 1 – 17.

Tracxn Technologies（2020）. AgriTech Startups in China. Available from：https：//tracxn. com/explore/AgriTech-Startups-in-China［Accessed on Jan. 22, 2020］.

TRALAC（2019）. African Continental Free Trade Area（AfCFTA）Legal Texts and Policy Documents. *TRALAC*；https：//www. tralac. org/resources/our – resources/6730 – continental – free – trade – area – cfta. html.

Trendov, N. M., Varas, S., Zeng, M.（2019）. Digital Technologies in Agriculture and Rural Areas. Briefing Paper, Food and Agriculture Organization of the United Nations, Rome.

Trueman, C.（2019）. How is AI Benefiting Industries throughout Southeast Asia? *CIO*；https：//www. cio. com/article/3311756/how – is – artificial – intelligence – benefiting – industries – throughout – southeast – asia. html.

Tse, D., Zhang, B., Yang, Y., Cheng, C., Mu, H.（2017）. Blockchain Application in Food Supply Information Security. In：2017 IEEE International Conference on Industrial Engineering and Engineering Management（IEEM）, pp. 1357 – 1361. IEEE（2017）.

Tshabalala, S.（2015）. Why South Africa's Largest Mobile Network, Vodacom, Failed to Grow M-Pesa. *Quartz Africa*. Available from：https：//qz. com/africa/467887/why – south – africas – largest – mobile – network – vodacom – failed – to – grow – mpesa/.

tvcnews. tv（2020）. 28 AU Member States Ratify Continental Free Trade Agreement. *TVC News*；https：//tvcnews. tv/28 – au – member – states – ratify – continental – free – trade – agreement/.

Tzounis, A., Katsoulas, N., Bartzanas, T., Kittas, C.（2017）.

Internet of Things in Agriculture, Recent Advances and Future Challenges. *Biosystems Engineering*, Vol. 164, pp. 31 – 48.

UNCTAD (2011). *Measuring the Impacts of Information and Communication Technology for Development.* "United Nations Conference on Trade and Development".

UNCTAD (2017). *Information Economy Report 2017: Digitalization, Trade and Development.* "United Nations Conference on Trade and Development" Sales No. E. 17. II. D. 8.

UNCTAD (2018a). *Technology and Innovation Report 2018: Harnessing Frontier Technologies for Sustainable Development.* "United Nations Conference on Trade and Development" Sales No. E. 18. II. D. 3, New York and Geneva.

UNCTAD (2018b). *South-South Digital Cooperation for Industrialization: A Regional Integration Agenda.* UNCTAD/GDS/ECIDC/2018/1.

UNCTAD (2018c). *Technology and Innovation Report: Harnessing Frontier Technologies for Sustainable Development (Overview).* UNCTAD/TIR/2018 (Overview).

UNCTAD (2018d). Trade and Development Report 2018: Power, Platforms and the Free Trade Delusion. *United Nations.* Sales No. E. 18. II. D. 7, New York and Geneva. pp. 44 – 45.

UNCTAD (2019a). *Digital Development: Opportunities and Challenges Secretariat. Trade and Development.* Sciedu Press 93. Available from: http://ijfr. sciedupress. com. [Accessed on Apr. 13, 2020].

UNCTAD (2019b). *Digital Economy Report: Value Creation and Capture (Overview).* UNCTAD/DER/2019 (Overview).

UNCTAD (2019c). E-commerce Holds Huge Promise for Enhancing Free Trade in Africa. 3 April. Available from: https://unctad.org/en/

pages/newsdetails. aspx？OriginalVersionID = 2043 ［Accessed on Feb. 10，2020］.

UNCTAD（2019d）. South-South Cooperation for Trade，Investment，and Structural Transformation. Meeting Note by the UNCTAD Secretariat. Available from：https：//unctad. org/meetings/en/SessionalDocuments/tdb66_ d6_ en. pdf.

UNCTAD（2020a）. South-South Cooperation：At the Time of COVID - 19：Building Solidarity among Developing Countries. Trade and Development Reprot Update ed. ：United Nations Conference on Trade and Development.

UNCTAD（2020b）. *The COVID 19 Crisis*：*Accentuating the Need to Bridge Digital Divides*. 6 April. Available from：https：//unctad. org/en/PublicationsLibrary/dtlinf2020d1_ en. pdf［Accessed on May 8，2020］.

UNCTAD（2021）. *Data Protection and Privacy Legislation Worldwide*. Available from：unctad. org/en/Pages/DTL/STI _ and _ ICTs/ICT4D - Legislation/eCom - Data - Protection - Laws. aspx.

UNDP（2013）. The Rise of the South：Human Progress in a Diverse World. United Nations. New York.

UNDP（2014）. China-Ghana South-South Cooperation on Renewable Energy Transfer. *UNDP*. Website. Available from：https：//info. undp. org/docs/pdc/Documents/CHN/ProDoc% 20 - % 2091276. pdf. ［Accessed on Feb. 20，2020］.

UNDP（2018）. Sharing China's Experience to Build Back Better. *United Nations Development Program*；https：//www. cn. undp. org/content/china/en/home/presscenter/pressreleases/2018/sharing - china _ s - experience - to - build - back - better. html.

UNDP（2019）. Ghana Renewable Energy Master Plan. *UNDP*. Website. Available from：https：//www. undp. org/content/dam/ghana/

docs/Reports/UNDP_ GH_ SUS_ DEV_ REN_ MASTER_ PLAN_ 2019. pdf [Accessed on Apr. 3, 2020].

UNDP (2019). Goal 9: Industry, Innovation and Infrastructure. Available from: https://www. undp. org/content/undp/en/home/sustainable – development – goals/goal – 9 – industry – innovation – and – infrastructure. html [Accessed on Jan. 21, 2020].

UNDRR (2016). Poverty & Death: Disaster Mortality 1996 – 2015. *UNDRR*. Website. Available from: https://www. undrr. org/publication/ poverty – death – disaster – mortality – 1996 – 2015. [Accessed on Nov. 13, 2019].

UNECA (2017). Africa and Chile Eye Mutually Beneficial South-South Cooperation. *UNECA*. Website. Available from: https://www. uneca. org/ stories/africa – and – chile – eye – mutually – beneficial – south – south – cooperation. [Accessed on Apr. 2, 2020].

UNECE (2020). Sendai Framework 2015 – 2030 and other Disaster Risk Reduction Activities [Online]. The United Nations Economic Commission for Europe. Available from: https://www. unece. org/ mission. html [Accessed on Jun. 27, 2020].

UNEP (2019). Nigeria Turns the Tide on Electronic Waste. *UNEP*. Website. Available from: https://www. unenvironment. org/news – and – stories/press – release/nigeria – turns – tide – electronic – waste. [Accessed on Apr. 2, 2020].

UNESCAP (2018). Asia-Pacific Plan of Action on Space Applications for Sustainable Development (2018 – 2030). *UNESCAP*. Website. Available from: https://www. unescap. org/sites/default/files/3rdMC – SASD – Plan- of – Action_ 0. pdf. [Accessed on Dec. 18, 2019].

UNESCO (2018). *South-South and Triangular Cooperation*, Paris:

"United Nations Educational, Scientific and Cultural Organization and the United Nations".

UNESCO (2019). New UIS Data for SDG 9.5 on Research and Development. 19 June. Available from: http://uis. unesco. org/en/news/new - uis - data - sdg - 9 - 5 - research - and - development#slideoutsearch [Accessed on Feb. 6, 2020].

UNESCO Institute for Statistics (2019). Research and Development Expenditure (% of GDP). *The World Bank*; https://data. worldbank. org/indicator/GB. XPD. RSDV. GD. ZS.

UNFCC (2017). South-south Cooperation and Triangular Cooperation on Technologies for Adaptation in the Water and Agriculture Sectors. Technology Executive Committee. TEC Brief #9. Bonn, Germany.

UNFCCC (2018). UN Supports Blockchain Technology for Climate Action. *UNFCC*. Website. Available from: https://unfccc. int/news/un - supports - blockchain - technology - for - climate - action. [Accessed on Mar. 31, 2020].

UNFCCC & UNOSSC (2018). Potential of South-South and Triangular Cooperation. *UNFCC*. Website. Available from: https://unfccc. int/ttclear/misc _ /StaticFiles/gnwoerk _ static/brief9/7a74a2f17f204b6ba17f1ec965da70d7/f4e361cd56d4463a8daa4ab29a1254db. pdf.

United Nations Broadband Commission for Sustainable Development (2018a). Working Group Report: Digital Entrepreneurship. September.

United Nations Broadband Commission for Sustainable Development (2018b). 2025 Targets: Connecting the other Half.

United Nations Broadband Commission for Sustainable Development, ITU and UNESCO (2019). Connecting Africa through Broadband.

United Nations General Assembly (UNGA) (2018). Role of South-

South Cooperation and the Implementation of the 2030 Agenda for Sustainable Development: Challenges and opportunities. A/73/383. 17 September.

United Nations Ocean Conference (2017). South-South Cooperation with Small Island Developing States (SIDS). Available from: https://oceanconference. un. org/commitments/? id = 20644. [Accessed on Apr. 3, 2020].

United Nations Report on South-South Cooperation (2018). South-South Cooperation in a Digital World, New York: United Nations Office of South-South Cooperation. Available from: https://www. unsouthsouth. org/2019/03/18/south – south – cooperation – an – a – digital – world – 2018 – annual – report – in – south – south – cooperation/. [Accessed on Nov. 29, 2019].

United Nations Secretary-General's High-level Panel on Digital Cooperation (2019). The Age of Digital Interdependence. June.

United Nations Secretary-Gerenal's Task Force on Digital Financing of the Sustainable Development Goals (2019). Harnessing the Digitalization of Finance for the Sustainable Development Goals.

United Nations (UN) (2015a). Addis Ababa Action Agenda of the Third International Conference on Financing for Development. The General Assembly of the United Nations.

United Nations (UN) (2015b). Transforming Our World: The 2030 Agenda for Sustainable Development. A/RES/70/1.

United Nations (UN) (2018). UN Global Pulse, Annual Report 2018, UN Global Pulse.

University of Limpopo (UL) (2017). UL, DST Launch SA's First R30m Pilot Plant in Manganese. *UL.* Website. Available from: https://www. ul. ac. za/index. php? Entity = c_ news&TheS = 279. [Accessed on Apr. 4, 2020].

University of Southern California（USC）GIS（2019）. Hot or Cold：How GIS Changes Our Perceptions of Climate Change. *USC.* Website. Available from：https：//gis. usc. edu/blog/hot – or – cold – how – gis – changes – our – perceptions – of – climate – change/. ［Accessed on Nov. 13，2019］.

UNOSSC（2016）. *Good Practices in South-South and Triangular Cooperation for Sustainable Development.* Available from：https：//agora – parl. org/sites/default/files/good – practices – in – south – south – and – triangular – cooperation – for – sustainable _ . pdf ［Accessed on May 8，2020］.

UNOSSC（2018）. Good Practices in South-South and Triangular Cooperation for Sustainable Development. Available from：file：///C：/Users/andre/Downloads/Good% 20Practices% 20in% 20SSTC% 20for% 20Sustainable% 20Development% 20 – % 20Vol. % 202% 20（2018）. pdf ［Accessed on Jun. 17，2020］.

UNOSSC（2019）. Cooperation beyond Convention Independent Report on South-South and Triangular Cooperation. United Nations Office for South-South Cooperation.

UNOSSC and FCSSC（2018）. *South-South Cooperation in a Digital World.* Available from：http：//www. fc – ssc. org/getfile/index/action/images/name/5cc7d42426ec9. pdf ［Accessed on May 8，2020］

Unwin，T.（2019）. Can Digital Technologies Really be Used to Reduce Inequalities?. OECD Development Matters. Available from https：//oecd – development – matters. org/2019/02/28/can – digital – technologies – really – be – used – to – reduce – inequalities/ ［Accessed Mar. 10，2020］.

Unwin，T.（2020）. Digital Technologies are Part of the Climate Change Problem. Website. *ICT Works.* Available from：https：//

www. ictworks. org/digital – technologies – climate – change – problem/#. XoZMNohKg2w. [Accessed on Apr. 1, 2020].

USAID (2018). Digital Farmer Profiles: Reimagining Smallholder Agriculture.

USGS (2019) What is Remote Sensing and what is it Used for? . *USGS*; https: //www. usgs. gov/faqs/what – remote – sensing – and – what – it – used? qt – news_ science_ products = 0#qt – news_ science_ products.

van Rensburg, J. (2004). The Infopreneur Concept Document and the Supportive Role of ICTs: Council for Scientific and Industrial Research (CSIR), Pretoria.

Vasudevan, R. , Raghavendran, S. (2019). Microfinance and the Care Economy. CWE-GAM Working Paper Series: 19 – 03. Program on Gender Analysis in Economics (PGAE), American University, Washington D. C. DOI: 10. 17606/e0ke – tt52, April, 2019.

Venter, I. (2017). As Batteries Make Power Play, South Africa Mulls Market Participation. *Engineering News.* Website. Available from: https: // m. engineeringnews. co. za/article/as – batteries – make – power – play – south – africa – mulls – market – participation – 2017 – 08 – 04/rep_ id: 4433. [Accessed on Apr. 4, 2020].

Veritas (2017). Veritas Study: Organizations Worldwide Fear Non-compliance with New European Union Data Regulation could Put Them out of Business, 25 April 2017, https: //www. veritas. com/news – releases/2017 – 04 – 25 – veritas – study – organizations – worldwide – fear – non – compliance – with – new – european – union – data – regulation – could – put – them – out – of – business.

Vernon (2018). Lazada adds AI Image Search to app. *VernonChan*; https: //vernonchan. com/lazada – ai – image – search – mobile – app/

vietnamnews. vn (2019). Việt Nam Puts Priority on Artificial Intelligence Development. *Việt Nam News*; https：//vietnamnews. vn/society/534918/ viet-nam – puts – priority – on – artificial – intelligence – development. html# 867UukgQvAkd1KST. 97.

Viney, S. , Pan, N. , Fang, J. (2017). One Belt, One Road：China Heralds "Digital Silk Road"; Foresees Internet-era Power Shift Soon. *Australian Broadcasting Company*; https：//www. abc. net. au/news/2017 – 12 – 05/china – presents – foundations – of – digital – silk – road – at – internet – meet/9223710.

Vital Wave Consulting (2009). mHealth for Development：the Opportunity of Mobile Technology for Healthcare in the Developing World . Washington (DC) and Berkshire (UK)： UN Foundation-Vodafone Foundation Partnership.

Voegele, J. (2018). Big Data Shows Big Promise for Feeding the World, IFPRI Blog：Issue Post.

Vo, H. (2019). China's Healthcare Revolution：WeDoctor [Online]. Harvard Business School Digital Initiative. Available from： https：// digital. hbs. edu/platform – digit/submission/chinas – healthcare – revolution – wedoctor/ [Accessed on Jun. 26, 2020].

Waegemann, C. P. (2016). mHealth：History, Analysis, and Implementation. *M-Health Innovations for Patient-Centered Care*. IGI Global, pp. 1 – 19. doi：10. 4018/978 – 1 – 4666 – 9861 – 1. ch001

Walla, K. (2019). 21 Projects Democratizing Data for Farmers; *Foodtank*; https：//foodtank. com/news/2019/09/21 – projects – democratizing – data – for – farmers/.

Wangari, N. (2018). Blockchain Technology in Africa is Disrupting the Agricultural Sector, Cellulant Blockchain Solutions; https：//

cellulant. com/blog/blockchain – technology – in – africa/ [Accessed on Jan. 20, 2020].

Wang, J. , Hu, G. (2012). Development Evaluation of Financial Inclusion in China and Analysis of Influencing Factors, *Finance Forum*, 2013 (06).

Wang, X. L. (2019). South-South Cooperation in a Digital World. BAPA + 40 Side Event, United Nations Conference on South-South Cooperation.

Wan, Yu. (2019). Wancuntong gei dajia dailaile huanle [Wan Cun Tong Project Brings Joys to Local People]. *People's Daily*. 8 December. Available from: http: //paper. people. com. cn/rmrb/html/2019 – 12/08/ nw. D110000renmrb_ 20191208 _ 1 – 03. htm [Accessed on Jan. 22, 2020].

WaPOR (2018). FAO Water Productivity Open-access Portal (WaPOR) Relief Web; https: //reliefweb. int/report/world/fao – water – productivity – open – access – portal – wapor).

Wayan, V. (2020). 10 Global Digital Health Solutions for International Coronavirus Response. ICTworks. https: //www. ictworks. org/10 – global – digital – health – solutions – for – coronavirus – international – response/#. XqliUC – ZMUF.

WCO (2018). Cross-Border E-Commerce Framework of Standards [Online]. World Customs Organization. Available from: http: // www. wcoomd. org/ – /media/wco/public/global/pdf/topics/facilitation/ activities – and – programmes/ecommerce/wco – framework – of – standards – on – crossborder – ecommerce_ en. pdf? db = web [Accessed on Jun. 20, 2020].

WeChat Pay (2019). Development report of 2019 "Smart 36 industries",

Aug. 2019. https：//cloud. tencent. com/developer/news/418460.

Wedell, L. （2019）. How Latin America Factors into the US-China Rivalry. *The Diplomat*; https：//thediplomat. com/2019/02/how – latin – america – factors – into – the – us – china – rivalry/.

WeDoctor （2020）. WeDoctor Global Consultation and Prevension Center [Online]. WeDoctor. Available from：https：//promo. guahao. com/en/ global/pneumonia/? _ cp = yhcbz0315&cs = share&from = timeline&isappinstalled = 0 [Accessed on Jun. 26, 2020].

Wei, S. J. （2019）. How can Digital Technology Tackle Inequality?. *The Project Syndicate*. Available from：https：//www. weforum. org/agenda/ 2019/11/how – can – digital – technology – tackle – inequality [Accessed on Mar. 9, 2020].

Wenyan, W. M. （2018）. Could a Digital Silk Road Solve the Belt and Road's Sustainability Problem? [Online]. World Economic Forum. Available from：https：//www. weforum. org/agenda/2018/09/could – a – digital – silk – road – solve – the – belt – and – roads – sustainability – problem/ [Accessed on Jun. 24, 2020].

West, D. M. （2018）. What is Artificial Intelligence?. Available from：https：//www. brookings. edu/research/what – is – artificial – intelligence/ [Accessed on Dec. 20, 2019].

Wetterstrand, K. A. （2019）. DNA Sequencing Costs：Data from the NHGRI Genome Sequencing Program （GSP）. "National Human Genome Research Institute". Available from：https：//www. genome. gov/about – genomics/fact – sheets/DNA – Sequencing – Costs – Data. [Accessed on Apr. 13, 2020].

White, D. （2012）. The Social and Economic Impact of MPESA on the Lives of Women in the Fishing Industry on Lake Victoria . Independent Study

Project (ISP) Collection. 1246. https：//digitalcollections. sit. edu/isp_ collection/1246.

White, O. , Madgavkar, A. , Manyika, J. , Mahajan, D. , Bughin, J. , McCarthy, M. , Sperling, O. (2019). Digital Identification：A key to Inclusive Growth, *McKinsey. com*; https：//www. mckinsey. com/business – functions/digital – mckinsey/our – insights/Digital – identification – A – key – to – inclusive – growth? cid = other – eml – alt – mgi – mck&hlkid = ecd8822bafc44de78b1f2670c2979652&hctky = 2259579&hdpid = 0945f28e – 3aa8 – 4f73 – a111 – 6ba86e377b51.

WHO (2018a). *Classification of Digital Health Interventions v1. 0. A Shared Language to Describe the Uses of Digital Technology for Health.* Geneva, 2018. https：//www. who. int/reproductivehealth/publications/ mhealth/classification – digital – health – interventions/en/〔Accessed on Apr. 13, 2020〕.

WHO (2018b). *Digital Technologies：Shaping the Future of Primary Health Care.* Geneva, 2018. https：//www. who. int/docs/default – source/ primary – health – care – conference/digital – technologies. pdf? sfvrsn = 3efc47e0_ 2.

WHO (2019a). *Annex I. Draft Action Plan on the Global Strategy on Digital Health.* Geneva, 2019. https：//www. who. int/docs/default – source/ documents/annexi – action – plan – for – the – global – strategy – on – digital – health. pdf.

WHO (2019b). *WHO Guideline Recommendations on Digital Interventions for Health System Strengthening.* Geneva, 2019. https：// apps. who. int/iris/bitstream/handle/10665/311941/9789241550505 – eng. pdf? ua = 1.

WHO (2019c). Universal Health Coverage. *Fact Sheet*, Geneva, 19

January 2019. https：//www. who. int/news — room/fact — sheets/detail/ universal – health – coverage – （uhc）.

WHO（2020a）. Naming the Coronavirus Disease（COVID – 19）and the Virus that Causes it. Technical Guidance.

WHO（2020b）. *Draft Global Strategy on Digital Health 2020 – 2024.* Geneva，2020. https：//www. who. int/docs/default — source/ documents/gs4dhdaa2a9f352b0445bafbc79ca799dce4d. pdf.

WHO（2020c）. WHO Director-General's Opening Remarks at the Media Briefing on COVID – 19 – 17 June 2020［Online］. World Health Organization. Available from：https：//www. who. int/dg/speeches/detail/ who – director – general – s – opening – remarks – at – the – media – briefing – on – covid – 19 – – – 17 – june – 2020［Accessed on Jun. 20，2020］.

WHO（2021）. NCD Country Profiles. https：//www. who. int/news – room/fact – sheets/detail/noncommunicable – diseases.

WHO & WB（2014）. South-South and Triangular Cooperation in Health Current Status and Trends：Summary of Findings from an Analysis Undertaken on Behalf of IHP +. World Health Organization.

Wibowo, T. S. , Sulistijono, I. A. , Risnumawan, A. （2016）. End-to-end Coconut Harvesting Robot. In 2016 International Electronics Symposium（IES）. IEEE.

Wight, A. （2019）. This AI Helps Kenyan Farmers to Know When to Plant their Crops, Forbes, Available from：https：//www. forbes. com/sites/ andrewwight/2019/10/01/this – ai – helps – kenyan – farmers – to – know – when – to – plant – their – crops/#3c14b2546be4［Accessed on Jan. 20，2020］

Wijeratne, D. , Rathbone, M. & Wong, G. （2018）. A Strategist's Guide to China's Belt and Road Initiative. *Strategy + Business*；https：//

www. strategy – business. com/feature/A – Strategists – Guide – to – Chinas – Belt – and – Road – Initiative? gko = 8e9c5.

Winderl, T. (2013). Innovations in Monitoring and Evaluation Results, In: Solutions Related to Challenges of Independence, Credibility and Use of Evaluation. Proceedings from the Third International Conference on National Evaluation Capacities. São Paulo, September 30 – October 3, 2013.

WIPO (2019). WIPO Technology Trends 2019 Artificial Intelligence. *World Intellectual Property Organization, Geneva Switzerland*; https: // www. wipo. int/edocs/pubdocs/en/wipo_ pub_ 1055. pdf.

Woetze, J., Seong, J., Leung, N., Ngai, J., Manyika, J., Madgavkar, A., Lund, S., Mironenko, A. (2019). China and the World Inside the Dynamics of a Changing Relationship. *McKinsey Global Institute*; https: //www. mckinsey. com/ ~ /media/mckinsey/featured% 20insights/ china/china% 20and% 20the% 20world% 20inside% 20the% 20dynamics% 20of% 20a% 20changing% 20relationship/mgi – china – and – the – world – full – report – june – 2019 – vf. ashx.

Wolfert, S., Ge, L., Verdouw, C., Bogaardt, M. J. (2017). Big data in Smart Farming – A Review. *Agricultural Systems*, Vol. 153, pp. 69 – 80.

Wolpin, S. (2019). Wi-Fi 6 Routers: The Best Internet Connection You can Buy Today. *Gear Brain*; https: //www. gearbrain. com/best – wifi – 6 – wireless – router – 2627649997. html.

Wood, A. (2019). First Blockchain-exclusive Birth Certificates Recorded in Brazil, *Cointelegraph*, 2 September. Available from: https: // cointelegraph. com/news/first – blockchain – exclusive – birth – certificates – recorded – in – brazil [Accessed on Jan. 21, 2020].

World Bank (1994). World Development Report 1994: Infrastructure for Development.

World Bank (2014). World Bank to Finance 19 Centers of Excellence to Help Transform Science, Technology, and Higher Education in Africa. Available from: https://www.worldbank.org/en/news/press – release/ 2014/04/15/world – bank – centers – excellence – science – technology – education – africa [Accessed on Feb. 1, 2020].

World Bank (2016a). *World Development Report 2016: Digital Dividends*, Washington, DC: "World Bank". Available from: www.worldbank.org/en/publication/wdr2016.

World Bank (2016b). World Development Report 2016: Digital Dividends. Washington D. C.: World Bank.

World Bank (2017). *ICT in Agriculture (Updated Edition): Connecting Smallholders to Knowledge, Networks, and Institutions.* The World Bank. Available from: https://doi.org/10.1596/978 – 1 – 4648 – 1002 – 2.

World Bank (2018a). *Digital Economy for Africa Initiative.* Washington D. C.: "World Bank".

World Bank (2018b). *Gini Index.* Available from: https:// data.worldbank.org/indicator/SI.POV.GINI [Accessed on Jan. 21, 2020]

World Bank (2018c). *Overcoming Poverty and Inequality in South Africa: An Assessment of Drivers, Constraints and Opportunities.*

World Bank (2018d). South-South Facility [Online]. The World Bank Group. Available from: https://www.southsouthfacility.org [Accessed on Jun. 27, 2020].

World Bank (2019a). Available from: https://www.worldbank.org/ en/events/2019/04/05/disruptive – agricultural – technology – challenge – and – conference#2 [Accessed on Nov. 21, 2019].

World Bank (2019b). *Nigeria: Digital Economy Diagnostic Report.* Washington D. C.: "World Bank".

World Bank （2021）. *In Bangladesh，Drone and GIS Mapping Tools Come to the Aid of Designing DISASTER Shelters during Covid – 19.*

World Bank and Alibaba Group （2019）. *E-Commerce Development：Experience from China.* Washington D. C. ：World Bank Group. http：// documents. worldbank. org/curated/en/823771574361853775/Overview ［Accessed on May 19，2020］.

World Bank Group （2017）. Pollution Management and Environmental Health Annual Report. Available from：http：//documents. worldbank. org/ curated/en/128091533799039898/pdf/129323 – AR – PUBLIC – PMEHAnnualReportSngls – 2017. pdf.

World Bank Group （2018）. World Bank Group Commits MYM1 Billion for Battery Storage to Ramp up Renewable Energy Globally. *World Bank Website.* Available from：https：//www. worldbank. org/en/news/press – release/2018/09/26/world – bank – group – commits – 1 – billion – for – battery – storage – to – ramp – up – renewable – energy – globally ［Accessed on Apr. 5，2020］.

World Bank. https：//www. worldbank. org/en/news/feature/2021/06/ 20/in – bangladesh – drone – and – gis – mapping – tools – come – to – the – aid – of – designing – disaster – shelters – during – covid – 19.

World Economic Forum （WEF） （2018a）. *Future of Jobs*，Davos："World Economic Forum".

World Economic Forum （WEF） （2018b）. Building Block（chain）s for a Better Planet. September 2018. *World Economic Forum.* Available from：http：//www3. weforum. org/docs/WEF_ Building-Blockchains. pdf.

World Economic Forum （WEF） （2018c）. Blockchain Beyond the Hype：A Practical Framework for Business Leaders'. April. http：// www. weforum. org/docs/48423_ Whether_ Blockchain_ WP. pdf.

WOWTRACE （2019）. Solving Challenges in Agriculture with Blockchain. Available from：https：//www. wowtrace. io/en/solving – headache-challenges – in – agriculture – with – blockchain/［Accessed on Jan. 23，2019］.

WRI （2016）. Insider：Untangling Measurement，Reporting and Verification （MRV） for the Paris Agreement. https：//www. wri. org/ insights/insider – untangling – measurement – reporting – and –

WTO （2020）. World Trade Report 2020：Government Policies to Promote Innovation in the Digital Age.

WTO and OECD （2018）. *Digital Connectivity and E-commerce：Overview of Financing Flows and Examples of Aid for Trade Support.* Working Paper ERSD – 2018 – 08.

Wu，D.，Hoenig，H. and Dormido，H. （2019）. Who's Winning the Tech Cold War? A China vs. US. Scoreboard. *Bloomberg.* Available from：https：//www. bloomberg. com/graphics/2019 – us – china-who – is – winning – the – tech – war/［Accessed on Jan. 21，2020］.

Xalma，C. （2011）. Report on South-South Cooperation in Ibero-America 2011. *Madrid：Ibero-American General Secretariat （SEGIB）,* UNOSSC.

Xian，K. （2017）. Internet of Things Online Monitoring System Based on Cloud Computing. *International Journal of Online and Biomedical Engineering （iJOE）,* Vol. 13 （9），pp. 123 – 131. Available from：https：//doi. org/10. 3991/ijoe. v13i09. 7591 ［Accessed on Jan. 23，2020］.

Xia，Y. （2020）. Joint Proposal on Africa and China Working Together to Fight Against COVID – 19 Released in Six Languages ［Online］. Chinafrica. cn. Available from：http：//www. chinafrica. cn/Homepage/

202004/t20200420_ 800201508. html〔Accessed on Jun. 20, 2020〕.

Xie, C., Sun, Y., Luo, H. (2017). Secured Data Storage Scheme Based on Blockchain for Agricultural Products Tracking. In: 2017 3rd International Conference on Big Data Computing and Communications (BIGCOM), pp. 45 – 50. IEEE (2017).

Xie, P., Zou, C. W. (2012). The Research on Internet Finance Models, *Finance Research*, No. 12.

Xi, J. P. (2014). Promoting the Five Principles of Peaceful Coexistence, Building a Better World for Cooperation and Win-win — Speech Delivered at the 60th Anniversary Commemorative Conference on the Five Principles of Peaceful Coexistence. *People's Daily*, June 28, 2014.

Xi, J. P. (2015). Promoting the Spirit of Bandung, Mobilizing Win-win Cooperation—Speech Delivered at the Asian-African Leaders' Meeting. *People's Daily*, April 22, 2015.

Xi, J. P. (2017). Building a Community of Human Destiny, Speech at the UN Headquarters in Geneva. *People's Daily*, January 18, 2017.

Xi, J. P. (2020). Work together to Combat the Epidemic and Overcome Difficulties together – Speech Delivered at the Special Summit of Leaders of the Group of 20. *People's Daily*, March 26, 2020.

Xinhua (2018). Xinhua Headlines: Big Data Reshaping Harvest for Chinese Farmers. Xinhua Net; http: //www. xinhuanet. com/english/2018 – 11/29/c_ 137640065_ 2. htm.

Xinhua News (2018). Alibaba Expands Presence in Malaysia with New Country Office. 18 June. Available from: http: //xinhuanet. com/english/ 2018 – 06/18/c_ 137262612. htm〔Accessed on Feb. 10, 2020〕.

Xinhua News (2020). China Remains to be Top Foreign Investment Source of Ethiopia in 2019: UN Report. Xinhua Net. http: //

www. xinhuanet. com/english/2020 – 01/29/c_ 138741928. htm.

Xiong, G (2012). Mass Customization Manufacturing and its Application for Mobile Phone Production. *Service Science*, *Management*, *and Engineering*.

Yagnik, J. (2019) Google Research India: An AI Lab in Bangalore. *Google*; https: //www. blog. google/around – the – globe/google – asia/ google – research – india – ai – lab – bangalore/.

Yang, J. , Gong, P. , Fu, R. , Zhuang, M. , Chen, J. , Liang, S. , Xu, B. , Shi, J. , Dickinson, R. (2013). The Role of Satellite Remote Sensing in Climate Change Studies. *Nature Climate Change*.

Yan, Y. T. (2019). Smart Cities or Surveillance? Huawei in Central Asia. *The Diplomat*; https: //thediplomat. com/2019/08/smart – cities – or- surveillance – huawei – in – central – asia/.

Yao, J. (2020). WeDoctor: The Tencent-Backed Online Healthcare Company with Huge Potential. *The Motley Fool*. March 6. Available from: https: //www. fool. hk/en/2020/03/06/wedoctor – the – tencent – backed – online – healthcare – company – with – huge – potential/ [Accessed on Jun. 21, 2020].

Yayboke, E. (2020). The Need for a Leapfrog Strategy. Center for Strategic and International Studies, April 10. Available from: https: // www. csis. org/analysis/need – leapfrog – strategy [Accessed on Jun. 3, 2020].

Yining, D. (2020). l'Oreal's China Sales Growth Hits Multi-year High. 5 March. www. shine. cn/biz/company/2003053516/.

Yiu, E. (2019). Ping An Says Artificial Intelligence can Address Car Insurance Issues Arising from Three Policies on Hong Kong-Zhuhai-Macau Bridge. *South China Morning Post*; https: //www. scmp. com/business/

banking – finance/article/3002046/ping – says – ai – technology – can – address – car – insurance – issues.

Yonazi, E., Kelly, T., Halewood, N. and Blackman, C. (2012). eTransform Africa: The Transformational Use of ICTs in Africa. Chapter 2. ICTs for Agriculture in Africa. Also available at www. eTransformAfrica. org. [Accessed on Jan. 23 2020].

Yucatan Times (2020). The Promise of Red Compartida. *The Yucatan Times*; https: //www. theyucantimes. com/2020/01/the – promise – of – red – compartida/.

Zaman, A. (2019). How the Digital Economy is Shaping a New Bangladesh. *World Economic Forum*. 19 June 2019. Available from: https: //www. weforum. org/agenda/2019/06/how – the – digital – economy – is – shaping – a – new – bangladesh/.

Zastrow, M. (2020). 3D Printing Gets Bigger, Faster and Stronger. *Nature*; https: //www. nature. com/articles/d41586 – 020 – 00271 – 6.

Zhang et al. (2006). DMC Satellite Image and Its Disaster Monitoring Application. *Science of Surveying and Mapping*. Vol. 30.

Zhang, H. B., Wu, D. (2020). Let Rural Inclusive Finance Insert Light Wings-Record of Innovative Development of Rural Payment and Settlement in Sichuan, *Financial New*, 19 March 2020. http: //www. financialnews. com. cn/ncjr/focus/202003/t20200319_ 185411. html.

Zhang, J. (2020). African Leaders, Experts Hail Xi's Remarks at Extraordinary China-Africa Summit on Solidarity against COVID – 19 [Online]. CCTV. com. Available from: http: //english. cctv. com/2020/06/18/ARTIfbMnXbFy0xy82T2MDpJI200618. shtml [Accessed on Jun. 20, 2020].

Zhang, M., Li, C., Yang, F. (2017). Classification of Foreign

Matter Embedded inside Cotton Lint Using Short Wave Infrared (SWIR) Hyperspectral Transmittance Imaging. *Computers and Electronics in Agriculture*, Vol. 139, pp. 75 – 90.

Zhang, Y. (2016). The Advent of South-South Cooperation in Dealing with Global E-waste Challenge?. Available from: http://blogs.bsg. ox. ac. uk/2016/08/17/the – advent – of – south – south – cooperation – in – dealing – with – global – e – waste – challenge/ [Accessed on Apr. 2, 2020].

Zhang, Y. and Zhang, J. (2006). Long Yan: DMC Satellite Image and its Disaster Monitoring Application. *Science of Surveying and Mapping*, Vol. 31, No. 1.

Zhang, Y. Z. (2020). The Bank for the Poor in China. 3rd Issue of Caixin Weekly, Jan. 2020. http://weekly. caixin. com/2020 – 01 – 18/ 101505542. html.

Zhao, L. (2020). Beijing's New COVID – 19 Cluster: Inside Xinfadi, Biggest Wholesale Market in Asia [Online]. cgtn, cn. Available from: https://news. cgtn. com/news/2020 – 06 – 14/COVID – 19 – in – Beijing – Inside – Xinfadi – biggest – wholesale – market – in – Asia – RjgKHh6HPW/ index. html [Accessed on Jun. 23, 2020].

Zhong, R. Y., Xu, X., Klotz, E. & Newman, S. T. (2017). Intelligent Manufacturing in the Context of Industry 4. 0: A Review. Engineering, 3, pp. 616 – 630.

Zhou, Y. (2020). The Number of China-Europe Trains and Shipments Increased Steadily in the First Quarter [Online]. Chinanews. Available from: http://www. chinanews. com/cj/2020/04 – 03/9146901. shtml [Accessed on Apr. 5, 2020].

Zhou, Y. M. (2018). Wancuntong Rang Feizhou Minzhong Douneng

Kanshang Weixing Dianshi〔the project makes the African people get access to digital TV〕, Zhongguo Jingji Wang〔China's Economy〕. 30 August. Available from： http：//www. ce. cn/xwzx/gnsz/gdxw/201808/30/t20180830 _ 30158599. shtml〔Accessed on Jan. 22, 2020〕

Zhu, L. Q. (2018). Fintech Reimagines New Service Models. *China Daily*, November 7, 2018; http：//www. chinadaily. com. cn/a/201811/07/WS5be25b2da310eff303287227. html.

Zoo, S. (2018). Here's why the Tech Sector could be the Next Target for Chinese Investment in Africa. *World Economic Forum*; https：// www. weforum. org/agenda/2018/09/china – africa – tech/.

Zoo, S. (2019). What Africa can Learn from China about Data Privacy. *World Economic Forum*; https：//www. weforum. org/agenda/2019/ 06/what – africa – can – learn – from – china – about – data – privacy/.

Zyck, S. (2013). Crisis Preparedness and Response：The Chinese way. *ODI. org*; https：//www. odi. org/blogs/7953 – crisis – preparedness – and – response – chinese – way.

钱箐旎. (2014). 阿里小贷的"水文模型". 经济日报. Retrieved 09/ 07, 2021, http：//paper. ce. cn/jjrb/html/2014 – 02/26/content_ 190012. htm.

缩略词

4IR 第四次工业革命

AI 人工智能

AIIB 亚洲基础设施投资银行

ASEAN 东南亚国家联盟

BRI "一带一路"倡议

BRICS 金砖国家

CBERS 中巴地球资源卫星

CGIAR 国际农业研究磋商小组

CTA 农业农村技术合作中心

FAO 联合国粮食及农业组织

FDI 对外直接投资

FinTech 金融科技

FOCAC 中非合作论坛

GCPC 全球会诊与预防中心

GDP 国内生产总值

GMCC 全球新冠肺炎实战共享平台

ICT 信息通信技术

IoT 物联网

ITU 国际电信联盟

LDC 最不发达国家

MoU 谅解备忘录

MRV 监测、报告和核查

MSME 中小微企业

NDRCC 应急管理部国家减灾中心

NEPAD 非洲发展新伙伴计划

NGO 非政府组织

OECD 经济合作与发展组织

SADC 南部非洲发展共同体

SDG 可持续发展目标

SME 中小企业

SMS 短消息服务

SSC 南南合作

SSDC 南南数字合作

SSTrC 南南合作和三方合作

TrC 三方合作

UNCTAD 联合国贸易和发展会议

UNDP 联合国开发计划署

UNECA 联合国非洲经济委员会

UNESCO 联合国教科文组织

UNOSSC 联合国南南合作办公室

WHO 世界卫生组织

图书在版编目（CIP）数据

数字世界中的南南合作和三方合作：新动力、新方
法／南南合作金融中心主编. －－北京：社会科学文献
出版社，2021.9
ISBN 978 - 7 - 5201 - 8986 - 6

Ⅰ.①数…　Ⅱ.①南…　Ⅲ.①数字技术 - 应用 - 南南
合作 - 研究　Ⅳ.①F114.43

中国版本图书馆 CIP 数据核字（2021）第 184260 号

数字世界中的南南合作和三方合作：新动力、新方法

主　　　编／南南合作金融中心

出 版 人／王利民
组稿编辑／恽　薇
责任编辑／孔庆梅　胡　楠　冯咏梅
责任印制／王京美

出　　　版／社会科学文献出版社·经济与管理分社（010）59367226
　　　　　　地址：北京市北三环中路甲 29 号院华龙大厦　邮编：100029
　　　　　　网址：www. ssap. com. cn
发　　　行／市场营销中心（010）59367081　59367083
印　　　装／三河市龙林印务有限公司

规　　　格／开本：787mm × 1092mm　1/16
　　　　　　印张：23.75　字数：329 千字
版　　　次／2021 年 9 月第 1 版　2021 年 9 月第 1 次印刷
书　　　号／ISBN 978 - 7 - 5201 - 8986 - 6
定　　　价／139.00 元

本书如有印装质量问题，请与读者服务中心（010 - 59367028）联系